资助项目：
国家自然科学基金面上项目：品牌丑闻跨国非对称溢出效[
视角（项目号：71572193)
国家社科基金青年项目：规范偏离视角下企业社会责任群体行为演化及其管理研究（项目
号：15CGL021)
中南财经政法大学校级教改项目：虚拟仿真实验教学师资"团队+梯队"建设与管理：基于
赛事经验传承和制度体系设计视角
中南财经政法大学研究生学术团队培育与建设：市场营销专业研究生学术"团队+梯队"的
培养与建设（项目号：201821003)

# 品牌跨国犯错的
# 影响及其治理研究

王新刚 著

**WUHAN UNIVERSITY PRESS**

武汉大学出版社

**图书在版编目(CIP)数据**

品牌跨国犯错的影响及其治理研究/王新刚著. —武汉:武汉大学
出版社,2018.8
ISBN 978-7-307-20330-3

Ⅰ.品…　Ⅱ.王…　Ⅲ.品牌战略—研究　Ⅳ.F273.2

中国版本图书馆 CIP 数据核字(2018)第 145600 号

责任编辑:陈　红　　　责任校对:汪欣怡　　　版式设计:汪冰滢

出版发行:**武汉大学出版社**　　(430072　武昌　珞珈山)
　　　　　(电子邮件:cbs22@whu.edu.cn　网址:www.wdp.com.cn)
印刷:北京虎彩文化传播有限公司
开本:720×1000　1/16　　印张:18　　字数:259 千字　　插页:2
版次:2018 年 8 月第 1 版　　2018 年 8 月第 1 次印刷
ISBN 978-7-307-20330-3　　　定价:49.00 元

王新刚，男，1980年生，河南确山人，武汉大学博士，中南财经政法大学工商学院副教授，文澜青年学者，MBA、EMBA论文指导老师。自1998年以来，本硕博及工作期间一直致力于营销理论和实践的研究与学习。曾从事快速消费品、ERP软件、家电行业的一线营销工作，为华新水泥、湖北中烟、武汉邮储等公司提供咨询培训服务。主持国家自然科学基金项目2项（通讯评审专家），教育部人文社科项目2项。出版学术专著2部，主编教材2部。在《管理世界》《中国软科学》《经济管理》《商业经济与管理》《武汉大学学报》《清华管理评论》《中欧商业评论》《销售与市场》等发表论文30余篇。中国高校市场学研究会理事、《管理世界》《经济管理》《营销科学学报》《珞珈管理评论》审稿人。曾获2010年教育部首届博士研究生学术新人奖，中南财经政法大学第六届青年教师讲课比赛二等奖。2011年至2012年，挂职于湖北神农旅游投资集团，任总经理助理。2016年至2017年香港城市大学访问学者。

E-mail：wxg263@126.com

WUHAN UNIVERSITY PRESS
武汉大学出版社

# 摘　　要

近年来，随着市场环境的日益复杂多变，以及信息技术和大众传媒的推波助澜，品牌丑闻曝光事件越来越呈现高发趋势。例如：2011 年双汇瘦肉精风波事件；2012 年健康元被曝购 1.45 亿元地沟油制药；2013 年中国人寿陷泄密门事件；2014 年麦当劳、肯德基供应商上海福喜使用过期肉；2015 年阿里巴巴在美国因诚信问题遭集体诉讼等。其结果是：这些品牌丑闻往往因其溢出效应的发生，对内极大降低了中国社会的信任，影响了中国梦的实现；对外严重损害了中国国家形象，阻碍了中国品牌国际化的进程。

上述问题吸引了众多营销实践和学者的关注与研究，并取得丰硕的成果。然而，通过对以往学者的研究进行分析评价后，我们发现存在两个方面的局限：第一，在研究品牌丑闻溢出效应主体时，大多视发讯品牌（发生品牌丑闻的企业）和受讯品牌（未发生品牌丑闻但受到影响的企业）来源国身份同质化，未能考虑它们之间国别差异的影响。第二，以往学者对品牌丑闻溢出效应影响因素的研究局限于微观层面，即发讯和受讯品牌特征之间的相似或差异性。未能从宏观层面——国家形象构成要素视角，考虑诸如制度体系、经济绩效、文化认知等因素，在品牌丑闻跨国非对称溢出效应中的作用和影响。

基于此，本书将从跨国和溢出效应两个视角，围绕品牌犯错展开五个方面的研究：其一，品牌丑闻跨国非对称溢出效应研究；其二，假洋品牌存在合理性分析研究；其三，品牌跨国犯错对本土品牌评价的影响研究；其四，产品召回双重标准对品牌评价的影响研究；其五，品牌舍

1

得行为研究。通过定性和定量研究方法的结合，本书发现了一些重要的有价值的研究结论和管理启示。这不仅从理论的角度为品牌犯错相关文献做了有益的补充；而且还从实践的角度为品牌犯错后的应对治理提供了指导和参考。下面将对这五个方面的研究内容逐一展开陈述。

第一个研究是品牌丑闻跨国非对称溢出效应研究："天·地·人"框架的分析。这个研究立足中国本土文化，按照"天·地·人"思路，研究品牌丑闻跨国非对称溢出效应。实验一发现：消费者对制度监管（天/法）的信任越高，同化效应就越弱；消费者对发讯和受讯品牌所背书的两个国家制度监管的信任差异越大，对比效应就越强。类似的结论和逻辑适用于实验二消费者对行业自律（地/德）信心的影响。实验三表明：当消费者的民族认同（人/情）被激发时，若国产品牌发生丑闻，则它可以弱化对同行业其他国产/外资品牌信念的同化/对比效应；若外资品牌发生丑闻，则它可以反转对同行业其他外资/国产品牌信念的同化/对比效应。研究结论不仅对品牌丑闻溢出效应理论做了有益补充，而且为企业应对品牌丑闻溢出效应起到重要的参考和指导。

第二个研究是假洋品牌存在合理性分析：一项扎根研究。与以往研究不同的是：关于仿洋品牌、品牌实际和暗示来源国的研究，侧重于围绕品牌的"表（形象）"进行宣传和传播，其前提是品牌的"里（产品品质）"与西方发达国家同类品牌产品水平相近。仿洋品牌、品牌实际和暗示来源国的不一致，都是企业品牌营销的正当策略和手段。而本书认为在品牌的"里子"存在较大差距的情况下，继续走外国品牌化的路线，就易误入歧途。基于此，围绕假洋品牌存在合理性及其影响机制这一核心问题，本书采用扎根理论的方法展开探索。通过对5家网站，162个帖子，2609条跟帖评论的整理和分析，结合内部任务环境和外部制度环境，本书归纳出假洋品牌存在合理性受经济绩效、制度绩效、道德形象和文化认知四个维度的影响。研究发现：经济绩效对应实用合理性；存在问题的制度绩效，丧失诚信的道德形象，以及感性心理和自信不足的文化认知，分别从规制、规范和认知三个层面对应制度的合理性。

　　第三个研究是跨国犯错对本土品牌评价的影响。本书从中国本土文化特有的"耻感"概念入手，运用实验和定性相结合的研究方法，在文献评述和关键变量界定的基础上，以品牌跨国犯错（能力犯错和道德犯错）为自变量、消费者耻感为中介变量、品牌关系（远和近）和社会比较（向上和向下）为调节变量，品牌评价为因变量开展研究。研究结论是：与品牌跨国能力犯错（做事失败）相比，品牌跨国道德犯错（做人失败）时消费者耻感更高；消费者耻感中介于品牌跨国犯错和品牌评价；当品牌跨国道德犯错时，品牌关系越近，消费者耻感越高，进而品牌评价越低；当品牌跨国能力犯错时，品牌关系远近对消费者耻感的影响无显著差异；当品牌跨国能力犯错时，与向上比较相比，向下比较时，消费者耻感更高，进而品牌评价更低；当品牌跨国道德犯错时，社会比较对消费者耻感的影响无显著差异。

　　第四个研究是产品召回双重标准对品牌评价的影响。本书在文献评述和关键变量界定的基础上，以产品召回方式（一视同仁和区别对待）为自变量，品牌评价为因变量，感知公平为中介变量，并将参照对象（优于和次于）和信息沟通（有和无）作为调节变量进行分析。本书通过两个预实验、三个正式实验验证研究假设，并最终得到如下结论：与一视同仁相比，当企业采取区别对待的召回方式时，会带来更加负面的品牌评价。感知公平中介于产品召回方式与品牌评价。与发达国家相比，当参照对象是发展中国家时，区别对待召回方式比一视同仁召回方式让消费者感知更加不公平，进而影响品牌评价；与解释相比，当企业沉默时，区别对待召回方式比一视同仁召回方式让消费者感知更加不公平，进而影响品牌评价。

　　第五个研究是品牌舍得行为。本书扎根本土文化，构建品牌舍得行为理论，围绕危机情境下品牌"舍"的行为对"得心"和"得利"的影响展开研究。在文献评述和关键变量界定的基础上，本研究的自变量为品牌危机应对方式（大舍和小舍），中介变量为"得心"（品牌信任和情感修复），因变量为"得利"（品牌评价和再购意愿），调节变量为危机归因（外因或内因）。通过一个定性研究和两个定量研究，结果发现：品牌危机情境下，决策者越是大"舍"，越能得到顾客的"心"，即越能修复并提升顾客对品牌的信任和情感，进而企业就越能得到更多的"利"，表现为顾客对品牌的评价和再购意愿的提升。其中，与危机归因于内（人为）相比，当危机归因于外（天灾）时，"舍"对"得"的正向影响将被加强。本研究结论不仅对本土文化营销理论的建构有重要的参考意义，而且还将对品牌危机管理的实践起重要指导作用。

　　**关键词**：品牌犯错；溢出效应；假洋品牌；消费者耻感；舍得行为

# 目　　录

第一章　导论 …………………………………………………… 1

　第一节　问题提出和研究意义 ……………………………… 1

　　一、问题的提出 …………………………………………… 1

　　二、研究意义 ……………………………………………… 5

　　三、研究目标 ……………………………………………… 6

　　四、创新之处 ……………………………………………… 7

　第二节　研究思路和技术路线 ……………………………… 8

　　一、研究思路 ……………………………………………… 8

　　二、研究内容 ……………………………………………… 11

　　三、技术路线 ……………………………………………… 18

　　四、关键科学问题 ………………………………………… 23

　　五、可行性分析 …………………………………………… 24

第二章　相关文献回顾 ………………………………………… 25

　第一节　理论基础 ………………………………………… 25

　　一、溢出效应发生的主体 ………………………………… 26

　　二、溢出效应发生的层面 ………………………………… 27

　　三、影响溢出效应发生的因素 …………………………… 28

　　四、溢出效应发生的方向 ………………………………… 30

　　五、溢出效应的应对和治理 ……………………………… 31

　第二节　研究视角 ………………………………………… 32

一、国家形象的定义 ………………………………………… 32

二、国家形象构成要素 ……………………………………… 35

第三节　理论基础和研究视角 …………………………………… 37

第四节　未来研究方向 …………………………………………… 39


第三章　溢出效应和假洋品牌分析 ……………………………… 43

第一节　品牌丑闻跨国非对称溢出效应："天·地·人"

框架分析 ………………………………………………… 44

一、问题的提出 …………………………………………… 44

二、文献述评和关键变量的界定 ………………………… 46

三、模型构建及假设推演 ………………………………… 49

四、实验一：制度监管（天/法）的信任影响 ………… 54

五、实验二：行业自律（地/德）的信心影响 ………… 59

六、实验三：民族认同（人/情）的凸显影响 ………… 63

七、研究结论及讨论 ……………………………………… 66

第二节　假洋品牌存在合理性分析：一项扎根研究 ………… 69

一、问题的提出 …………………………………………… 69

二、文献评述 ……………………………………………… 70

三、扎根理论视角下假洋品牌存在合理性研究设计与分析 …… 73

四、假洋品牌存在合理性的理论抽象与回归 …………… 88

五、研究结论和管理启示 ………………………………… 91

六、局限性及未来研究方向 ……………………………… 95


第四章　跨国犯错对本土品牌评价的影响 ……………………… 96

第一节　绪论 …………………………………………………… 96

一、问题的提出 …………………………………………… 96

二、研究意义 ……………………………………………… 98

三、研究内容及框架 ……………………………………… 101

四、创新之处 ……………………………………………… 102

第二节　文献综述……………………………………………… 104

一、品牌犯错相关文献回顾………………………………… 104

二、文献评述………………………………………………… 106

三、品牌跨国犯错与做人做事……………………………… 107

四、消费者耻感……………………………………………… 111

五、品牌关系………………………………………………… 113

六、社会比较………………………………………………… 116

七、品牌评价………………………………………………… 117

第三节　研究模型和假设推演………………………………… 119

一、研究模型………………………………………………… 119

二、假设推演………………………………………………… 120

第四节　研究设计及实证检验………………………………… 125

一、预实验一………………………………………………… 125

二、预实验二………………………………………………… 126

三、预实验三………………………………………………… 126

四、实验一：品牌关系的调节……………………………… 127

五、深度访谈一：品牌关系和耻感………………………… 134

六、实验二：社会比较的调节……………………………… 136

七、深度访谈二：社会比较与耻感………………………… 140

第五节　结论与展望…………………………………………… 142

一、研究结论………………………………………………… 142

二、理论贡献………………………………………………… 143

三、管理启示………………………………………………… 144

第六节　研究局限和未来展望………………………………… 146

一、研究局限………………………………………………… 146

二、未来展望………………………………………………… 146

第五章　产品召回双重标准对品牌评价的影响……………… 148

第一节　绪论…………………………………………………… 148

一、问题的提出 …………………………………………… 148

二、研究意义 ……………………………………………… 150

三、研究内容及框架 ……………………………………… 152

四、创新之处 ……………………………………………… 153

第二节　文献综述 ………………………………………… 154

一、产品伤害危机 ………………………………………… 154

二、产品召回相关研究 …………………………………… 156

三、公平理论相关研究 …………………………………… 159

四、参照对象相关研究 …………………………………… 161

五、信息沟通相关研究 …………………………………… 164

第三节　研究模型和假设推演 …………………………… 166

一、研究模型 ……………………………………………… 166

二、假设推演 ……………………………………………… 168

第四节　研究设计及实证检验 …………………………… 171

一、预实验一 ……………………………………………… 171

二、预实验二 ……………………………………………… 172

三、实验一：研究主线的检验 …………………………… 173

四、实验二：参照对象的调节 …………………………… 177

五、实验三：信息沟通的调节 …………………………… 182

第五节　结论及未来展望 ………………………………… 186

一、研究结论 ……………………………………………… 186

二、理论价值 ……………………………………………… 187

三、管理启示 ……………………………………………… 188

四、研究局限 ……………………………………………… 189

五、未来展望 ……………………………………………… 190

第六章　品牌舍得行为研究 ……………………………… 191

第一节　问题的提出 ……………………………………… 191

第二节　文献评价和理论基础 …………………………… 193

　　一、品牌危机相关研究 ……………………………………… 193

　　二、理论基础的建构 ………………………………………… 195

　第三节　研究模型和假设推演 ……………………………… 200

　　一、研究模型 ………………………………………………… 200

　　二、假设推演 ………………………………………………… 200

　第四节　研究一：深度访谈 ………………………………… 203

　　一、访谈基本设计 …………………………………………… 203

　　二、访谈步骤 ………………………………………………… 203

　　三、访谈总结 ………………………………………………… 206

　第五节　研究二：被试作为旁观者 ………………………… 207

　　一、操作过程 ………………………………………………… 207

　　二、数据分析 ………………………………………………… 208

　　三、讨论 ……………………………………………………… 211

　第六节　研究三：被试作为受害者 ………………………… 211

　　一、实验过程 ………………………………………………… 211

　　二、数据分析 ………………………………………………… 212

　　三、讨论 ……………………………………………………… 214

　第七节　研究结论及管理启示 ……………………………… 214

　　一、研究结论 ………………………………………………… 215

　　二、管理启示 ………………………………………………… 215

　　三、研究局限及未来方向 …………………………………… 217


参考文献 …………………………………………………………… 218


附　录 ……………………………………………………………… 245

　附录一　第三章第一节研究一 ……………………………… 245

　附录二　第三章第一节研究二 ……………………………… 249

　附录三　第四章第四节实验一 ……………………………… 253

　附录四　第四章第四节实验二 ……………………………… 258

附录五　第五章第四节实验一 ………………………………………… 263

附录六　第五章第四节实验二 ………………………………………… 268

附录七　第五章第四节实验三 ………………………………………… 273

后记 …………………………………………………………………… 277

# 第一章 导 论

本书以品牌跨国犯错的影响及其治理研究为题，大致包含四个方面的内容：第一，品牌跨国犯错间的非对称溢出效应受哪些因素的影响；第二，本国品牌国外市场犯错后，本国消费者的反应；第三，外国品牌在跨国市场犯错后，本国消费者对其双重应对策略的反应；第四，品牌犯错后的治理研究，主要体现在品牌舍得行为方面。第一章内容以作者所获得的国家自然科学基金面上项目申报书为基础，进行修改而完成。主要说明该项目研究的总体思路和内容体系，为后面章节具体研究的展开提供方向和铺垫。

## 第一节　问题提出和研究意义

### 一、问题的提出

近年来，随着市场环境的日益复杂多变，以及信息技术和大众传媒的推波助澜，品牌丑闻曝光事件越来越呈现高发趋势（王晓玉和晁钢令，2009）。例如：2011 年双汇瘦肉精风波事件；2012 年健康元被曝购 1.45 亿元地沟油制药；2013 年中国人寿陷泄密门事件；2014 年麦当劳、肯德基供应商上海福喜使用过期肉；2015 年阿里巴巴在美国因诚信问题遭集体诉讼。其结果是：这些品牌丑闻往往因其溢出效应的发生，对内极大降低了中国社会的信任，影响了中国梦的实现；对外严重损害了中国国家形象，阻碍了中国品牌国际化的进程。

所谓溢出效应主要指一个主体的某一特征或行为，会影响到与该主体有一定关系、但本身不具有这一特征或行为的其他主体的现象（Cunha & Shulman，2011）。这种影响过程可分为：同化和对比两种效应，前者/后者主要指品牌丑闻跨越了企业边界，对其他相关且类似但不同的主体产生了类似/相反的影响（Sarah et al.，2006）。基于此，以往学者针对品牌系统内部、品牌联合主体或竞争对手之间以及整个行业当中的溢出效应进行了研究。尽管研究层面在持续宏观化，但遗憾的是，鲜有学者从国家层面，研究品牌丑闻在同行业不同来源国（跨国）品牌间溢出效应的影响及其治理。

实际上，品牌丑闻的跨国溢出现象在营销实践当中已经相当普遍。例如：在蒙牛致癌门（2013）、伊利汞含量超标（2014）等中国奶粉品牌相继被曝丑闻之后，消费者对中国奶粉品牌出现信任危机，转而青睐外资尤其是新西兰品牌奶粉。截至2014年7月，新西兰品牌奶粉在中国市场占有率已达65%，高端市场占有率接近90%。① 由此可见，当中国奶粉品牌发生丑闻时，在同化/对比效应的影响下，将会降低/提升中国消费者对中国/新西兰其他奶粉品牌的信念。

照此逻辑推理，当新西兰奶粉品牌发生丑闻时，同样应该会降低/提升消费者对新西兰/中国其他奶粉品牌的信念，但事实并非如此。例如：在2014年3月新西兰恒天然旗下多个品牌奶粉相继被检出二聚氰胺之后，新浪财经专题调查显示：依然有57.1%的中国消费者认为新西兰品牌的奶粉是安全的，只有25.2%的中国消费者认为是不安全的；而有趣的是56.5%的中国消费者认为中国品牌的奶粉也含二聚氰胺，只有5.9%的中国消费者认为中国品牌奶粉不含二聚氰胺②。

根据上述事例不难看出：品牌丑闻出现了跨国溢出，即品牌丑闻在同行业不同来源国（如中国和新西兰）品牌间发生溢出效应，而且结果是非对称的。即当中国奶粉品牌发生丑闻时，在同化（对比）效应

---

① 人民网，http://shipin.people.com.cn/BIG5/17982911.html.
② 新浪财经，http://survey.finance.sina.com.cn/result/76099.html.

的影响下，将会显著降低（提升）中国消费者对中国（新西兰）其他奶粉品牌的信念。而当新西兰奶粉品牌发生丑闻时，在同化（对比）效应的影响下，却不会（会）显著降低中国消费者对新西兰（中国）其他奶粉品牌的信念。由此引发思考：品牌丑闻为何会产生跨国非对称溢出效应（见图 1-1）呢？即同行业不同来源国品牌出现丑闻后，所产生溢出效应的结果为何截然不同？

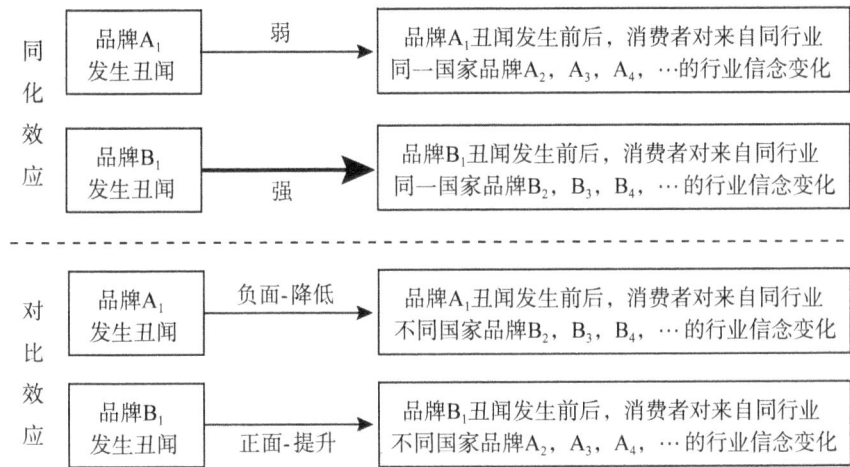

图 1-1　品牌丑闻跨国非对称溢出效应

说明：虚线上为同化效应，虚线下为对比效应。跨国指的是品牌丑闻在同行业不同来源国品牌间发生溢出效应，在图 1 中主要指品牌 $A_1$，$A_2$，$A_3$，$A_4$，…和品牌 $B_1$，$B_2$，$B_3$，$B_4$，…分别来自两个不同的国家。非对称指的是品牌丑闻跨国溢出效应的强度或效价不同，同化效应主要体现在强度上，线条越粗代表同化效应越强；对比效应主要体现在效价上，即对溢出对象有正面提升或负面降低的影响。

为了回答这一问题，我们试图从以往相关研究中寻找答案，结果发现：（1）以往学者在研究品牌丑闻溢出效应主体时，大多视发讯品牌（指发生品牌丑闻的企业）和受讯品牌（指未发生品牌丑闻但受到影响的企业）来源国身份同质化（Balachander & Ghose，2003；Choudhury &

Kakati，2014；Votolato & Unnava，2006），未能考虑它们之间国别差异的影响。（2）以往学者对品牌丑闻溢出效应影响因素的研究局限于微观层面，即发讯和受讯品牌特征之间的相似或差异性（DeGraba & Sullivan，1995；Jing，Dawar & Lemmink，2006；Knapp et al.，2014）。未能从宏观层面——国家形象构成要素视角，考虑诸如制度体系、经济绩效、文化认知等因素，在品牌丑闻跨国非对称溢出效应中的作用和影响。

鉴于此，不同于以往研究，本项目拟以溢出效应理论为基础，从国家形象构成要素视角，讨论品牌丑闻跨国溢出为何会产生非对称的结果以及如何根据国家形象构成要素，来治理因品牌丑闻跨国非对称溢出效应，给国家、行业和企业形象所带来的影响。

之所以选择国家形象构成要素视角，主要是因为在营销实践中，无论是从专家还是消费者对品牌丑闻的评价中，都能清晰地感受到国家形象构成要素，例如：制度体系、经济绩效和文化认知等因素在品牌丑闻跨国非对称溢出效应中的作用和影响，具体如下：

制度体系：国内外品牌丑闻频发的背后，一方面是国内相关法律法规缺失、配套处罚措施不完善；另一方面是由于企业违法成本较低（周宾卿，2013）。

经济绩效：民族品牌不给力，国内企业缺乏创新，无论是国际还是国内市场大多处于弱势被动地位；而外资企业拥有核心竞争力，像品牌和技术。因此，它们在国际市场上大多处于强势主导地位（段瑞春，2014）。

文化认知：追逐暴利，企业无视消费者利益，国产外资、真货假货一起"鱼肉"消费者，谁之过？（李光斗，2013）。

由此可见，国家形象构成要素如制度体系、经济绩效（本项目中主要指来源国形象）和文化认知等因素，在品牌丑闻跨国非对称溢出效应产生过程中起着明显的作用和影响。因此，本项目拟以溢出效应理论为基础，从国家形象构成要素视角，围绕品牌丑闻跨国非对称溢出效应及其治理展开研究。具体讨论：①究竟有哪些（Which）构成要素会在品牌丑闻跨国非对称溢出效应中起显著的影响作用？②不同情境下，这些构成要素对品牌丑闻跨国非对称溢出效应的影响结果分别是怎样的（What）？③其中的过程和机制分别又是什么（Why）？④该如何（How）根据这些要素去治理因品牌丑闻跨国非对称溢出效应，给国家、行业和企业形象所带来的影响？

## 二、研究意义

品牌丑闻愈来愈呈现高发趋势，给国内和国际市场的消费者、企业、行业，甚至是国家形象都带来了极大的负面影响，不仅降低了整个社会的信任，还极大阻碍了中国品牌国际化的进程。而本项目以溢出效应理论为基础，从国家形象构成要素视角，围绕品牌丑闻跨国非对称溢出效应及其治理展开研究，对促进整个社会信任的提升，以及加速中国品牌国际化进程，具有重要的理论价值和实践意义。

（一）理论价值

（1）以往学者在研究品牌丑闻溢出效应的主体时，往往视发讯和受讯品牌身份同质化而非异质化，而本研究通过引入品牌来源国身份这一关键变量，深化了以往学者的研究。

（2）以往学者在研究品牌丑闻溢出效应的影响因素时，往往只考虑微观层面的因素，即发讯和受讯品牌特征间的相似或差异，而本研究则从宏观层面引入国家形象构成要素，拓展了新的研究空间。

（3）以往学者只是单方面研究品牌丑闻溢出效应影响因素，较少同时关注宏观因素的相似性（差异性）和微观因素的差异性（相似性），究竟哪个在溢出效应中起主导作用？对这一问题的回答，将会是对品牌丑闻溢出效应理论的丰富和完善。

（4）以往学者对溢出效应的研究结论相对简单，即发讯和受讯品牌（不）相似将发生（对比）同化效应，并未探讨因受发讯和受讯品牌身份异质化影响，而造成的由低到高或由高到低的溢出效应。而本研究认为：由于发讯和受讯品牌所属国家形象，在不同构成要素维度上存在高低差异，将会引起由低到高或由高到低的溢出。这在一定程度上是对溢出效应理论的拓展和丰富。

（二）实践意义

（1）从影响品牌丑闻跨国非对称溢出效应的国家形象构成要素来看，本研究有助于让政府、行业和企业找到究竟哪些国家形象构成要素，在品牌丑闻跨国非对称溢出效应过程中起着显著的影响作用。这是对品牌丑闻跨国非对称溢出效应进行分析和治理的前提。

（2）从国家形象构成要素对品牌丑闻跨国非对称溢出效应的影响结果来看，本研究有助于让政府、行业和企业认识到国家形象不同维度及其差异，可能会对品牌丑闻跨国非对称溢出效应产生不同的结果。这是对品牌丑闻跨国非对称溢出效应进行分析和治理的基础。

（3）从国家形象构成要素对品牌丑闻跨国非对称溢出效应的影响过程和机制来看，本研究有助于让政府、行业和企业深刻理解，国家形象不同构成要素是怎样对品牌丑闻跨国非对称溢出效应产生影响的。这是对品牌丑闻跨国非对称溢出效应进行分析和治理的主要内容。

（4）从对品牌丑闻跨国非对称溢出效应的应对和治理来看，本研究有助于让政府、行业和企业根据国家形象不同构成要素，做出不同的对策，尽可能减少因品牌丑闻跨国非对称溢出效应，给国家、行业和企业形象所带来的负面影响。这是对品牌丑闻跨国非对称溢出效应进行分析和治理的结果。

## 三、研究目标

本项目拟以溢出效应为理论基础，从国家形象构成要素视角，围绕品牌丑闻跨国非对称溢出效应及其治理展开讨论。具体从消费者对国家形象构成要素的认知和情感两个方面，站在国家、行业和企业等层面，对品牌丑闻跨国非对称溢出效应进行分析和治理研究。研究目标如下：

（1）究竟哪些（Which）国家形象构成要素会在品牌丑闻跨国非对称溢出效应过程中起显著的作用和影响？这些构成要素在科学的实证研究中应该怎样测量？

（2）不同的国家形象构成要素，对品牌丑闻跨国非对称溢出效应的影响结果分别是什么（What）？若发讯和受讯品牌来自不同的国家，那么，在国家形象某个构成要素维度上两国间的差异程度不同，其结果又会是怎样的？

（3）从消费者对国家形象构成要素的认知和情感两个方面来看，不同的国家形象构成要素，对品牌丑闻跨国非对称溢出效应影响的过程和机制分别是什么（Why）？是否存在显著的差异？

（4）从国家、行业和企业等层面，针对品牌丑闻跨国非对称溢出效应，究竟该如何（How）应对和治理，才能最大限度降低负面影响，提高正面效应？哪些是短期策略，哪些又是长期策略呢？

## 四、创新之处

（1）从国家形象构成要素来研究品牌丑闻跨国非对称溢出效应，是一个崭新的视角。因为以往学者对品牌丑闻溢出效应影响因素的研究，主要在于发讯和受讯品牌主体间的相似性，这是较为微观的层面。而本项目则从国家、社会和行业等这些较为宏观的层面研究溢出效应发生的原因、过程及治理，是对以往研究视角的提升。

（2）对发讯和受讯品牌进行来源国身份的区分，是对品牌丑闻溢出效应理论的一个拓展。因为以往学者的研究往往视发讯和受讯品牌身份同质化，但营销实践中，发讯和受讯品牌常常因规模实力、品牌来源国等因素而体现出异质化的特征。此举不仅是对以往研究的深化，而且这些异质化特征在未来无疑会给品牌丑闻溢出效应的研究带来更大更多的空间。

（3）把品牌丑闻溢出方向划分为：由低到高和由高到低，并进行非对称研究，是对品牌丑闻溢出效应理论的丰富和完善。因为以往学者对溢出效应的研究主要集中于同化效应，而较少关注对比效应。即便是有学者研究对比效应，也只是得出简单的结论，即发讯和受讯品牌不相似将可能产生对比效应。而本项目将对比效应具体划分为：由低到高和由高到低的对比，无疑是对品牌丑闻溢出效应理论的丰富和完善。

# 第二节　研究思路和技术路线

## 一、研究思路

本项目拟以溢出效应为理论基础，从国家形象构成要素视角，围绕品牌丑闻跨国非对称溢出效应及其治理展开讨论。具体从消费者对国家形象构成要素的认知和情感两个方面，站在国家、行业和企业等层面，对品牌丑闻跨国非对称溢出效应进行分析和治理研究。基于此，本项目提出如下理论研究思路和框架。有必要说明的是，本项目所研究的溢出效应发生的前提是：发讯品牌对行业和国家必须具备较高的代表性（accessibility）；同时，品牌丑闻必须对行业具有较高的可诊断性（diagnosticity）。否则，溢出效应不能发生（Feldman & Lynch，1988）。但由于在同一行业内，品牌丑闻常常在相似（同一来源国）的品牌间发生同化效应，而在不相似（不同来源国）的品牌间发生对比效应（Dahlen & Lange，2006；Roehm & Tybout，2006）。因此，本项目中所展示的同化和对比效应过程略有不同，具体见图 1-2a 和图 1-2b 及逻辑解释。

图 1-2a 框架的基本逻辑是：首先，以发讯和受讯品牌因来源国身份一致而发生同化效应为主线，即当某行业品牌 $A_1$ 发生能力、道德等丑闻后，消费者会自发寻找丑闻发生的原因，或对丑闻事件进行分析，这样就会影响消费者对该国制度监管、行业自律的信心，或者影响丑闻发生几率信息归因（Lei，Dawar & Gurhan-canli，2012）等等心理过程和机制，最终导致消费者对同行业同一国家其他品牌 $A_2$，$A_3$，$A_4$，…信念发生变化。其次，在主线同化效应发生过程中，消费者对国家形象构成要素的认知和情感将会起到显著的调节作用。从国家形象认知来看，人们可能会因相信制度/先前的来源国形象，而相信其他品牌 $A_2$，$A_3$，$A_4$，…不会有类似的问题出现，这样就会阻止同化效应的溢出。但这些因素是长期缓慢形成的。从国家形象情感来看，虽然品牌丑闻能够影

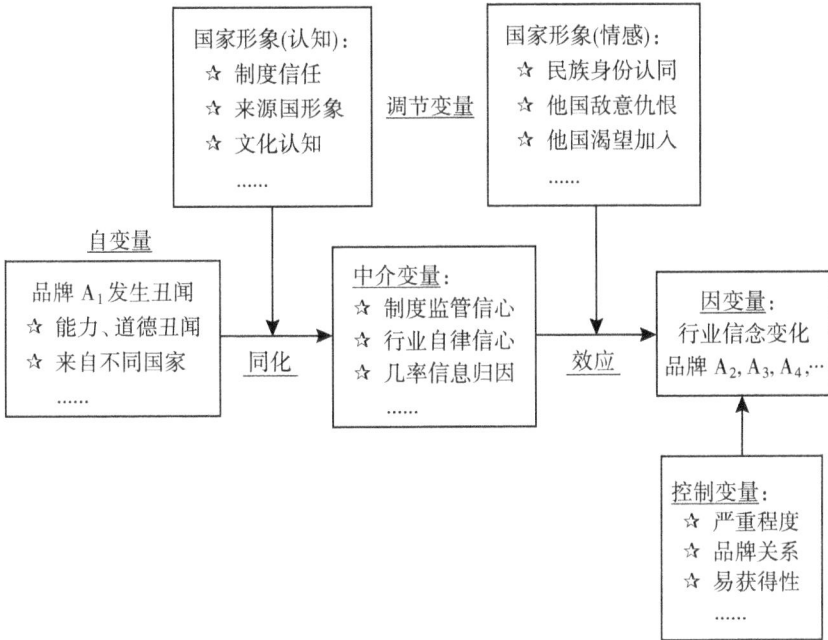

图 1-2a　本项目理论研究思路和框架（同化效应）

说明：图中品牌 $A_1$ 为发讯品牌，品牌 $A_2$，$A_3$，$A_4$，…指与品牌 $A_1$ 来自同一行业同一国家的受讯品牌。国家形象（认知）指的是发讯和受讯品牌所属同一国家在制度信任、来源国形象等维度上的感知。国家形象（情感）指的是消费者对发讯和受讯品牌所属同一国家的情感偏好。

响消费者对该国制度监管、行业自律等方面的信心，可是像民族身份认同或他国敌意仇恨等因素若被激发出来时，也会对后续同行业同一国家其他品牌 $A_2$，$A_3$，$A_4$，…信念的变化起到一定的影响作用。这些因素是可以短期或即时被激发的。最后，我们要找到其他干扰因素，将其作为控制变量。例如：品牌丑闻严重程度、消费者与品牌间的关系、丑闻品牌对行业的易获得性或可诊断性等等。需要说明的是：非对称溢出在图 1-2a 中暂时无法体现，只有当改变发讯和受讯品牌来源国时，品牌丑闻同化效应的强度将随之改变，这样才能体现出溢出效应的非对称结果。

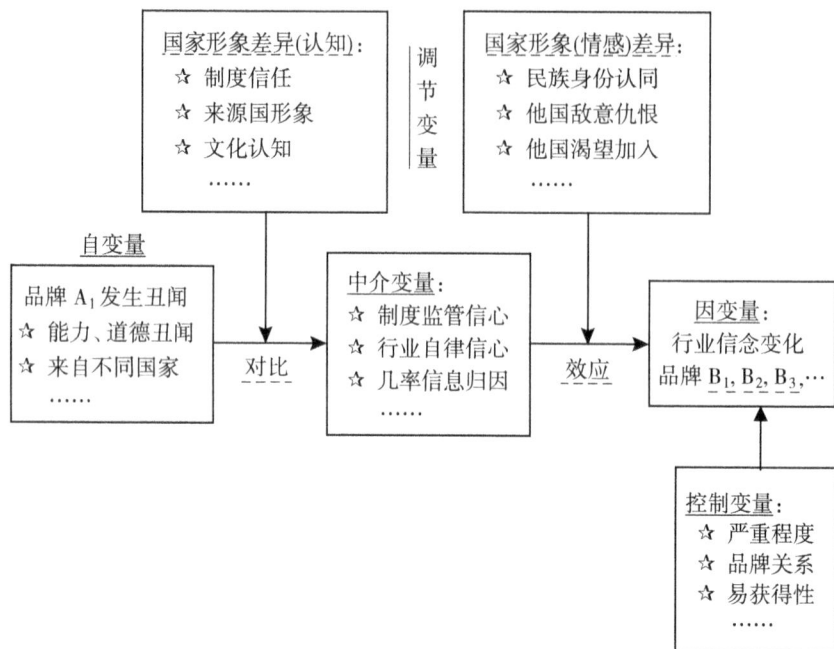

图 1-2b　本项目理论研究思路和框架（对比效应）

　　说明：图中品牌 $A_1$ 为发讯品牌，品牌 $B_1$，$B_2$，$B_3$，…指与品牌 $A_1$ 来自同一行业不同国家的受讯品牌。国家形象（认知）差异指的是发讯和受讯品牌所属不同国家在制度信任、来源国形象等维度间的差异。国家形象（情感）差异指的是消费者对发讯和受讯品牌所属不同国家的情感偏好差异。

　　图 1-2b 框架的逻辑与图 1-2a 的基本相似，不同的地方有两点（见图中下划线为虚线的部分）：第一点是因发讯和受讯品牌来源国不一致而发生的对比效应的主线，其因变量行业信念变化指的是消费者对与丑闻品牌 $A_1$ 来自同一行业，但不同国家的品牌 $B_1$，$B_2$，$B_3$，…的信念变化。原因在于同行业不同国家这一因素往往会在消费者的品牌考虑集内激发对比效应。第二点是调节变量——消费者对发讯和受讯品牌所属不同国家形象，在认知和情感两个方面的差异。认知方面的差异主要指消

费者对发讯品牌 $A_1$ 与受讯品牌 $B_1$，$B_2$，$B_3$，…分别所属国家，在某个构成要素维度上的认知差异。例如：若发讯和受讯品牌来自同一行业，但发讯品牌 $A_1$ 来自中国，而受讯品牌 $B_1$，$B_2$，$B_3$，…来自美国，那么这里的国家形象认知差异可能指的是消费者对中国和美国在制度信任维度上的认知差异。情感方面的差异主要指消费者对发讯品牌 $A_1$ 与受讯品牌 $B_1$，$B_2$，$B_3$，…分别所属国家情感偏好的差异。例如：若发讯和受讯品牌来自同一行业，但发讯品牌 $A_1$ 来自中国，而受讯品牌 $B_1$，$B_2$，$B_3$，…来自日本，那么这里的国家形象情感差异指的是消费者对中国和日本在情感偏好上的差异。同样需要说明的是：非对称溢出在图 1-2b 中暂时无法体现，只有当改变发讯和受讯品牌来源国时，品牌丑闻对比效应的效价将随之改变，这样才能体现出溢出效应的非对称结果。

## 二、研究内容

基于上述研究思路和框架，本项目的研究内容主要包括以下五个方面：

1. 在品牌丑闻跨国非对称溢出效应发生过程中，究竟哪些（Which）国家形象构成要素会起显著影响作用？如何对这些构成要素进行概念界定及测量

在现有营销领域中，关于国家形象构成要素的研究无非三个方面：国家总体形象、产品-国家形象、产品形象（Roth & Diamantopoulos，2009）。但这三个方面说明：以往学者对于国家形象构成要素的研究结论并未达成一致。而且，这些研究并不是发生于品牌丑闻背景，那么，在品牌丑闻跨国非对称溢出效应背景下，究竟哪些国家形象构成要素会起显著的影响作用呢？这有待进一步研究。

除此之外，有学者指出，以往对国家形象构成要素的研究都是基于消费者认知方面的，较少关注消费者情感方面。实际上，社会学领域的研究表明：人们不仅对自己所属国家可能存在敌对和认同两种情感倾向，而且对他国也有可能存在这样两种情感（Corkalo & Kamenov，2003）。而这种对国家形象的情感认知是有可能在品牌丑闻跨国非对称

11

溢出效应中发生作用的，例如：当本国品牌丑闻发生后，民族身份认同感强的人将会因维护本国品牌而弱化丑闻同化效应。

再就是国家形象构成要素当中的文化认知。当品牌丑闻发生于发达和发展中国家市场时，西方（法-理-情）和东方（情-理-法）文化背景下消费者之间对商人和消费文化等方面的认知差异，在品牌丑闻跨国非对称溢出效应的影响中也会起显著作用（田阳，黄韫慧，王海忠和何浏，2013）。例如：中国消费者常常会因几千年来传统典藏文献的描述或者嫉妒仇富等心理，而认为无商不奸或其他消费者崇洋媚外，如此一来，势必将会影响品牌丑闻在行业内的溢出效应及对其测量的结果。这些文化认知在发达国家市场是否也是这样？如果不是，那么跨国非对称溢出效益的结果又是什么？并且，这些文化认知如无商不奸或崇洋媚外等该如何测量？因此，我们需要进一步研究如下问题：

☆ 从消费者认知和情感两个方面来讲，究竟有哪些国家形象构成要素会在品牌丑闻跨国非对称溢出效应发生过程中起显著作用？尤其是情感方面的研究。

☆ 从消费者认知和情感两个方面来讲，在品牌丑闻跨国非对称溢出效应发生过程中，起显著影响作用的国家形象构成要素该如何进行概念界定及测量？尤其是宏观方面的，像政治、经济、文化、技术等。

☆ 当品牌丑闻发生于发达和发展中国家市场时，在丑闻跨国非对称溢出效应发生过程中，起作用的国家形象构成要素是否存在差异？尤其是在文化认知方面，因为西方和东方的社会基础存在差异。

2. 在品牌丑闻跨国非对称溢出效应发生过程中，不同国家形象构成要素对不同品牌丑闻类型溢出效应的影响结果是怎样的（What）

因为品牌丑闻跨国溢出效应研究涉及发讯和受讯两类品牌，而这两类品牌可能属于同一个国家，也有可能不属于同一个国家。若为前者将发生同化效应，若为后者将发生对比效应。当发生对比效应时，就是涉及两个或以上的国家，如此一来，两个或以上的国家在不同构成要素维度上的差异越大，则对比效应将会越强；相反，则越弱。

例如：品牌来源国形象，在信息简化处理机制的影响下，消费者更可能把群体层面的知识、印象、信念和期望整合概化至群体中的每个成员（Rydell & McConnell，2005）。如此一来，在发生品牌丑闻后，若消费者对产品质量先前刻板印象越好/差，那么，就越能阻止/加大同化效应对受讯品牌的负面评价影响。照此逻辑，若受讯品牌来自于来源国形象为低/高的国家，那么，在对比效应的影响下，消费者对同行业内来自来源国形象为高/低的国家的受讯企业的品牌信念将会正向/负向加强。为此，我们提出初步假设为：

H1：同化效应下，消费者先前对某国某行业产品整体质量感知越高，那么，当该国某品牌发生丑闻时，对该国同行业其他品牌信念的负面影响就会越低。

H2：对比效应下，若发讯品牌属来源国形象为低/高的国家，而受讯品牌属来源国形象为高/低的国家，那么，品牌丑闻将会对受讯品牌发生正面/负面溢出效应。而且发讯和受讯品牌所属国家的来源国形象差异越大，对比效应越强烈。

可实际问题并非如此简单，因为越来越多的公司跨国经营，并在全球配置资源，导致"杂交"产品的出现。那么，当品牌发生丑闻时，问题将会变得异常复杂，因为原材料供应国、产品制造国、品牌来源国等任何一个环节都有可能出问题。出问题之后，是在"杂交"产品生产过程中不同环节的国家之间相互溢出？还是可以在产品所属行业当中发生溢出？国家形象不同构成要素在其中又是分别如何发挥影响作用的？

另外，品牌丑闻的类型也复杂多样，有能力方面的，也有道德方面的；有可控的，也有不可控的；有可辩解的，也有不可辩解的……不同类型的品牌丑闻在跨国非对称溢出效应发生过程中，正/负面影响结果是否一样？国家形象构成要素在不同类型的品牌丑闻跨国非对称溢出发生过程中，是否存在差异？因此，我们需要进一步研究如下问题：

☆ 在品牌丑闻跨国非对称溢出效应发生过程中，国家形象不同构成要素维度间的差异不同，对品牌丑闻溢出效应的影响结果如何？

☆ 当"杂交"产品发生品牌丑闻跨国非对称溢出效应时，国家形象不同构成要素在其中又是分别如何发挥影响作用的？其结果如何？

☆ 当品牌丑闻类型不同时，在品牌丑闻跨国非对称溢出效应发生过程中，国家形象不同构成要素在其中是分别如何发挥影响作用的？其结果如何？

3. 在品牌丑闻跨国非对称溢出效应影响过程中，不同国家形象构成要素对不同丑闻类型的溢出效应影响过程和机制分别是什么（Why）

以往关于溢出效应影响过程和机制的研究大多集中于信息处理和联想网络节点理论（Pina et al.，2013）。其中，信息处理方面的研究大多体现的是发讯和受讯主体在同水平上的相似性或差异性，若发讯和受讯主体在不同水平上，则体现的是两者之间的易获得性或可诊断性（Roehm & Tybout，2006）。而联想网络节点方面的研究大多体现的发讯和受讯主体间的联想强度和方向，因为由 A 到 B 的联想强度和由 B 到 A 的联想强度不同，而发生非对称溢出效应，并且方向也存在差异（Lei，Dawar & Lemmink，2008）。

然而，以往研究大多忽视了因品牌丑闻发生或曝光，而引起的消费者对制度监管和行业自律的信心发生变化（Jing，Niraj & Zeynep，2012），这一点在以往研究中是没有提到的。例如：当某中国品牌出现丑闻时，消费者可能会认为是个大概率事件，将责任归因于该企业的可能性比较大，同时会降低对行业内其他中国品牌自律的信心，并责怪政府部门未能严格监管。但是当外资品牌出现丑闻时，消费者可能会认为是小概率事件，或者是将责任推给监管制度，责怪中国质量监督相关部门，同时，不会很大程度上降低对行业内外资品牌自律的信心（Jonge et al.，2008）。上述的逻辑推导都是基于中国是情-理-法的社会，而西方是法-理-情的社会。因此，我们认为当丑闻品牌来自中国和西方发达国家时，或者品牌丑闻发生在中国市场或西方发达国家市场时，溢出效应发生的过程和机制略有不同。为此，我们提出初步命题为：

P1：当中国品牌出现丑闻时，会显著降低消费者对行业内其他中国品牌自律的信心，因为消费者可能会认为该问题是个大概率事件，进而会加大对行业内其他中国品牌的负面溢出。

P2：当发达国家品牌出现丑闻时，不会显著降低消费者对行业内其他外资品牌自律的信心，因为消费者可能会认为该问题是个小概率事件，进而会降低对行业内其他外资品牌的负面溢出。

P3：若中国品牌在发达国家市场发生丑闻，不会显著降低发达国家消费者对发达国家监管制度的信心，但会加大对行业内来自中国其他品牌的负面溢出。

P4：若发达国家品牌在中国市场发生丑闻，会显著降低中国消费者对中国制度监管的信心，但不会加大对行业内来自发达国家其他品牌的负面溢出。

并且，我们在第二部分内容中也说明不同丑闻类型背景下，国家形象构成要素对品牌跨国非对称溢出效应影响的过程和机制也会存在差异。那么，当中国品牌发生丑闻，或者外资品牌发生丑闻；当发生能力方面的丑闻，或道德方面的丑闻；可控的，或不可控的丑闻时……消费者的心理过程和机制又分别是什么呢？因此，本部分内容还要进一步研究以下问题：

☆ 不同类型品牌丑闻背景下，不同的国家形象构成要素，对品牌丑闻跨国非对称溢出效应的影响过程和机制分别是什么？

☆ 当发讯或受讯品牌分别来自中国或发达国家时，在国家形象的不同构成要素维度上存在高低之分。那么，品牌丑闻由低到高或由高到低溢出的过程和机制是否相同？若不相同，各是怎么样的呢？

☆ 当品牌丑闻发生在情-理-法为基础的国家（如中国等）和法-理-情为基础的国家（如美国等）时，消费者对品牌丑闻事件的分析显然存在巨大的差异，那么，此时的品牌丑闻跨国非对称溢出效应的过程和机制各是怎样的呢？

4. 从消费者对国家形象构成要素的认知和情感两个方面，站在国家、社会和行业等层面，分别探讨应该如何（How）应对和治理品牌丑闻的跨国非对称溢出效应。

与品牌丑闻的应对和治理研究相比，以往学者对品牌丑闻溢出效应的治理研究相对较少。无非就是通过降低发讯和受讯品牌间的相似性而

15

隔离丑闻的溢出（Yun et al.，2011），或者是在溢出效应发生前后是否采取否认的沟通策略（Roehm & Tybout，2006）。较少有学者从国家、行业等宏观和中观层面研究应对和治理的策略。而本项目认为可以从消费者对国家形象构成要素的认知和情感两个方面着手，前者主要指消费者对制度体系、经济绩效、文化认知等方面；后者主要指消费者对本国或他国的认同和敌对等方面。此部分内容拟通过制度信任（认知）和民族身份认同（情感）举例进行说明。

首先是制度信任。如果发讯和受讯品牌来自于同一行业同一国家，且消费者对该国的制度信任比较高（低），那么，当发讯品牌出现丑闻时，消费者就会将对制度的信任转移至受讯品牌，认为该国其他品牌存在类似问题的可能性比较小（大）。因为那些品牌若存在类似的问题，将会受到制度的惩罚（放任），承担较大（小）的风险和成本。如此一来，消费者对该国其他品牌产品质量的信心和信念，被发讯品牌丑闻同化的程度较小（大）。

如果发讯和受讯品牌来自同一行业不同国家，且发讯品牌来自制度信任高的国家，当发讯品牌出现丑闻时，若受讯品牌来源国的制度信任越低，那么，消费者会认为在缺乏制度监管或监管无力的情况下，受讯品牌越容易存在类似的质量问题。相反，若发讯品牌来自低制度信任国家，当发讯品牌出现丑闻时，若受讯品牌所来自国家的制度信任越高，那么，消费者会认为在严格的制度监管或较高制度绩效的情况下，受讯品牌将会更加自律，不容易存在类似的问题。为此，我们提出初步假设：

H3：当发讯和受讯品牌来自同一个国家，消费者对该国的制度信任越高，那么，品牌丑闻溢出的同化效应就越弱。

H4：当发讯和受讯品牌来自不同的国家，消费者对两国制度信任感知差异越大，那么，品牌丑闻跨国溢出的对比效应就越强烈。

其次是民族身份认同。当消费者民族身份被激发出来之后，他们常常会视国产/外资品牌为内/外团体，并建立自我-品牌联结，原因在于品牌与其出生地的消费者同属于内团体，而相对于他国品牌或消费者就是外团体（Sung & Tinkham, 2005）。出于内团体偏见，人们常常会偏好于他们所属的内团体，而规避或敌视他们所不属的竞争性外团体。如果是内团体成员——某一国产品牌出现产品质量问题，那么消费者将会努力弱化它所产生的负面影响，同时忽视竞争性外团体成员——外资品牌的产品质量，以此来偏袒和维护他们的自尊（Berger & Heath, 2007）。然而，如果是外团体成员——某一外资品牌出现产品质量问题，那么消费者将会努力降低其对竞争性外团体成员——外资品牌的信念，同时提高其对内团体成员——国产品牌的信念，以此来加强和提高他们的自尊（White & Dahl, 2006）。为此，我们提出初步假设：

H5：当某一国产品牌发生丑闻时，消费者民族身份凸显不仅可以弱化其对国产品牌信念的同化效应，而且还可以弱化其对外资品牌的对比效应。

H6：当某一外资品牌发生丑闻时，消费者民族身份凸显不仅可以加强其对外资品牌信念的同化效应，而且还可以逆转其对国产品牌信念的对比效应。

根据消费者对国家形象的认知和情感两个方面，本项目将在此基础上进行拓展研究，并分别从长远和短期提出品牌丑闻跨国非对称溢出效应治理模式。但比较复杂的问题在于品牌丑闻发生的背景和类型等方面影响因素过多，导致在不同的情境下可选择治理的国家形象构成要素可能不同。因此，本项目需要系统深入研究，从宏观（国家）和中观（行业）提出一套切实可行的治理模式。

5. 从宏观（国家）和中观（行业）层面，系统思考品牌丑闻跨国非对称溢出效应发生的原因、过程机制和治理的逻辑

鉴于以往学者已从微观（企业）层面做了溢出效应治理研究，所以本项目拟从宏观（国家）和中观（行业）层面，系统思考并提出品牌丑闻跨国非对称溢出效应发生的原因、过程机制和治理的逻辑。具体来说，主要整合以下几个问题的研究成果：在品牌丑闻跨国非对称溢出效应发生过程中，究竟有哪些（Which）构成要素会在其中起显著的影响作用？这些构成要素对跨国非对称溢出效应的影响结果分别是怎样的

（What）？其中的过程和机制分别又是什么（Why）？该如何根据这些要素去治理因品牌丑闻跨国非对称溢出效应，给国家、行业和企业形象所带来的影响（How）？

### 三、技术路线

本项目的研究思路和实施步骤如图 1-3 所示，具体陈述如下：

1. 内容 1 的研究方法与技术路线

本部分拟主要采用文献研究、焦点小组访谈、内容分析和问卷调查等方法。鉴于国家形象构成要素所包含的内容广泛而且复杂，要弄清楚究竟哪些构成要素会在品牌丑闻跨国非对称溢出效应发生过程中起显著的影响作用是很不容易的。况且，发达和发展中国家的构成要素可能还会存在一定的差异，甚至是国与国之间在不同构成要素权重上都存在显著差异。再加上，国家形象构成要素一般都是比较抽象的概念，操作化定义和开发量表都具有一定的难度。

为了解决这些困难和问题，此部分内容的初步设计思路是：首先，搜集新浪、网易、腾讯和搜狐等门户网站近十年来，有关国内外品牌丑闻的财经专题和热帖评论。例如：洋品牌为何逍遥？蒙牛，蒙人？等。从消费者对品牌丑闻的评价中总结他们都提及了哪些国家形象构成要素。其次，将这些构成要素结合以往文献研究的结论进行概念的对接和确认。主要是将消费者评论中比较零散的内容，放入以往研究的结论，若找不到对接的构成要素，再通过专家访谈或文献补充进行新的概念界定。然后，针对这些构成要素，在品牌丑闻背景下，通过专业和普通消费者两类焦点小组访谈，分别讨论它们的定义和内涵，开发量表，并做成问卷。最后，发放问卷，对国家形象不同构成要素的数据做探索性和验证性因子分析，最终确认国家形象不同构成要素的概念界定和测量。

由于上述思路是在中国这样的发展中国家背景下设计的，当品牌丑闻发生在发达国家市场时，发达国家消费者在对其进行评论时又会提及哪些国家形象构成要素呢？为此，可通过项目主持人在美国旧金山州立大学访问（2016.2.1—2017.1.31）搜集数据，也可通过团队成员的关目的：以溢出效应为理论基础，从国家形象构成要素视角，站在国家、行业和企业层面，研究不同背景下，品牌丑闻跨国非对称溢出效应发生的背景、原因、过程机制和治理策略

内容1

究竟有哪些(Which)国家形象构成要素会在品牌丑闻跨国非对称溢出效应过程中起显著的影响作用

文献研究、内容分析、专家访问、焦点小组访谈、问卷调查等

这些构成要素该如何进行概念界定及测量

量表开发

深度访谈（结构化/非结构）、问卷调查等

内容2

不同背景下，国家形象构成要素对品牌丑闻跨国非对称溢出效应的影响结果分别怎样(What)

关键事件法、扎根理论、实验设计等

不同背景（context）下，国家形象构成要素对品牌丑闻跨国非对称溢出效应影响的作用机制分别是什么(Why)

内容分析、情境实验、焦点小组访谈、专家访问等

内容3

作用机制

影响因素

影响过程

深度访谈、关键事件法、专家访问等

影响模型构建

扎根理论、实验设计

内容4

不同背景下，针对不同国家形象构成要素，该如何(How)治理品牌丑闻跨国非对称溢出效应的影响

案例分析、情境实验、专家访问等

内容5

从国家形象构成要素视角，系统思考品牌丑闻跨国非对称溢出效应发生的原因、过程机制和治理逻辑

诠释法、事例法、理论分析

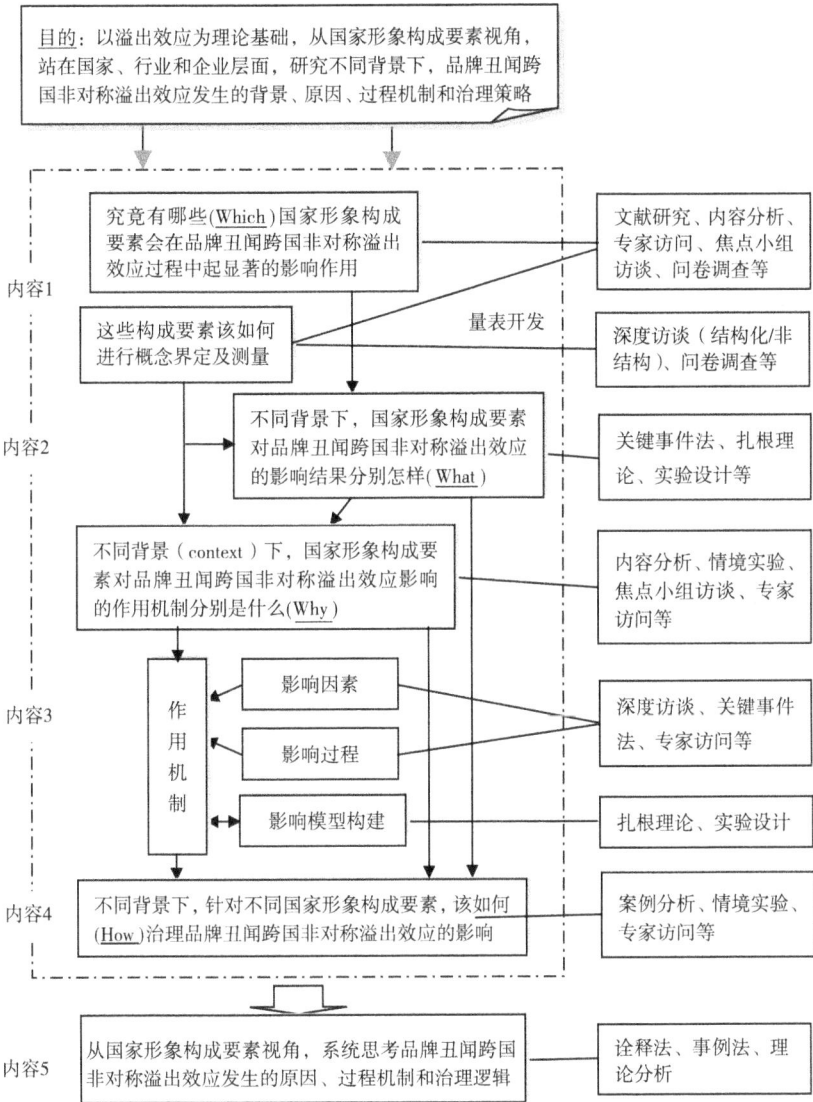

图 1-3 本项目拟采取的研究方案

系资源，借助在美国密歇根大学访学的周玲（论文合作者）搜集美国的数据，也可以借助正在加拿大多伦多大学做博士后的、教研室同事沈

19

诚搜集加拿大的数据，以及 2015 年 3 月去英国伯明翰大学访学的同事王莹搜集英国的数据等等。所采取的思路与上述类似。

2. 内容 2 的研究方法与技术路线

本部分内容主要采用关键事件法、案例研究和实验设计等方法。营销实践中，品牌丑闻发生的背景相当复杂，情况也有很多种。像"杂交"产品丑闻溢出，不同品牌丑闻类型（如能力和道德丑闻等），以及品牌丑闻发生于发展中或发达国家市场，所属国家的消费者分别怎么看待品牌丑闻溢出效应等等。对这些特定背景下发生的品牌丑闻事件溢出效应的研究，初步设计思路是：

首先，根据内容 1 所搜集的国内外品牌丑闻事件，针对每个事件将媒体报道的全部过程及每个细节描述出来。对每个事件的描述内容大致包括：①品牌丑闻跨国非对称溢出效应发生的原因、背景和条件是什么？②发讯品牌为什么会出现品牌丑闻？目的和动机是什么？③发讯和受讯品牌当时采取了什么行动？这些行动当中有没有多余的或需要改进完善的地方？④品牌丑闻跨国溢出为何会导致非对称的结果？此方法研究重点主要是品牌丑闻跨国非对称溢出效应发展的演化逻辑，信息来源主要是媒体报道和发讯品牌内部的调查。

其次，根据品牌丑闻类型（能力 & 道德）和发生市场（发展中和发达国家）的不同，将搜集的案例分为 A、B、C、D 四组。针对每种情境挑选代表性案例 2 个，一个用来建构理论，一个用来检验所建构的理论。对于能力/道德情景组，重点搜集产品质量危机/诚信方面的案例；对于发展中/发达国家情景组，我们可以从国内/国外重要的财经门户网站搜集信息。当获得这些案例后，继续根据案例后的网络评论，观察国内外消费者是如何评价受讯品牌的，以及是什么原因导致消费者对受讯品牌产生这样那样的评价。这样我们就可以初步得出不同情境下，品牌丑闻跨国非对称溢出效应的结果是什么，以及有哪些国家形象构成要素在其中起着重要的影响作用。

最后，主要根据国家形象构成要素进行情景实验设计，来检验不同构成要素对品牌丑闻跨国非对称溢出效应的影响结果。例如：关于来源国形象，同化效应下，首先，测量被试对某行业的信念，并将来源国形象划分为高、中、低三个组；然后，对品牌丑闻事件进行描述；接着，对某行业品牌来源国形象进行排序，刺激被试头脑中来源国形象间的高低差异；最后，再测试被试对某行业不同来源国品牌的行业信念。对比效应下，与同化效应的过程基本相似，唯一不同的地方在于将来源国形象间的差异划分为大、中、小三个组。因为对比效应中，发讯和受讯品牌分属于不同的国家。

3. 内容 3 的研究方法与技术路线

本部分内容主要采用扎根理论、情景实验和焦点小组访谈等方法。关于品牌丑闻跨国非对称溢出效应过程和机制的研究，属于消费者心理层面的反应，这是个暗箱。我们所能做的就是在自然状态下，找到消费者对品牌丑闻溢出效应进行评价过程中的关键信息。初步设计思路是：

首先，根据内容 1 所搜集的品牌丑闻事件，将每个事件后消费者所发表的评论帖子进行归纳汇总。拿出所有帖子当中的 2/3，分别找 3 个及以上市场营销专业的博士生进行开放式编码，寻找消费者对溢出效应进行评价的过程和机制，尽可能将其一一列出。接下来就是进行主轴编码，将研究的主题与资料建立联结。主要提炼消费者是因为什么而对其他受讯品牌产生正面/负面评价的。最后则运用选择编码对主轴编码进行整合与精炼，构建品牌丑闻跨国非对称溢出效应模型，并使用剩下的 1/3 的帖子对理论模型进行饱和性检验。

其次，我们设计情景实验，将丑闻品牌来源国划分为发展中和发达国家两个组，先做预测试，找到后续真正实验所使用的行业和品牌丑闻。接着，问被试对这些行业的信念，然后，再描述品牌丑闻，并说明若发生丑闻的品牌来自中国，那么，被试对同行业其他中国或外资品牌的信念会是怎样的；若发生丑闻的品牌来自国外某个国家，那么，被试对同行业其他中国或外资品牌的信念又会是怎样的。最后，设计开放性的问题，要求每位被试写下至少 3 个方面的原因。由市场营销专业博士或硕士生进行分类编码和归纳总结。

最后，我们将通过焦点小组访谈的形式，尽可能邀请异质化的消费者群体参与讨论。并设计小组访谈的提纲，由专业人员主持，将扎根理论和情景实验所得出的研究结论，再一次结合品牌丑闻事件进行讨论。最终得出在不同背景下，国家形象不同构成要素对品牌跨国非对称溢出效应的影响的过程和机制。

4. 内容 4 的研究方法与技术路线

本部分内容主要采用案例研究、情景实验和专家访问等方法。从国家形象构成要素视角来治理品牌丑闻的跨国非对称溢出效应，是一个宏观层面的问题，单个企业的力量难以实现，需要政府、社会和行业等各方面力量的共同努力。而且对于治理效果的检验也需要长期的跟踪观察，否则难以衡量。因此，鉴于治理的复杂性、系统性和效果观察的长期性。初步设计思路是：

首先，根据前面步骤中对发达和发展中国家市场代表性案例的搜集，从国家形象构成要素视角，系统深入解剖和分析品牌丑闻跨国非对称溢出效应。建立案例分析的结构化体系，将所搜集的资料进行分类编码放入该结构体系。分别站在发达/发展中国家视角，来研究是哪些因素影响发达/发展中国家受讯品牌以及品牌丑闻跨国非对称溢出之后所带来的正面/负面效应。之后再做对比，观察发达和发展中国家对品牌丑闻跨国非对称溢出效应的治理模式是否一致，并分别提出相应的治理策略。

其次，针对不同国家形象构成要素，借助情景实验设计，检验它们在品牌丑闻非对称溢出治理中的效果。例如：关于制度信任，同化效应下，先测量被试对某行业的信念，并将制度信任划分为高、中、低三个组。接着，对品牌丑闻事件进行描述，并对全球不同国家的制度信任进行排序，以刺激被试头脑中不同国家制度信任间的高低差异。然后，再测试被试对某行业不同来源国品牌的行业信念。对比效应下，与同化效应的过程基本相似，唯一不同的地方在于将制度信任间的差异划分为大、中、小三个组。因为对比效应中，发讯和受讯品牌分属于不同的国家。

最后，我们计划访问政府（100 名）、行业（100 名）、企业（200

名）和营销领域相关专家（50名），通过深度访谈或组织焦点小组访谈，来探讨研究所得出的结论是否具有可操作性和有效性。在访谈过程中，事先不告知研究结论，而是先让他们谈自己的观点，然后再说研究结论，请他们给予评价。与此同时，还将花3~5年的时间对治理策略及其效果进行跟踪观察和研究。因为国家形象构成要素的改变，需要各方力量长期持续一致的努力，是一个系统的工程。

5. 内容5的研究方法与技术路线

本部分内容主要采用三种方法：诠释法、事例法和理论分析。诠释法就是阐释性研究，主要用于对前面得出的研究成果进行总结、概化和系统解释；事例法则是运用相关事例来增加解释的说服力；理论分析更倾向于逻辑推理，目的是使最终的解释更加严谨。本项目拟利用这三种方法，针对"国家形象构成要素视角下，从国家、社会和行业层面，究竟该如何应对和改变品牌丑闻跨国非对称溢出效应"这一根本性问题提供治理思路与管理逻辑。

## 四、关键科学问题

本项目拟解决的关键性科学问题体现在以下几个方面：

（1）在品牌丑闻跨国非对称溢出效应过程中，究竟有哪些（Which）国家形象构成要素会在其中起显著的影响作用？这些构成要素该如何界定及测量？

（2）在不同品牌丑闻跨国非对称溢出效应背景下，不同国家形象构成要素对溢出效应的影响结果分别是怎样的（What）？

（3）在不同品牌丑闻跨国非对称溢出效应背景下，不同国家形象构成要素对溢出效应的影响过程和机制分别是什么（Why）？

（4）从消费者对国家形象构成要素的认知和情感两个方面，站在国家、社会和行业的层面，针对国家形象不同构成要素，该如何（How）去治理因品牌丑闻跨国非对称溢出效应给国家、行业和企业形象所带来的影响？

## 五、可行性分析

项目申请人认为，本项目研究方案具体，可操作性强，具有较高的可行性。具体表现在以下五个方面：

（1）本项目整个研究方案都是建立在周密分析和详细设计的基础之上，各部分研究内容之间有很强的逻辑层次关系，具有较大的可靠性和可操作性。

（2）本项目组成员结构合理，学科背景能够相互配合，能进行定性、定量分析，可以熟练运用计算机、互联网等现代科研手段从事该课题的研究，并拥有各种统计分析软件和较好的建模经验。

（3）项目申请人主持国家自然科学青年基金 1 项（2012—2015 年，已按计划顺利进行），主持教育部项目 2 项（均已结题）：一项为首届博士研究生学术新人奖项目（2010—2011 年），一项为教育部人文社科青年基金项目（2012—2014 年）。项目组其他成员也都有承担或参加各种科研项目的经历，为完成本项目奠定了研究基础。

（4）项目申请人长期从事品牌危机、CSR 负面事件、品牌关系断裂、中外品牌行为比较等相关领域的研究，发表了不少与该主题密切相关的论文，具有较好的积累；同时项目申请人还做了一些前期调研工作，取得了部分实际数据和材料，有利于研究目标的达成。

（5）本项目研究得到了单位领导和市场营销系的大力支持，有可靠的后盾。

# 第二章　相关文献回顾

此部分内容我们主要从理论基础、研究视角以及两者之间的关系三个方面做文献梳理和评价。理论基础主要围绕溢出效应理论，从溢出效应的主体、层面、影响因素、方向和应对治理五个方面进行分析评价。研究视角主要针对国家形象构成要素视角，从国家形象的定义和构成要素两个方面给予讨论分析。两者之间的关系主要阐述国家形象构成要素对品牌丑闻跨国非对称溢出效应的影响，以国家形象构成要素当中的制度体系（制度信任）和经济绩效（来源国形象）为例说明。因为制度体系主要以制度信任为参考依据，而经济绩效主要体现在来源国形象方面（Lin，Yang & Arya，2009；张峰，吴晓云，2012）

## 第一节　理 论 基 础

一直以来，溢出效应就是品牌丑闻领域理论研究和实践关注的热点话题，吸引了众多学者的研究和关注，并取得丰富的成果。但以往学者的研究也存在一定的局限，具体体现如表 2-1 所示。

表 2-1　　　以往关于品牌丑闻溢出效应理论研究的局限

| 溢出效应主体 | 视溢出效应主体——发讯和受讯品牌同质化而非异质化，忽视了品牌来源国这一关键变量 |
| --- | --- |

25

续表

| | |
|---|---|
| 溢出效应层面 | 虽然由品牌系统内部，到品牌联合或竞争对手之间，再到整个行业层面不断提升，但却较少触及国家形象层面 |
| 溢出效应影响因素 | 局限于微观层面，即发讯和受讯品牌特征间的相似或差异，较少关注宏观层面——国家形象构成要素的影响 |
| 溢出效应方向 | 大多聚焦于因发讯和受讯品牌（不）相似而产生的同化（对比）效应，较少关注因品牌身份异质化而带来的由高到低或由低到高的非对称溢出效应 |
| 溢出效应应对治理 | 局限于微观的企业层面，较少研究宏观层面的应对和治理，即如何根据国家形象构成要素，来治理品牌丑闻跨国非对称溢出效应给国家、行业和企业形象所带来的影响 |

## 一、溢出效应发生的主体

对于溢出效应发生的主体，以往学者大多视发讯和受讯品牌同质化（Lei, Dawar & Lemmink, 2008；Michelle & Alice, 2006），而非异质化，即引入品牌来源国这一关键变量，关注发讯和受讯品牌来源国的差异。但实际上，关注并研究这一问题对溢出效应的影响因素、发生层面和管理沟通策略等都有着重要的意义。因为在品牌丑闻溢出效应过程中，一旦引入来源国的概念，将会引出其背后更多复杂的影响因素，例如：制度、经济、文化等国家形象构成要素。所以说不同来源国品牌发生丑闻溢出效应时，可能会对企业绩效产生不同程度的影响，有着不同的过程和机制，需要差异化管理沟通策略（Dawar & Pillutla, 2000）。

而这一问题在方正（2007）关于可辩解和不可辩解产品质量危机的研究中已给出暗示，并且他还指出将发生丑闻的品牌视为同质化研究，结论会存在较大的局限性。最近在品牌丑闻溢出效应研究中，提及来源国这一概念的是北京大学的张璇和张红霞，她们在研究多品牌危机中的替罪羊效应时，提及国内外品牌发生危机时，在不同行业中溢出效应结果存在一定的差异。①

评价分析：不难看出，在品牌丑闻溢出效应的研究中，引入来源国这一关键概念，视品牌丑闻溢出效应主体异质化，已经开始引起学者们的重视，由此必将引出其背后诸多复杂的影响因素。例如：制度、经济、文化等国家形象构成要素，可能会在品牌丑闻跨国非对称溢出效应过程中，起显著的影响作用。另外，随着跨国公司资源的全球化配置，生产制造的全球化导致"杂交"产品的出现，即原材料供应国、产品设计国、产品制造国、品牌来源国等不是同一个国家（Papadopoulous，1993）。如此一来，"杂交"产品出现丑闻时，溢出效应将会变得更加复杂。再就是品牌丑闻的分类也有很多，例如：有产品质量方面的，有诚信方面的，有慈善捐赠方面的，还有伦理道德方面的，这些品牌丑闻在跨国非对称溢出效应过程中是否有着共同的过程和机制，有着共同的管理沟通策略等，这些问题亟待进一步研究。

## 二、溢出效应发生的层面

品牌丑闻溢出效应发生的层面，主要体现在：首先是品牌系统内部的溢出，代表性研究：Lei，Dawar 和 Lemmink（2006）发现产品质量危机的严重程度、消费者归因以及品牌间的相似性，对溢出效应起着显著的调节作用。2008 年他们在此基础上，又进行了更为深入的研究，认为产品质量危机的溢出效应，不应该仅限于品牌系统内母子品牌或子品牌之间的联想强度，还应包括联想的方向。为此，他们同时检验了两者在母子品牌组合间溢出效应的调节作用。

其次是竞争对手和品牌联合间的溢出，代表性研究：Dahlen 和 Lange（2006）发现当某一品牌出现产品质量危机时，对竞争品牌溢出效应的影响依品牌间的相似性而不同，相似性越高，溢出效应越高，若

① 张璇，张红霞. 毁灭还是重生——多品牌危机中的替罪羊效应. 营销科学学报，2013（4）.

发讯和受讯品牌不相似，则不会发生溢出效应。另外，Votolato 和 Unnava（2006）发现当品牌联合中其中一个品牌出现丑闻时，如果消费者相信另外一个品牌在丑闻中有参与，那么，品牌丑闻会更容易溢出。而当品牌联盟的合作伙伴是公司或者是代言人时，品牌能力和品牌道德丑闻在不同合作伙伴间的溢出结果会存在显著差异。

最后是整个行业层面的溢出，根据易获得性-可诊断性（accessibility-diagnosticity）框架进行的研究表明：只要单个企业在整个行业中具备较高的代表性，以及与整个行业有一致的核心产品属性，那么该企业若发生产品质量危机将会很容易溢出至整个行业层面（Roehm & Tybout，2006）。

评价分析：虽然以往学者对品牌丑闻溢出效应的研究层面由内到外不断提高，从品牌系统内部到竞争对手或联合品牌之间，再到整个行业层面，但遗憾的是，较少触及国家形象层面。事实上，2008 年奶粉行业的三聚氰胺事件和 2010 年丰田汽车的召回事件就分别影响了中国和日本的国家形象。而且最近的理论研究也表明：品牌丑闻溢出至国家形象是可能的，也是存在的（Magnusson et al.，2014）。江红艳、王海忠和江科（2014）还发现品牌丑闻对不同（能力和温情）印象的国家，所产生的溢出效应存在显著差异。但与之不同的是，本项目主要从国家形象层面研究其构成要素对品牌丑闻跨国非对称溢出效应的影响，而非简单地回答品牌丑闻是否溢出至国家形象。

## 三、影响溢出效应发生的因素

影响溢出效应发生的因素，最常见的是发讯品牌和受讯品牌间的相似性或差异性。研究表明：发讯和受讯品牌特征相似度越高，越容易发生同化效应；而两者的相似度越低，越不容易发生溢出效应（Michelle & Alice，2006）。并且，当消费者大脑当中激发出发讯和受讯品牌的联系而非差异时，更容易发生同化效应而非对比效应。当然，溢出效应的发生有个前提条件，那就是品牌丑闻的属性一定要具备行业的可诊断性，而发讯品牌一定要具备行业的代表性，也就是易获得性（Micael &

Fredrik，2006）。

然而，这些都是从信息处理视角所做的研究，也有学者从联想网络节点视角，研究发讯和受讯品牌间的联想强度和方向，认为联想强度和方向的不对称也会导致溢出效应的不对称（Jing，Niraj & Jos，2008），例如：人们更容易由 A 联想到 B 而非由 B 联想到 A，那么，溢出效应会更容易从 A 到 B 而不是由 B 到 A。另外，像品牌丑闻的严重程度、消费者归因、公众对议题的卷入度等因素，也会对品牌丑闻溢出效应起着显著的影响作用（Dalhen & Lange，2006；费显政、李陈微和周舒华，2010）。值得一提的是，田阳、黄韫慧、王海忠和何浏（2013）做了一项品牌丑闻溢出效应的跨文化研究，文中已提到品牌丑闻跨国界的问题，也指出不同文化背景下的消费者对品牌丑闻溢出效应的反应存在显著差异，即同等条件下，东方消费者（或互依型自我建构的消费者）会比西方消费者（或独立型自我建构的消费者）感受到更大的负面溢出效应。

评价分析：从以往学者的研究结论，我们可以清楚地看出影响溢出效应发生的因素主要体现在：发讯和受讯品牌间的相似性、品牌丑闻本身的特征，以及消费者的归因等微观层面，较少有学者关注国家形象构成要素对品牌丑闻跨国非对称溢出效应的影响。实际上，田阳等人（2013）已提到品牌丑闻跨国溢出，也指出了文化差异在溢出效应当中的影响。江红艳、王海忠和江科（2014）在研究品牌丑闻对国家形象的溢出效应时，也提到了来源国形象的调节。而且张璇和张红霞（2014）在研究多品牌危机中的替罪羊效应时，发现品牌丑闻在不同行业国内外品牌间的溢出效应存在显著差异，对这一现象的解释，她们也提到了来源国形象。但这些研究未能系统地从国家形象构成要素视角，讨论究竟有哪些要素（例如：制度体系、经济绩效、文化认知等）会对品牌丑闻跨国非对称溢出效应产生影响。而事实表明：制度信任、来源国形象以及文化认知都有可能会产生影响，这一点在前面问题提出部分已举例说明。

## 四、溢出效应发生的方向

从溢出效应理论本身来看，存在两种不同的方向：同化和对比效应。同化效应主要是对相似的主体溢出，而对比效应则主要是对不相似且相反的主体溢出。但以往学者在研究品牌丑闻溢出效应时，大多只关注同化效应，而较少关注对比效应。这一点国内学者费显政等人（2010）在研究企业社会责任声誉溢出效应时也有提到。对于品牌丑闻溢出效应方向的研究，Dalhen 和 Lange 早在 2006 年发表于 *Journal of Advertising Research* 的文章中就已对其做了简单说明。研究发现：品牌丑闻对同行业相似的品牌会产生负面的影响，而对同行业不相似的品牌会产生正面的影响。同年，Roehm 和 Tybout（2006）也做了类似的研究，即当品牌丑闻发生溢出效应时，竞争对手该如何应对？结果发现：当竞争品牌与丑闻品牌（不）相似时，丑闻溢出是（不）可能的；而且当激发（priming）消费者联想竞争品牌和丑闻品牌之间的相似（差异）时，溢出是可能（不可能）发生的。此后，Lei，Dawar 和 Lemmink（2008）研究了母子品牌以及子品牌之间联想强度和联想方向对溢出效应的影响。结果发现：联想强度和方向对非对称溢出效应起着显著的调节作用。

评价分析：显然，以往学者关注同化效应要甚于对比效应。虽然 Roehm 和 Tybout（2006）在研究中提及对比效应，但他们认为：当竞争品牌与丑闻品牌（不）相似时，丑闻溢出是（不）可能的。对此，本研究认为当发讯和受讯品牌不相似的时候，品牌丑闻溢出效应也是会发生的，不过是对比效应。这一点在 Dalhen 和 Lange（2006）以及费显政等人（2010）的研究当中也可得到支持。可问题是，尽管他们关注了品牌丑闻的对比效应，但只得出了简单的结论：即发讯和受讯品牌特征越相反，对比效应越容易出现。这里有个前提假设就是发讯和受讯品牌身份的同质化，而当它们异质化时，就会出现由高到低或由低到高的非对称溢出效应。最后，虽然 Lei，Dawar 和 Lemmink（2008）研究了非对称溢出效应，但他们是研究联想强度和方向对同化效应影响的非对称性。而本项目研究的是在国家形象构成要素的不同维度上，国与国之间存在的差异，将会导致品牌丑闻跨国非对称溢出（同化/对比）效应的产生。

## 五、溢出效应的应对和治理

与品牌丑闻应对和治理策略研究相比，溢出效应应对和治理的研究结论相对较少。因为前者是站在发讯品牌的立场进行研究，可以有媒体应对（Siomokos & Kurzbard，2004）、专家应对（王晓玉、晁钢令和吴纪元，2008）、肇事企业应对，例如：保持沉默（Geeta，Jewe & Unnava，2009）、辩解（Tybout、Calder & Sternthal，2011）、否认（Weinberger et al.，2012）、道歉（Jorgensen，2006）、被迫和主动召回（Griffin，Babin & Attaway，2010）。而后者是站在受讯品牌的立场进行研究。代表性的结论：可观测行为澄清比口头澄清，口头澄清比无澄清，更容易降低同化效应而带来对比效应（费显政等，2010）。还有就是当溢出效应发生时，对受讯品牌来说，否认要比不否认好；而当溢出效应没有发生时，对受讯品牌来说，否认就好比此地无银三百两，将导致负面的效果（Roehm & Tybout，2006）。除此之外，还有学者从发讯和受讯品牌特征的相似性着手，试图通过降低两者之间的相似，而隔离品牌丑闻阻止其溢出（Cleeren，Heerde & Dekimpe，2013；Jing，Niraj & Zeynep，2012）。

评价分析：显然，对品牌丑闻溢出效应的应对和治理研究还相对较少，虽然品牌丑闻或产品质量危机的一些沟通策略也可以套用在溢出效应上。但终归是基于企业层面的应对和治理模式，类似头痛医头脚痛医脚的逻辑，未能从国家、社会和行业层面提出应对和治理模式。而本项目则采用一种崭新的思路和视角，拟从国家形象构成要素着手，先弄清楚哪些构成要素会在品牌丑闻跨国非对称溢出效应当中起着显著的影响作用。然后，再针对这些构成要素从国家、社会和行业的层面，借助政府、媒体以及公众的力量，强化并提高国家形象构成要素，尽可能使其在品牌丑闻跨国非对称溢出效应产生过程中发挥积极的作用，同时促进整个社会信任的提升，以及加速中国品牌国际化进程。

## 第二节　研究视角

### 一、国家形象的定义

在营销学领域，国家形象的定义主要集中于三个方面：（1）国家整体形象（country image）；（2）国家和其产品之间的形象（product-country image）；（3）来自某一国家的产品形象（product image）。

第一个方面的定义主要视国家形象不仅由代表性的产品所构成，而且还由经济和政治的成熟度、历史事件和关系、文化和传统，技术和工业化的程度等所构成（Allred et al., 1999；Bannister and Saunders，1978；Desborde，1990）。而所有这些因素指的是对特定国家认知的信念，Askegaard 等（1998）和 Verlegh（2001）是为数不多的提及国家形象构成要素当中应有情感成分的学者。实际上，国家形象应该包含认知和情感两个方面（Boulding，1959），但大部分定义忽视了后者。例如：Martin 和 Eroglu（1993）认为国家形象指的是通过支零破碎的信息而形成对一个特定国家总体的描述、推断或信念。Kotler 等（1993）认为国家形象指的是消费者对某个国家所持有的总体信念和印象。代表性定义见表2-2。

表2-2　　**国家整体形象（definitions on overall country image）**

| | |
|---|---|
| Bannister & Saunders<br>（1978） | 由很多感知因素所组成的总体印象，例如：代表性产品、经济和政治的成熟度，历史事件和关系、传统、技术和工业化的程度等 |
| Desborde<br>（1990） | 通过对某国文化、政治和经济水平、技术发展等的感知，在消费者大脑中所呈现的总体国家印象 |

| Martin & Eroglu<br>(1993) | 是通过支零破碎的信息而形成对一个特定国家总体的描述、推断或信念 |
|---|---|
| Kotler et al.<br>(1993) | 消费者对某个国家所持有的总体信念和印象，代表着对一个国家通过支零破碎的信息而产生的较大或抽象的联想 |
| Askegaard et al.<br>(1998) | 是关于一个国家很多因素在消费者大脑中所构成的内在关联图式或网络，是综合知识结构的体现 |
| Allred et al.<br>(1999) | 组织和消费者对一个国家的总体印象和感知，该印象或感知是以一个国家的经济条件、政治结构、文化、和别的国家的冲突、劳工条件、环境污染等为基础形成的 |
| Verlegh & Steenkamp<br>(1999) | 一个国家的人、产品、文化、民族象征的精神代表，分享着广泛的文化刻板印象 |
| Verlegh（2001） | 与某个国家相连的情感和认知的联想网络结构 |

第二个方面的定义主要聚焦于它在产品原产地方面的作用。例如：Li 等（1997）认为国家形象指的是消费者对不同国家和在那些国家生产制造的产品的形象感知。这个定义暗示，首先，国家形象和产品形象是有区别的，但也是有联系的；其次，国家形象影响来自该国的产品形象。事实确实如此，研究表明：消费者对某国产品的偏好与消费者对该国的形象感知存在显著的关联（Ittersum et al.，2003）。然而，尽管对产品-国家形象的定义非常多，但它们依然无法涵盖营销实践中涉及产品-国家形象的广泛现象，更无法精确地解释这些现象（Papadopoulos，1993）。原因在于国家形象不仅影响某国产品形象的感知，而且还影响别的重要的结果像投资、旅游等等（Heslop et al.，2004）。例如：来自中国的玩具出现产品安全的问题将会极大地影响企业未来的投资和当下企业与合作伙伴间的关系（Story & Barboza，2007）。代表性定义见表 2-3。

表 2-3　**产品-国家形象**（definitions on product-country image）

| Hooley et al.<br>（1988） | 消费者对国家及其产品所形成的刻板印象 |
|---|---|
| Li et al.（1997） | 消费者对不同国家和在那些国家生产制造的产品的形象感知 |
| Knight & Calantone<br>（2000） | 消费者对来自某一国家制造的产品的质量感知和来自该国人们的精神和行为的感知 |
| Jaffe & Nebenzahl<br>（2001） | 消费者分别对品牌和国家形象的联想图片 |
| Nebenzahl et al.<br>（2003） | 消费者对某个国家所制造的产品属性的感知，对该国的情绪会导致是否渴望拥有该国所制造的产品 |
| Papadopoulos & Heslop<br>（2003） | 买方或卖方会因为对产品-国家形象或者地点相关的形象的联想而发生交易 |

　　第三个方面的定义主要聚焦于某个国家的产品形象，该定义可追溯到 Nagashima（1970）。然而，使用具体的产品形象来定义国家形象，显然不能准确完整地体现该定义（Martin & Eroglu, 1993; Papadopoulos & Heslop, 2003）。因此，实际上产品形象仅仅是国家形象的一部分。按照 Nagashima（1970）的定义，很多学者（Han, 1989; Roth & Romeo, 1992; Strutton et al., 1995）提出应该简化国家形象的定义，使其简单地聚焦于产品层面而非国家层面。Papadopoulos 和 Heslop（2003）的研究显示：很多营销学领域关于国家形象的研究仅仅聚焦于产品形象，而且对它的测量层面非常低，所包含的内容也非常小。代表性定义见表 2-4。

表 2-4　　　**产品形象**（Definitions on product image）

| Nagashima<br>（1970） | 形象指对一个概念的想法、情绪和寓意的联想。因此，"made in" 形象指的是企业或消费者对特定国家生产产品的图片、声誉或刻板印象 |
|---|---|

| | |
|---|---|
| Naryana (1981) | 消费者对特定国家产品形象的感知指的是对该国所提供产品领域的整体联想 |
| Han（1989） | 消费者对特定国家所生产产品质量的整体感知 |
| Roth & Romeo (1992) | 消费者对来自某国产品的整体感知，以他们先前对该国生产和营销力度强弱的感知为参照 |
| Bilkery（1993） | 买方对不同国家所生产产品和服务质量的观点和感知 |
| Strutton et al. (1995) | "made in" 形象由某国所生产产品的精神复制、声誉和刻板印象所组成 |

根据上述对国家形象定义的梳理，结合本项目的研究内容，我们采用第一方面的定义，也就是国家整体形象（overall country image），具体指组织和消费者对一个国家的总体印象和感知，该印象或感知是以一个国家的经济绩效、政治体系、文化认知、劳工条件、环境污染等为基础形成的。当然，除了认知方面，也包括情绪和情感方面的因素。例如：消费者对某个国家形象的民族身份认同和身份排斥，以及对他国的敌意仇视和渴望加入等（Zhang & Khare，2009；Luna，Ringberg & Peracchio，2008），都有可能会在品牌丑闻跨国非对称溢出效应产生过程中起到显著的影响作用。而且我们认为认知方面的构成要素是从客观和长远来影响品牌丑闻跨国非对称溢出效应的，而情绪情感方面的构成要素，通过主观的和即时的刺激（priming），同样也会达到类似的效果。

## 二、国家形象构成要素

国家形象的构成要素首先包括国家的客观存在和相应的状态，它包括：国家的社会制度、民族文化、综合国力、政治局势、国际关系、领袖风范、公民素质、社会文明等，每一项要素在一定情况下都能反映或代表国家的整体形象，任何一个方面不完善，都将对国家形象产生不良影响（Nebenzahl et al.，2003；Pereira et al.，2005）。国家形象从根本上说取决于国家的综合国力，但国家形象并不能简单地等同于国家的实际状况，它在某种程度上又是被塑造的且和公众的主观认知、情感、态度有密切关系（Schoefer & Diamantopoulos，2008）。

在过去营销领域关于国家形象构成要素的研究中，Bilkey 和 Nes（1982）曾批评研究对象过多体现美国国家形象。在大约 30 个研究当中共计发展了 21 个量表对国家形象构成要素进行测量，其中，研究对象大多为发达国家，像美国、德国、日本、法国等的比例超过总研究的2/3，而研究对象为发展国家像中国、印度、墨西哥等的比例只接近1/3（Roth & Diamantopoulos，2009）。总的来看，对国家形象构成要素的研究，大多体现在政治、经济、文化、技术、人员互动等方面。代表性结论见表 2-5。

表 2-5　　　　　　　　　　　国家形象构成要素

| 作者 | 研究对象 | 国家形象构成要素 |
|---|---|---|
| Wang & Lamb（1983） | 美国 | 制度信任、经济绩效、文化认知 |
| Weber et al.（1991） | 德国 | 政治、经济、文化、人、外表（appearance） |
| Kuhn（1993） | 日本 | 居住形象：人、文化/社会、经济，政治/政策：制度环境 |
| Desborde（1990） | 美国 | 文化和政治的密切和相似，经济发展水平，来源国形象 |
| Lebrenz（1996） | 日本 | 国家知识：情感成分和认知成分 |
| Lee & Ganesh（1999） | 美国 | 总体形象：国家、人们、国家和人们 |
| Allred et al.（1999） | 美国 | 环境、劳工、经济、冲突、政治、职业培训、工作文化 |
| Verlegh（2001） | 荷兰 | 自然风光、气候、能力、创新力、正面/负面情感 |
| Ittersum et al.（2003） | 美国 | 产品具体区域形象、人、自然、气候 |

续表

| 作者 | 研究对象 | 国家形象构成要素 |
|------|----------|------------------|
| Heslop et al. （2004） | 加拿大 | 国家和人的描述、国家和人的能力、国家评价和关系 |
| Puaschunder（2004） | 澳大利亚 | 729 个联想对象 |
| Laroche et al. （2005） | 美国 | 国家信念、人的情感、渴望互动 |
| Pappu et al. （2007） | 澳大利亚 | 技术、经济、政治 |

由表 2-5 可以看出，国家形象的构成要素存在以下三个方面的特征：第一，涵盖的范围非常广泛而且复杂，尤其是从 Puaschunder（2004）的研究结论可以看出，对国家形象的联想对象高达 729 个。第二，不仅包括认知方面的维度，而且包括情感方面的维度，例如：Lebrenz（1996）提到情感成分，而 Laroche 等（2005）提到人的情感和渴望互动等。第三，国家形象的构成要素是消费者主观对客观的一种感知，因人或国家而异。例如：表 2-5 当中学者的研究因对象和个体对国家形象的感知差异，而得出不同的国家形象构成要素。结合本项目研究内容，我们关心和思考的是：在国家形象构成要素当中，究竟哪些要素会在品牌丑闻跨国非对称溢出效应产生过程中，起着显著的影响作用？它们是如何起作用的？这些构成要素若以发展中国家为对象，尤其是关于中国的国家形象，又该如何进行测量？

## 第三节 理论基础和研究视角

目前，有关国家形象构成要素对品牌丑闻溢出效应的影响研究还相对较少，但这并不意味着两者没有关系，恰恰相反，两者存在较强的关系。例如：国家形象构成要素当中制度信任和来源国形象，在品牌跨国丑闻非对称溢出效应产生过程中就起着显著的影响作用。

首先，制度信任是指人们对某个国家的政府机构、系统和人员，是否能够以令人满意的方式，严格履行他们职责的信任程度（Peterson &

Ekici，2007）。在品牌发生丑闻之后，消费者常常会不可避免地、自发地判断同行业其他品牌是否存在同样的问题（Collins & Loftus，1975），并分析事件发生的原因和责任方（Folkes & Kotsos，1986）。如果相信制度的监管，在排除不可抗拒力因素的影响下，消费者将会把品牌丑闻的责任归因于发讯品牌。同时，消费者会相信在制度监管的情况下，同行业其他品牌会自律，出现类似问题的概率会比较低，品牌丑闻就越不容易发生溢出。相反，如果消费者对制度监管的信任度较低，当发讯品牌出现丑闻时，他们可能会将责任归因于制度，认为产品质量监管部门也有不可推卸的责任，同时认为同行业其他品牌出现类似问题的概率会比较大，品牌丑闻就越容易发生溢出（Jing，Niraj & Zeynep，2012）。

其次，来源国形象指消费者对来自某一特定国家的品牌，在其心目当中所形成的图像、声誉及固定看法（Nagashima，1970）。在品牌丑闻发生之后，消费者会对品牌来源国变得敏感，并习惯根据来源国的不同对发讯和受讯品牌进行归类（Martin，2007）。若发讯和受讯品牌来自同一行业同一国家，且消费者对品牌来源国先前刻板印象越好（差），那么，就越能阻止（加大）同化效应对受讯品牌的影响。若发讯和受讯品牌来自同一行业不同国家，发讯品牌来源国先前刻板印象越好，而受讯品牌来源国先前刻板印象越差的情况下，消费者会认为既然质量比较好的品牌都出问题了，那先前产品质量比较差的品牌就更有可能存在类似的问题，对比效应的作用会更加凸显。相反，若发讯品牌来源国先前刻板印象越差，而受讯品牌来源国先前刻板印象越好的情况下，消费者越会启动对比效应，认为先前产品质量比较好的受讯品牌的质量就更好了。

由此可见，国家形象构成要素确实会对品牌丑闻跨国非对称溢出效应产生影响。鉴于此，不同于以往研究，本项目拟以溢出效应理论为基础，从国家形象构成要素视角，围绕品牌丑闻跨国非对称溢出效应及其治理展开研究。具体讨论：①究竟有哪些（Which）构成要素会在品牌丑闻跨国非对称溢出效应产生过程中起显著的影响作用？②不同情境下，这些构成要素对品牌丑闻跨国非对称溢出效应的影响结果分别是怎样的（What）？③其中的过程和机制分别又是什么（Why）？④该如何根据这些要素去治理因品牌丑闻跨国非对称溢出效应，给国家、行业和企业形象所带来的影响（How）？对于这些问题的回答，现有文献和研究结论并不能给予很好的诠释。因此，需要进一步系统深入的研究。

## 第四节　未来研究方向

结合理论基础和研究视角的分析，本书认为品牌丑闻溢出效应的未来研究方向在于：结合国家形象构成要素，围绕跨国非对称溢出展开研究。具体展开有如下问题（见图2-1）：

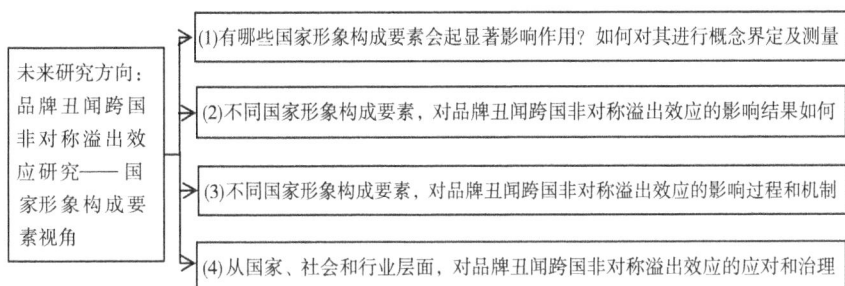

图 2-1　品牌丑闻溢出效应未来研究方向

1. 在品牌丑闻跨国非对称溢出效应发生过程中，究竟哪些国家形象构成要素会起显著影响作用？如何对这些构成要素进行概念界定及测量

在现有营销领域中，关于国家形象构成要素的研究无非三个方面：国家总体形象、产品-国家形象、产品形象（Roth & Romeo，1992）。但这三个方面说明：以往学者对于国家形象构成要素的研究结论并未达成一致。而且，这些研究并不是发生于品牌丑闻背景，那么，在品牌丑闻跨国非对称溢出效应背景下，究竟哪些国家形象构成要素会起显著的影响作用呢？这有待进一步研究。

除此之外，有学者指出，以往对国家形象构成要素的研究都是基于消费者认知方面的，较少关注消费者情感方面。实际上，社会学领域的研究表明：人们不仅对自己所属国家可能存在敌对和认同两种情感倾向，而且对他国也有可能存在这两种情感（Corkalo & Kamenov, 2003）。而这种对国家形象的情感认知是有可能在品牌丑闻跨国非对称溢出效应产生过程中发生作用的，例如：当本国品牌丑闻发生后，民族身份认同感强的人将会因维护本国品牌而弱化丑闻同化效应。

再就是国家形象构成要素当中的文化认知。当品牌丑闻发生于发达和发展中国家市场时，西方（法理情）和东方（情理法）文化背景下，消费者之间对商人和消费文化等方面的认知差异，在品牌丑闻跨国非对称溢出效应的影响中也会起显著作用（田阳等，2013）。例如：中国消费者常常会因几千年来传统典藏文献的描述或者嫉妒仇富等心理，而认为无商不奸或其他消费者崇洋媚外，如此一来，势必将会影响品牌丑闻在行业内的溢出效应及其测量的结果。而这些文化认知在发达国家市场是否也是这样？如果不是，那么跨国非对称溢出效益的结果又是什么？并且，这些文化认知如无商不奸或崇洋媚外等该如何测量？

2. 在品牌丑闻跨国非对称溢出效应发生过程中，不同国家形象构成要素对不同品牌丑闻类型的溢出效应的影响结果是怎样的

因为品牌丑闻跨国溢出效应研究涉及发讯和受讯两类品牌，而这两类品牌可能属于同一个国家，也有可能不属于同一个国家。若为前者将发生同化效应，若为后者将发生对比效应。当发生对比效应时，就是涉及两个或以上的国家，如此一来，两个或以上的国家在不同构成要素维度上的差异越大，则对比效应将会越强；相反，则越弱。

可实际问题并非如此简单，因为越来越多的公司跨国经营，并在全球配置资源，导致"杂交"产品的出现。那么，当品牌发生丑闻时，问题将会变得异常复杂，因为原材料供应国、产品制造国、品牌来源国等任何一个环节都有可能出问题。出问题之后，是在"杂交"产品生产过程中不同环节的国家之间相互溢出？还是可以在产品所属行业当中发生溢出？国家形象不同构成要素在其中又是分别如何发挥

影响作用的？

另外，品牌丑闻的类型也是复杂多样，有能力方面的，也有道德方面的；有可控的，也有不可控的；有可辩解的，也有不可辩解的……不同类型的品牌丑闻在跨国非对称溢出效应产生过程中，正/负面影响结果是否一样？国家形象构成要素在不同类型的品牌丑闻跨国非对称溢出产生过程中，是否存在差异？

3. 在品牌丑闻跨国非对称溢出效应产生过程中，不同国家形象构成要素对不同丑闻类型的溢出效应的影响过程和机制分别是什么

以往关于溢出效应影响过程和机制的研究，大多集中于信息处理和联想网络节点理论（Pina et al.，2013）。其中，信息处理方面的研究大多体现的是发讯和受讯主体在同水平上的相似性或差异性，若发讯和受讯主体在不同水平上，则体现的是两者之间的易获得性或可诊断性（Roehm & Tybout，2006）。而联想网络节点方面的研究大多体现的是发讯和受讯主体间的联想强度和方向，因为由 A 到 B 的联想强度和由 B 到 A 的联想强度不同，而发生非对称溢出效应，并且方向也存在差异（Lei et al.，2008）。

然而，以往研究大多忽视了因品牌丑闻发生或曝光，而引起的消费者对制度监管和行业自律的信心（Jing et al.，2012），这一点在以往研究中是未曾提到的。例如：当来自发展中国家的品牌出现丑闻时，消费者可能会认为是个大概率事件，容易将责任归因于该企业的可能性比较大，同时会降低对行业内该国其他品牌自律的信心，并责怪政府部门未能严格监管；而当来自发达国家的品牌出现丑闻时，可能出现相反的结论（Jonge et al.，2008）。因此，我们认为当丑闻品牌来自发展中和发达国家时，或者品牌丑闻发生在发展中国家市场或发达国家市场时，溢出效应发生的过程和机制略有不同。

并且，在不同丑闻类型背景下，国家形象构成要素对品牌跨国非对称溢出效应的影响过程和机制也会存在差异。那么，当发展中国家品牌发生丑闻，或者发达国家品牌发生丑闻；当发生能力方面的丑闻，或道德方面的丑闻；可控的，或不可控的丑闻时……消费者的心理过程和机

制又分别是什么呢？

4. 从消费者对国家形象构成要素的认知和情感两个方面，站在国家、社会和行业等层面，分别探讨应该如何应对和治理品牌丑闻的跨国非对称溢出效应，从而最大限度降低其负面影响，提高其正面效应

与品牌丑闻的应对和治理研究相比，以往学者对品牌丑闻溢出效应的治理研究相对较少。无非就是通过降低发讯和受讯品牌间的相似性而隔离丑闻的溢出（Yun et al.，2011），或者是在溢出效应发生前后是否采取否认的沟通策略（Roehm & Tybout，2006）。较少有学者从国家、行业等宏观和中观层面研究应对和治理的策略。而本书认为可以从消费者对国家形象构成要素的认知和情感两个方面着手，前者主要指消费者对制度体系、经济绩效、文化认知等方面；后者主要指消费者对本国或他国的认同和敌对等方面。

根据消费者对国家形象的认知和情感两个方面，未来应在此基础上进行拓展研究，并分别从长远和短期两方面提出品牌丑闻跨国非对称溢出效应治理模式。但比较复杂的问题在于品牌丑闻发生的背景和类型等方面影响因素过多，导致在不同的情境下可选择治理的国家形象构成要素可能不同。因此，未来需要系统深入研究，从宏观（国家）和中观（行业）提出一套切实可行的治理模式。

# 第三章　溢出效应和假洋品牌分析

本章主要包括两小节的内容，一节是关于品牌丑闻跨国非对称溢出效应影响因素分析的，另一节是关于假洋品牌存在是否合理的。

第一节的内容我们立足中国本土文化，运用"天·地·人"框架，研究品牌丑闻跨国非对称溢出效应。实验一发现：消费者对制度监管（天/法）的信任越高，同化效应就越弱；消费者对发讯和受讯品牌所背书的两个国家的制度监管（天/法）信任差异越大，对比效应就越强。类似的逻辑和结论适用于实验二：消费者对行业自律（地/德）的信心感知。实验三表明：当消费者的民族身份（人/情）被激发，若国产品牌发生丑闻，它可以弱化对同行业其他国产/外资品牌信念的同化/对比效应；若外资品牌发生丑闻，它可以反转对同行业其他外资/国产品牌信念的同化/对比效应。

在第一节研究内容的基础上，我们又展开了第二节关于假洋品牌分析的研究。围绕假洋品牌存在合理性及其影响机制这一核心问题，我们采用扎根理论的方法展开探索。通过对5家网站，162个帖子，2609条跟帖评论的整理和分析，结合内部任务环境和外部制度环境，我们归纳出假洋品牌存在合理性受经济绩效、制度绩效、道德形象和文化认知四个维度的影响。研究发现：经济绩效对应实用合理性；存在问题的制度绩效，丧失诚信的道德形象，以及感性心理和自信不足的文化认知，分别从规制、规范和认知三个层面对应制度的合理性。

# 第一节 品牌丑闻跨国非对称溢出效应：
## "天·地·人"框架分析

## 一、问题的提出

"城门失火，殃及池鱼"，这似乎是中国人约定俗成的一种传统认知：当事物甲发生祸端时，其临近或相似事物乙也易于受其连累而遭遇损失或祸害。但若以品牌丑闻跨国非对称溢出①（Cunha & Shulman，2011；Queller，Schell & Mason，2006）为情境来审视这句话，我们会提出新的问题：城门失火，一定殃及池鱼吗？若不会，是什么原因呢？如殃及，会是谁家门口的鱼呢？如下事例将引导我们探讨这些问题。

**事例一：**

在蒙牛致癌门（2011）、伊利汞含量超标（2012）、光明菌落总数超标（2012）等国产奶粉相继被曝出品牌丑闻之后，消费者对国产奶粉品牌出现信任危机（同化效应：主要指品牌丑闻跨越企业边界，对其他相关且类似的主体产生了类似的影响），转而青睐外资尤其是新西兰品牌奶粉。截至2014年7月，外资尤其是新西兰品牌奶粉在中国市场占有率已达65%（对比效应：主要指品牌丑闻跨越企业边界，对其他相关但不同的主体产生了相反的影响），高端市场的占有率更高达90%。②

---

① 此处的溢出是指一个主体的某一特征或行为，会影响到与该主体有一定关系、但本身不具有这一特征或行为的其他主体的现象。其中，跨国主要是指品牌丑闻在同行业不同来源国（如中国和新西兰）品牌间发生溢出效应；非对称主要是指品牌丑闻跨国间溢出效应的强度或效价不同。

② http：//shipin. people. com. cn/BIG5/179829 11. html.

**事例二：**

在 2013 年 3 月新西兰恒天然旗下多个品牌奶粉相继被检出二聚氰胺之后，新浪财经调查显示：依然有 57.1% 的消费者认为新西兰品牌的奶粉是安全的，只有 25.2% 的消费者认为新西兰奶粉是不安全的（同化效应）；而有趣的是 56.6% 的消费者认为国产奶粉品牌也含二聚氰胺（对比效应），只有 5.9% 的消费者认为国产奶粉不含二聚氰胺。[1]

根据上述事例，不难看出：国产品牌奶粉出现丑闻会降低消费者对同行业其他国产品牌的信念，即"一损俱损"；但却会有助于提升消费者对同行业新西兰奶粉品牌的信念，即"因祸得福"。可新西兰奶粉品牌出现丑闻对同行业其他新西兰奶粉品牌信念的负面影响就相对较小，即"近墨者未必黑"；但却会降低消费者对国产奶粉品牌的信念，即"躺着都中枪"。由此可见，品牌丑闻跨国溢出效应的结果是非对称的。

为什么品牌丑闻在跨国溢出时，会存在这种非对称效应呢？它是怎么发生的？城门失火，到底殃及谁家门口的鱼？站在国产品牌的立场，该如何去应对和改变呢？对这些问题的回答，以往学者主要运用西方信息处理理论，集中讨论涉事品牌间相似或差异性等微观因素的影响（Ahluwalia, Unnava & Burnkrant, 2001; John, Loken & Joiner, 1998; Lei, Dawar & Lemmink, 2008; Roehm & Tybout, 2006; 费显政、李陈薇和周舒华，2010；张璇和张红霞，2014；江红艳、王海忠和钟科，2014），却较少立足本土文化，按照"天·地·人"的思路，从消费者对制度监管（天/法）的信任、行业自律（地/德）的信心及民族身份（人/情）的凸显三个方面，研究这些宏观因素对品牌丑闻跨国非对称溢出效应的影响。

之所以选择运用"天·地·人"的思路进行分析，是因为中国传

---

[1]　http://survey.finance.sina.com.cn/result/76099.html.

统文化认为"人法地，地法天，天法道，道法自然"（《道德经·第二十五章》）。无论看待何种事物，中国人总习惯使用"天·地·人"的思路去评价分析，以寻求其中的"道"即本质规律。与人类实践活动相关的一切事物，均受"天·地·人"的影响（梁漱溟，2011）。它们是一切人为事物赖以生存、发展和死亡的决定力量，既是世人对宇宙的整体看法，也是研究具体事物所通用的理论源点（冯友兰，2011）。

## 二、文献述评和关键变量的界定

首先，梳理以往学者对品牌丑闻溢出效应的相关研究，对其进行评价分析，找出本书的研究空间。其次，立足中国本土文化，对"天·地·人"框架内涵在本书的情境中的应用进行阐述和剖析，为后续模型构建及假设推演做铺垫。

### （一）文献回顾

溢出效应是品牌丑闻领域常见的话题，以往研究主要聚焦于三个层面：（1）品牌系统内部。品牌丑闻的严重程度、品牌间的相似性、品牌组合间的联想强度以及联想方向等都会影响溢出效应的发生（Ahluwalia, Unnava & Burnkrant, 2001; John, Loken & Joiner, 1998; Lei, Dawar & Lemmink, 2008; 庄爱玲和余伟萍等，2011）。（2）竞争对手或品牌联合间。某一品牌出现丑闻对竞争品牌溢出效应的影响依品牌间的相似性而不同，在同化/对比效应的影响下，消费者会降低/提升对相似且属性一致/不相似且属性相反或对立品牌的评价（Dahlen & Lange, 2006; Roehm & Tybout, 2006; Votolato & Unnava, 2006; 费显政、李陈薇和周舒华，2010）。（3）整个行业。只要单个企业在整个行业中具备较高的代表性，以及与整个行业有一致的核心属性，那么，该企业若发生品牌丑闻将会很容易溢出至整个行业层面（Roehm & Tybout, 2006; 张璇和张红霞，2014）。

以上研究视角遵循由企业内部到外部、影响因素由微观到宏观的逻辑，对品牌丑闻溢出效应展开了探讨，但却存在如下两方面局限：（1）

未考虑溢出效应发生过程中发讯和受讯品牌①来源国身份的异质化，并忽视了因此而造成的同一行业内品牌丑闻非对称溢出效应的存在。（2）对溢出效应影响因素的研究始终局限于微观层面，即注重强调发讯和受讯品牌间的相似性或差异性，却较少立足中国本土文化，按照"天·地·人"的思路，从消费者对制度监管（天/法）的信任、行业自律（地/德）的信心及民族身份（人/情）的凸显三个方面，研究这些宏观因素对品牌丑闻跨国非对称溢出效应的影响。

（二）关键变量的界定

1. 天/法/制度监管

"天"字的下面是一个"大"，指一个站立的人（《说文解字》）。上面一横即为"法"，不可逾越。为什么这样讲呢？因为"无法"就"无天"，如果目无法纪，任意干坏事，就会不受任何约束，上面就没有"天"（《红楼梦》）。那么，人们是如何看待"天"的呢？我们认为这取决于一国长期积聚所形成的文化，集中体现在情·理·法的排序上。例如：以中国为代表的东方文化是以"情·理·法"为基础，法律是依据人情而制定的，元（律疏）、明（律表）、清（律例）等朝代的文献都有明确论述（霍存福，2001；黄静，王新刚，张司飞和周南，2010）。相反，以美国为代表的西方文化是以"法·理·情"的排序为基础，法律的权威不容撼动，人与事是否"合法"是一切问题的最终裁决，价值取向与行为要求首重"守法"（周南和曾宪聚，2012）。那么，谁来维护"天/法"呢？国家/政府/制度作为代理人，自然责无旁贷。

因此，作为执法者，要信仰法治、坚守法治，做到知法、懂法、守法、护法，站稳脚跟，挺直脊梁，只服从事实，只服从法律，铁面无私，秉公执法（习近平，2014）。否则，将会降低消费者对"天/法/制度监管"的信任，当某品牌出现丑闻时，会影响消费者对同行业其他

---

① 发讯品牌指发生品牌丑闻的企业，受讯品牌指未发生品牌丑闻但受到丑闻影响的企业。

品牌是否出现类似情况的预测和判断，即消费者对"天/法/制度监管"的信任感知将会影响品牌丑闻溢出效应。并且，当品牌来自不同国家时，消费者对其所背书的"天/法/制度监管"的信任感知可能存在差异，这种差异也将会对品牌丑闻溢出产生影响。所以，结合本书的研究，我们认为消费者对"天/法/制度监管"的感知主要指消费者对某个国家政府机构、系统和人员，是否能够以令人满意的方式严格履行他们职责的信任程度（Sztompka, 1999）。

2. 地/德/行业自律

"地"字由土和也构成，意为土生万物，所陈列也，是以不坠（《说文解字》），就是说土地"生·养"着万物，支撑着万物而不往下坠落。那么，"地"是靠什么承载万物？靠"德"，因为厚"德"才能载物（《周易·坤》）。如果没有"德"，则将"无地自容"，即没有地方让自己容身（《三国志·魏志·管宁传》）。那么，消费者是如何看待"地"的呢？如果把行业看成"地"，行业内的企业看成"物"，并且这个"物（企业）"是具有主观能动性的，其行为反过来将会影响"地（行业）"。若企业间"同心同德"，视"自己"为"地（行业）"的一分子，通过"自律"提高"地（行业）"的利益、形象和声誉，带动"大家"一起赚"钱"。最终，则将皆大欢喜。若企业间"离心缺德"，认为"地（行业）"是"大家"的，赚的"钱"是"自己"的。企业将不会"严于律己"，为了更多的"钱"，而不要"命"（周南，2012），损害整个"地（行业）"的利益、形象和声誉。最终，则将无地自容。

如此一来，将会降低消费者对来自某一国家某行业品牌的整体形象（品牌来源国形象）感知。那么，当该行业来自不同国家的某品牌出现丑闻时，消费者对其所背书的"地/德/行业自律"信心的感知可能存在差异，这种差异将会影响他们对同行业同一或不同国家其他品牌，是否出现类似情况的预测和判断，即消费者对"地/德/行业自律"信心的感知将会影响品牌丑闻溢出效应。所以，结合本书的研究，我们认为消费者对"地/德/行业自律"信心的感知就是指他们对来自某一特定国家某一行业的品牌，在其心目当中先前所形成的图像、声誉及固定看法（Nagashima，1970）。它反映的是目标市场消费者对品牌来源国某一行业的内在印象，以及对该国某一行业品牌的整体性认知（Jaffe & Nebenzahl，2001）。

3. 人/情/民族认同

"人"字拆开来看，就是一撇和一捺的组合。若把"撇"视为企业，把"捺"视为消费者，说明企业和消费者相互依赖，不可分开。这只是表象，更为具体深入的解读是什么呢？就是企业要抓住消费者的"心"，反过来消费者才会对企业有"情"。因此，"心·情"才是联结品牌和消费者关系的本质。其中，这个"情"又可分为真有之情和应有之情（何佳讯，2008），结合研究需要，我们认为本书中应有之情主要指消费者因民族认同感被激发，而将对本民族的认同延伸至本国品牌的情结（余秋雨，2014），它是以"自己人"情结为基础的升华。

为什么这样讲呢？因为来自同一国家的品牌与消费者，不仅有着共同的"根"，而且他们所继承的精神和文化也是"一脉相承"的。所以说一国的品牌代表着一国的精神和文化，消费者更倾向于视国内/国外品牌为自己人/外人（Aaker，Benet & Garolera，2001）。但我们认为"自己人"情结是"家"层面的说法，而"民族认同"则是"国"层面的说法。因此，一国品牌的"成功"，会让该国消费者感到"自豪"；而一国品牌的"丑闻"，则会让该国消费者感到"伤心"。那么，伤心之余，消费者对同行业来自国内外其他品牌，是否会存在类似的丑闻事件，作何预测和判断呢？我们认为这一问题将受到"人/情/民族认同"的影响，或加强、减弱、逆转品牌丑闻的跨国非对称溢出效应。所以，结合本书的研究，我们认为"人/情/民族认同"主要指消费者对本国品牌的一种应有之情，是因民族认同感被激发，而对本国品牌所产生的民族情结。

## 三、模型构建及假设推演

在文献评述和关键变量界定的基础上，我们提出如下模型（见图

3-1）和假设推演。自变量由消费者对制度监管（天/法）的信任、对行业自律（地/德）的信心以及民族认同（人/情）的凸显组成。其中，自变量对制度监管的信任和对行业自律的信心可分为：无差异和有差异，前者/后者主要是针对同化/对比效应而言的，意为发讯和受讯品牌来自于同行业同一/不同国家，消费者对它们所背书的制度监管的信任和行业自律的信心无差异/有差异。民族认同的凸显则分为激发和控制，均适用于同化和对比效应。因变量是品牌丑闻溢出效应，分为同化和对比效应，前者/后者主要发生于同行业来自同一/不同国家品牌之间。

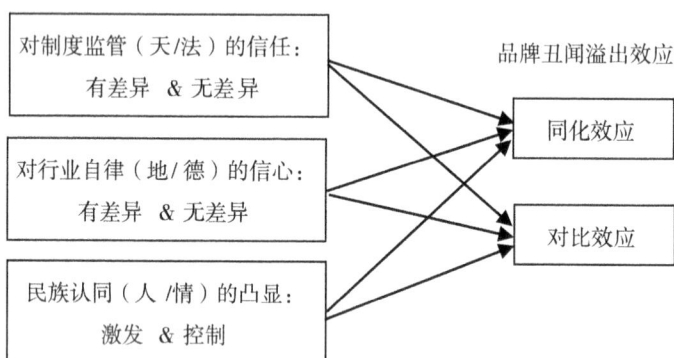

图 3-1　本书的研究模型

1. 对制度监管（天/法）的信任对品牌丑闻溢出效应的影响

本土文化中，"天"为阳，代表着权威和公正，拥有生杀奖惩的权力，面对某些事情，当人们无法做到时，就会寄希望于"天"的力量（翟学伟，2011）。结合本书的研究，当品牌发生丑闻后，消费者常常会不可避免地、自发地判断同行业其他品牌是否存在同样的问题（Collins & Loftus, 1975），并同时分析事件发生的原因和责任方（Folkes & Kotsos, 1986）。如果相信制度监管（天/法）的力量，在排除不可抗拒力因素的影响下，消费者往往会将丑闻的责任归因于发讯品牌。同时，他们相信在制度监管（天/法）的情况下，同行业其他品牌会自律，出现类似问题的概率比较低。相反，如果消费者对制度监管（天/

法）的信任度比较低，当发讯品牌出现丑闻时，他们往往会将责任归因于制度监管（天/法），认为产品质量制度监管（天/法）也有不可推卸的责任，同时认为同行业其他品牌出现类似问题的概率会比较大（Lei，Dawar & Gürhan-canli，2012）。因此，这就意味着消费者对制度监管（天/法）信任的感知有正面的，也有负面的，取决于制度监管（天/法）的绩效。而研究表明：不同国家的制度监管（天/法）和制度绩效存在较大的差异（福山，1998）。如此一来，当丑闻在不同来源国品牌之间发生溢出时，消费者对不同国家制度监管（天/法）信任的感知就不可避免地起到了一定的影响作用。

同化效应下，即当品牌来自于同一个国家时，若消费者对制度监管的信任比较高（低），那么，他们就会把对制度监管的信任转移至对其他品牌产品质量的信任，认为其他品牌不会（会）存在类似的问题。因为那些品牌若存在类似的问题，将会受到制度——"天"的惩罚/放任，承担较大（小）的风险和成本。最终导致消费者对其他品牌产品质量的信心和信念，不会（会）受发讯品牌丑闻影响很大。就像如果一个人闯了红灯，被重重的惩罚/并未受到惩罚，那么，人们会认为其他人就不再（也可能）会闯红灯。同样的逻辑，适用于对比效应，即当品牌来自于同行业但不同国家时，消费者对发讯和受讯品牌所背书的两个国家的制度监管（天/法）的信任感知差异越大，那么，当制度监管信任低（高）的国家的品牌发生丑闻时，消费者对同行业来自制度监管信任高（低）的国家的品牌产品质量信念也就越高（低）。为此，我们提出：

H1：当发讯和受讯品牌来自于同一国家，且消费者对该国制度监管的信任越高，品牌丑闻同化效应就会越弱；

H2：当发讯和受讯品牌来自于不同国家，且消费者对发讯和受讯品牌所背书的两个国家的制度监管信任差异越大，品牌丑闻对比效应就会越强。

2. 对行业自律（地/德）的信心对品牌丑闻溢出效应的影响

本土文化中，"地"为阴，代表着孕育和生养，拥有容纳滋养万物的能力，面对尚未满足的需求，人们可以从大"地"中获取（翟学伟，2011）。结合本书的研究，我们视国家为一块"大地"，由不同的行业"小地"组成。而不同的小地（行业），因其土壤的构成要素（结构）不同，故其生养的作物（品牌）也存在较大差异。所以可能会出现"尺有所短，寸有所长"，也有可能出现"橘生淮南为橘，橘生淮北为枳"等情况。同样的逻辑，每个国家（大地）都有自己的优势行业（小地）及拳头品牌（作物），相互之间可能会比较难以模仿。例如：提到手机行业，消费者会想起美国的苹果、韩国的三星、中国的小米和华为等；提到汽车行业，消费者会想起美国的通用、德国的奔驰等。

由此可见，具体品牌（作物）的来源国形象与特定的行业（小地）有着密切的关系。那么，这种密切的关系该怎么解读呢？根据信息处理理论，它们之间是属性和类别的关系。也就是说，在基于某一品牌来判断另一品牌的信息处理过程中，消费者常常是用行业推断具体品牌或具体品牌推断行业，更可能把行业层面的知识、印象、信念和期望，整合概化至评价行业中的具体品牌，或者是将行业中代表性品牌的特征放大至行业层面产生晕轮效应（Rydell & McConnell, 2005）。当面对两个或以上不同类别属性的群体时，人们在推断过程中往往会出现同化或对比两种不同的倾向（Corneille et al., 2002），即在同一属性类别（同一国家同一行业）之中人们常常采用同化效应进行推断，而在不同属性类别（不同国家同一行业）之间常常采用对比效应进行推断（Pickett & Brewer, 2001）。

由于品牌丑闻跨国溢出中的涉事品牌可能来自不同国家，消费者在评价受讯品牌时可能就会根据品牌来源国形象这一类别属性而启动同化模式或对比模式。具体而言，当发讯品牌发生丑闻时，消费者首先会通过此类信息处理，基于品牌来源国对发讯和受讯品牌进行归类（Weiss & Johar, 2013）。此时，若发讯和受讯品牌来自同一行业同一国家，且消费者对先前该行业的自律信心感知越好（差），那么，就越能阻止（加强）同化效应对受讯品牌的影响。若发讯和受讯品牌来自同一行业不同国家，且消费者对发讯和受讯品牌先前的行业自律信心感知好坏差异越大，那么，发讯和受讯品牌间的对比效应就会越强。为此，我们提出：

H3：当发讯和受讯品牌来自于同一国家，且消费者对该国某行业自律的信心感知越好，品牌丑闻同化效应就会越弱；

H4：当发讯和受讯品牌来自于不同国家，且消费者对发讯和受讯品牌所背书的两个国家同一行业自律的信心感知好坏差异越大，品牌丑闻对比效应就会越强。

3. 民族认同（人/情）的凸显对品牌丑闻溢出效应的影响

说到"人"就不得不引申出"情"，这个"情"主要指消费者对品牌的应有之情。它是如何产生的呢？首先，品牌似人，一国的品牌类似于一国的人（Ashmore，Kay and Tracy，2004），"物以类聚，人以群分"，因此，消费者更倾向于视国产（外资）品牌为自己人（外人），并以"内外有别"的人际规范来指导自己与品牌间的互动（Aggarwal & Law，2005）。其次，当品牌发生丑闻之后，消费者会对发讯和受讯品牌的来源国变得异常敏感，而且会积极搜索发讯和受讯品牌的来源国，以自我为参照，将发讯和受讯品牌归为自己人或外人（Martin，2007）。最后，当民族身份被激发时，消费者对国产品牌（自己人）的情感就会上升至国家和民族认同。

"民族认同"具体是如何对品牌丑闻跨国非对称溢出效应产生影响的呢？首先，消费者与国产品牌是一种"血缘"关系，无法割舍。出于"自己人（内团体）"偏见，人们常常会偏好于他们所属的"自己人（内团体）"，而规避或敌视他们所不属的竞争性"外人（外团体）"。如果"自己人（内团体）"成员即某一国产品牌出现丑闻，在"民族认同"被激发的情况下，消费者将会努力弱化它所产生的负面影响，并给予其成长的机会；同时忽视竞争性外团体成员即外资品牌的产品质量，以此来偏袒和维护"自己人（内团体）"的尊严和形象（Berger & Heath，2007）。然而，如果是"外人（外团体）"成员即某一外资品牌出现丑闻，在"民族认同"被激发的情况下，消费者将会努力降低竞争性"外人（外团体）"成员即外资品牌的信念，同时提高"自己人（内团体）"成员即国产品牌的信念，以此来加强和提高"自己人（内团体）"的尊严和形象（White & Dahl, 2006）。为此，我们提出：

H5：当国产品牌发生丑闻时，消费者民族认同的凸显，既可以弱化对其他国产品牌（自己人）信念的同化效应，又可以弱化对其他外资品牌（外人）的对比效应。

H6：当外资品牌发生丑闻时，消费者民族认同的凸显，既可以逆转对其他外资品牌（外人）信念的同化效应，又可以反转对其他国产品牌（自己人）信念的对比效应。

## 四、实验一：制度监管（天/法）的信任影响

实验一的目的是检验消费者对制度监管信任的高低或差异对品牌丑闻跨国非对称溢出效应的影响。为考察同化效应，我们设计了三个制度监管信任（高、中、低）分组；为考察对比效应，我们设计了三个制度监管信任差异（大、中、小）分组，并设计了两种方式的对比溢出（由高制度监管信任国家的品牌溢出至低制度监管信任国家的品牌、由低制度监管信任国家的品牌溢出至高制度监管信任国家的品牌）。向武汉、北京、深圳高校的 MBA 和 EMBA 学员发放问卷 360 份，回收有效问卷 311 份，有效率为 86.4%。其中，男性为 162 人（52.1%），平均年龄为 32.4 岁。

（一）实验设计

1. 制度监管的信任在同化效应中的作用

实验过程主要分为三个部分：首先，测量被试对手机行业产品质量的信念（在手机行业中，您认为手机间歇性死机这种质量问题发生的可能性有多大？1 代表最小，9 代表最大）和所发生的产品质量问题在行业中是否具有可诊断性（在手机行业中，您认为手机间歇性死机是一种常见的、普遍的质量问题吗？1 代表非常不同意，9 代表非常同意）。其次，对品牌丑闻（虚拟品牌 X 存在产品质量问题）进行情境设计，紧接着测量 X 品牌在行业中的代表性（您认为 X 品牌在手机行业

中的代表性或典型性如何？1代表非常不具有代表性，9代表非常有代表性）和产品质量问题的严重性（您认为手机间歇性死机这种质量问题是否很严重？1代表非常不严重，9代表非常严重）。

最后是对制度监管信任的情境操控，先说明什么是消费者对制度监管的信任，并列表展示2014年全球148个国家制度信任的排名。所有国家的名称均采用虚拟的方式，前十名分别为A1，A2，…A9，A10代表制度监管信任较高的国家，中间十名分别为B1，B2，…，B9，B10代表制度监管信任中等的国家，最后十名分别为C1，C2，…C9，C10代表制度监管信任较低的国家。接下来，我们先测量被试对制度监管信任排名的认可度，然后测量被试对A5/B5/C5国家制度监管的信任（Sztompka，1999），主要从系统、部门和人员三个方面进行（1代表非常低，9代表非常高；Cronbach'$a = 0.887$）。最后，测量同化效应的影响（假如X品牌来自于国家A5/B5/C5，那么，您认为来自国家A5/B5/C5的其他手机品牌，发生间歇性死机这种质量问题的可能性有多大？）。

2. 制度监管的信任在对比效应中的影响

与同化效应的实验过程相似，不同的是我们将品牌丑闻所发生行业改为电脑行业，产品质量问题为电脑的散热系统很差。另外，考虑到对比效应有两种方向：一种是由低到高的对比（发讯/受讯品牌来自制度监管信任较低/高的国家），另一种是由高到低的对比（发讯/受讯品牌来自制度监管信任较高/低的国家），所以我们结合消费者对制度监管信任的感知差异，给两种对比方向各设计了制度监管信任（高、中、低）三组情境。

对于制度监管信任差异的操控如下：先请被试根据对国家制度信任的排名，对国家A5/B5/C5或C5/B5/A5的制度监管信任进行评价，然后问"假如X品牌来自于国家A5/B5/C5或C5/B5/A5，那么，您认为来自国家A5/B5/C5或C5/B5/A5的其他品牌电脑存在散热不好这种质量问题的可能性有多大"？接下来，继续向被试展示国家制度信任的排名列表，测量其对C5/B5/A5或A5/B5/C5的制度监管信任评价

（Cronbach's $a$ = 0.912），然后问"在电脑行业中，还有另外一些品牌 Y1，Y2…来自于国家 C5/B5/A5 或 A5/B5/C5，那么，您认为品牌 Y1，Y2…的电脑存在散热不好这种质量问题的可能性有多大"？国家 A5 和 C5 间/A5 和 B5 或 C5 和 B5 间/A5 和 A4 或 C5 和 C6 间制度监管信任的差异分别代表大/中/小。

（二）数据分析

1. 操控检验

同化效应下，制度监管信任的情境操控检验结果为：$M_{高}$ = 7.54，$M_{中}$ = 4.5，$M_{低}$ = 1.83，$F$（2，101）= 306.902，$p<0.001$。对比效应下，制度监管信任的情境操控，由低到高对比溢出组结果为：$M_{大}$ = 5.64，$M_{中}$ = 3.14，$M_{小}$ = 0.34，$F$（2，103）= 136.092，$p<0.001$；由高到低对比溢出组结果为：$M_{大}$ = − 5.79，$M_{中}$ = − 3.21，$M_{小}$ = − 0.34，$F$（2，98）= 146.414，$p<0.001$。说明我们对制度监管的信任及其差异的情境操控是成功的。

2. 制度监管的信任在同化效应中的作用

我们采用被试在品牌丑闻发生前后对同一国家某行业品牌的信念变化（$\Delta B = B_{后} - B_{前}$）代表同化溢出效应（Roehm & Tybout，2006）。其中，$B_{前}$ 代表品牌丑闻发生之前，被试对发讯品牌所属行业的信念；$B_{后}$ 代表品牌丑闻发生之后，被试对与发讯品牌来自同一国家同一行业受讯品牌的信念。所得绝对值越大（小），代表同化效应越强（弱）。对 $\Delta B$ 组间的均值做 one way ANOVA 分析，结果显示（见图 3-2a）：$M_{高}$ = 0.29，$M_{中}$ = 1.32，$M_{低}$ = 2.37，$F$（2，101）= 39.734，$p<0.001$。其中，制度监管信任高的组与中的组之间存在显著差异（$M_{高}$ = 0.29，$M_{中}$ = 1.32，$t$（67）= 4.390，$p<0.01$），而中的组与低的组之间也存在显著差异（$M_{中}$ = 1.32，$M_{低}$ = 2.37，$t$（67）= 4.446，$p<0.01$）。

通过配对样本 $T$ 检验对行业信念前后值进行比较，结果显示：在制度监管信任高的情境，结果为：$B_{前}$ = 5，$B_{后}$ = 5.29，$t$（34）= 1.712，$p$ = 0.096 > 0.05；中的情境结果为：$B_{前}$ = 4.85，$B_{后}$ = 6.18，$t$（33）= 7.906，$p<0.001$；低的情境结果为：$B_{前}$ = 4.91，$B_{后}$ = 7.29，

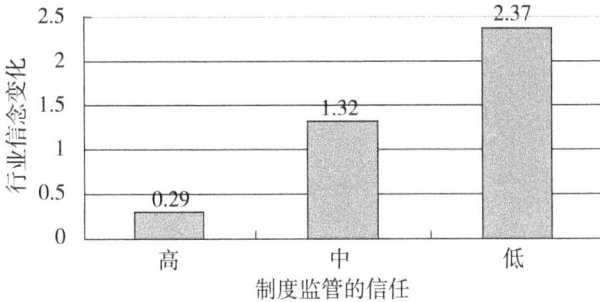

图 3-2a 制度监管的信任在同化效应中的作用

$t$（34）= 14.423，$p < 0.001$。由此可见，消费者对制度监管的信任越高，品牌丑闻同化效应就会越弱。因此，假设 $H1$ 得到检验。

3. 制度监管的信任在对比效应中的影响

我们采用被试在品牌丑闻发生前后，对不同国家某行业品牌的信念变化（$\Delta B = B_{不同国家} - B_{同一国家}$）代表对比溢出效应。其中，$B_{同一国家}/B_{不同国家}$ 代表品牌丑闻发生之后，被试对与发讯品牌来自同一/不同国家同一行业受讯品牌的信念。所得绝对值越大/小，代表对比效应越强/弱。$\Delta B$ 正值代表由高到低的溢出，负值代表由低到高的溢出。

对 $\Delta B$ 组间的均值做 one way ANOVA 分析，由低到高的结果显示（见图 3-2b 左）：$M_大 = -3.61$，$M_中 = -1.69$，$M_小 = -0.31$，$F$（2，103）= 78.678，$p < 0.001$；其中，制度监管信任差异大的组与中的组存在显著差异（$M_大 = -3.61$，$M_中 = -1.69$，$t$（69）= -7.098，$p < 0.001$），而差异中的组与差异小的组也存在显著差异（$M_中 = -1.69$，$M_小 = -0.31$，$t$（68）= -6.053，$p < 0.001$）。

由高到低的结果显示（见图 3-2b 右）：$M_大 = 3.73$，$M_中 = 1.67$，$M_小 = 0.29$，$F$（2，98）= 89.612，$p < 0.001$。其中，制度监管信任差异大的组与中的组存在显著差异（$M_大 = 3.73$，$M_中 = 1.67$，$t$（64）= 7.687，$p < 0.001$），而差异中的组与差异小的组也存在显著差异（$M_中 = 1.67$，$M_小 = 0.29$，$t$（66）= 6.153，$p < 0.001$）。

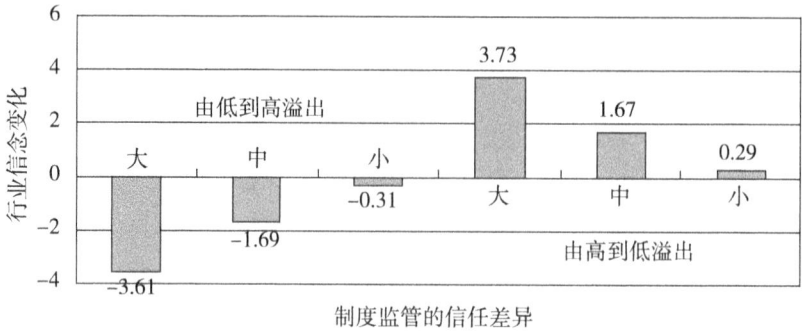

图 3-2b 制度监管的信任差异在对比溢出中的影响

通过配对样本 $T$ 检验对行业信念前后的值进行比较，由低到高溢出组结果显示：在制度监管信任差异大的情境，$B_{同一国家} = 6.25$，$B_{不同国家} = 2.64$，$t(35) = 15.712$，$p < 0.001$；在差异中的情境，$B_{同一国家} = 6.49$，$B_{不同国家} = 4.80$，$t(19) = 11.985$，$p < 0.001$；在差异小的情景，$B_{同一国家} = 6.46$，$B_{不同国家} = 6.14$，$t(34) = 1.769$，$p = 0.086 > 0.05$。

由高到低组的结果显示：在差异大的情境，$B_{同一国家} = 3.36$，$B_{不同国家} = 7.09$，$t(32) = -16.4$，$p < 0.001$；在差异中的情境，$B_{同一国家} = 3.63$，$B_{不同国家} = 5.30$，$t(32) = -11.726$，$p < 0.001$；在差异小的情境，$B_{同一国家} = 3.46$，$B_{不同国家} = 3.74$，$t(34) = -1.663$，$p = 0.106 > 0.05$。

由此可见，消费者对发讯和受讯品牌所背书的两个国家的制度监管信任差异越大，品牌丑闻对比效应就会越强。因此，假设 H2 得到检验。

(三) 讨论

由实验一，我们发现消费者对制度监管的信任感知对品牌丑闻跨国非对称溢出效应存在显著的影响作用。首先，如果发讯和受讯品牌来自于同行业同一/不同国家，将会发生同化/对比效应。其次，若消费者对某国的制度监管信任越高，那么品牌丑闻就越不可能溢出至同行业该国其他品牌，即同化效应越弱。最后，若消费者对发讯和受讯品牌所背书的两个国家的制度监管信任感知差异越大，对比效应就越强。具体来讲，当发讯品牌来自于制度监管信任低/高的国家，而受讯品牌来自于信任高/低的国家时，品牌丑闻的发生将会通过对比效应而提高/降低消费者对受讯品牌的信念。

## 五、实验二：行业自律（地/德）的信心影响

实验二的目的在于检验消费者对行业自律信心的好坏或差异对品牌丑闻跨国非对称溢出效应的影响。为考察同化效应，我们设计了三个行业自律信心（好、中、差）分组；为考察对比效应，我们设计了三个行业自律信心差异（大、中、小）分组，并设计了两种方式的对比溢出（由高行业自律信心国家的品牌溢出至低行业自律信心国家的品牌，由低行业自律信心国家的品牌溢出至高行业自律信心国家的品牌）。向武汉、长沙、上海高校的 MBA 和 EMBA 学员发放问卷 360 份，回收有效问卷 310 份，有效率为 86.1%。其中，男性为 153 人（49.4%），平均年龄为 34.7 岁。

（一）实验设计

1. 行业自律的信心在同化效应中的作用

与实验一中制度监管的信任对同化效应的影响设计过程相似。不同的地方在于对行业自律信心的情境操控。同样，我们首先说明什么是消费者对行业自律的信心，即品牌来源国形象。然后，展示 2014 年全球手机品牌来源国形象评价（Cronbach'$a = 0.896$）排名，所展示的 15 个国家都采用虚拟名称。A1，A2，A3，A4，A5 为行业自律信心好的组，B1，B2，B3，B4，B5 为中等的组，C1，C2，C3，C4，C5 为差的组。

2. 行业自律的信心在对比效应中的影响

与实验一中制度监管的信任在对比效应中的影响设计过程相似。不同之处在于品牌丑闻发生于饮料行业，设计的问题是含有不洁物质。对行业自律信心差异的操控是先根据品牌来源国形象的排名，对国家 A5/

B5/C5 或 C5/B5/A5 的行业自律信心进行评价，然后问"假如 X 品牌来自于国家 A5/B5/C5 或 C5/B5/A5，那么，您认为来自国家 A5/B5/C5 或 C5/B5/A5 的其他饮料品牌含有不洁物质这种质量问题的可能性有多大"？接下来，继续向被试展示品牌来源国形象的排名列表，测量其对国家 C5/B5/A5 或 A5/B5/C5 的行业自律信心的评价（Cronbach'$a = 0.904$），然后问"在饮料行业中，还有另外一些品牌 Y1，Y2…来自国家 C5/B5/A5 或 A5/B5/C5，那么，您认为品牌 Y1，Y2…的饮料含有不洁物质这种质量问题的可能性有多大"？国家 A5 和 C5 间/A5 和 B5 或 C5 和 B5 间/A5 和 A4 或 C5 和 C6 间行业自律信心差异分别代表大/中/小。

（二）数据分析

1. 操控检验

同化效应下，行业自律信心的情境操控检验结果为：$M_{好} = 7.67$，$M_{中} = 5.50$，$M_{差} = 2.14$，$F_{(2, 101)} = 203.114$，$p < 0.001$。对比效应下，行业自律信心的情境操控，由低到高对比溢出组结果为：$M_{大} = 5.55$，$M_{中} = 3.17$，$M_{小} = 0.38$，$F_{(2, 97)} = 123.624$，$p < 0.001$。由高到低对比溢出组结果为：$M_{大} = -5.81$，$M_{中} = -3.26$，$M_{小} = -0.29$，$F_{(2, 103)} = 160.19$，$p < 0.001$。说明我们对行业自律信心及其差异的情境操控是成功的。

2. 行业自律的信心在同化效应中的作用

与实验一相似，我们采用 $\Delta B$（$\Delta B = B_{后} - B_{前}$）计算同化效应的溢出。对 $\Delta B$ 组间的均值做 one way ANOVA 分析，结果显示（见图 3-3a）：$M_{好} = 0.26$，$M_{中} = 1.42$，$M_{差} = 2.47$，$F_{(2, 101)} = 42.673$，$p < 0.001$。其中，行业自律信心好的组与中的组之间存在显著差异（$M_{好} = 0.26$，$M_{中} = 1.42$，$t_{(68)} = -4.404$，$p < 0.01$）；中与差的组存在显著差异（$M_{中} = 1.42$，$M_{差} = 2.47$，$t_{(68)} = -4.608$，$p < 0.01$）。

通过配对样本 $T$ 检验对行业信念前后的值分别进行了两两比较，结果发现：行业自律的信心为好的情境，结果显示：$B_{前} = 4.94$，$B_{后} = 5.21$，$t_{(33)} = -1.602$，$p = 0.119 > 0.05$；为中的情景结果显示：$B_{前} =$

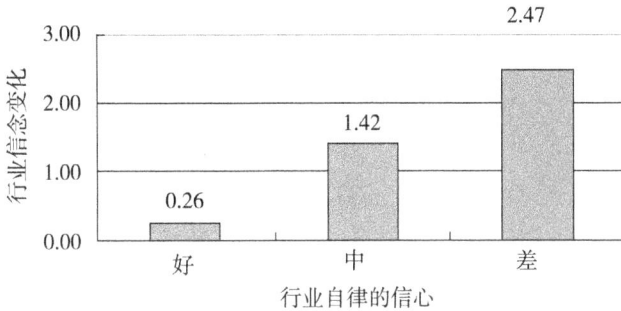

图 3-3a　行业自律的信心在同化溢出中的作用

$4.89$，$B_{后} = 6.31$，$t(35) = -7.059$，$p < 0.001$；为差的情景结果显示：$B_{前} = 4.47$，$B_{后} = 6.94$，$t(33) = -16.001$，$p < 0.001$。由此可见，消费者对行业自律的信心感知越好，品牌丑闻同化效应就会越弱。因此，假设 H3 得到检验。

3. 行业自律的信心在对比效应中的影响

与实验一类似，我们采用 $\Delta B$（$\Delta B = B_{不同国家} - B_{同一国家}$）计算对比效应的溢出。对 $\Delta B$ 组间做 one way ANOVA 分析，由低到高溢出组显示（见图 3-3b 左）：$M_{大} = -3.48$，$M_{中} = -1.69$，$M_{小} = -0.28$，$F(2, 97) = 73.839$，$p < 0.001$；其中，行业自律的信心差异大的组与中的组存在显著差异（$M_{大} = -3.48$，$M_{中} = -1.69$，$t(66) = -6.830$，$p < 0.001$），且差异为中的组与小的组也存在显著差异（$M_{中} = -1.69$，$M_{小} = -0.28$，$t(65) = -6.299$，$p < 0.001$）。

由高到低的溢出组显示（见图 3-3b 右）：$M_{大} = 3.73$，$M_{中} = 1.69$，$M_{小} = 0.29$，$F(2, 103) = 97.968$，$p < 0.001$。其中，行业自律信心差异大的组与中的组存在显著差异（$M_{大} = 3.73$，$M_{中} = 1.69$，$t(70) = 8.168$，$p < 0.001$），且差异为中的组与小的组也存在显著差异（$M_{中} = 1.69$，$M_{小} = 0.29$，$t(67) = 6.402$，$p < 0.001$）。

通过配对样本 $T$ 检验对行业信念前后的值分别进行了两两比较，由低到高溢出组结果显示：在行业自律信心感知差异大的情境：

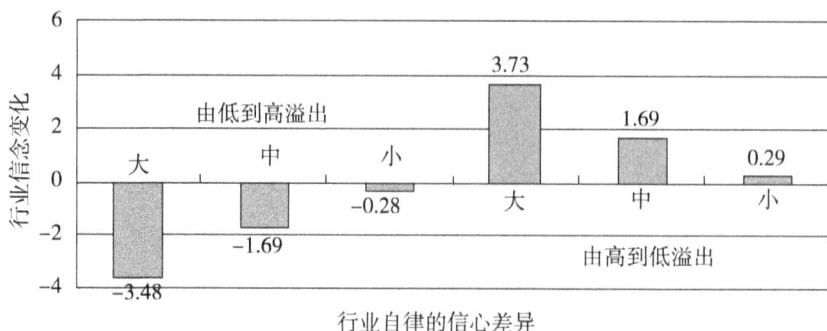

图 3-3b 行业自律的信心差异在对比溢出中的影响

$B_{同一国家}=6.27$，$B_{不同国家}=2.79$，$t（32）=15.1$，$p<0.001$；差异为中的情境：$B_{同一国家}=6.51$，$B_{不同国家}=4.83$，$t（34）=12.529$，$p<0.001$；差异为小的情境：$B_{同一国家}=6.56$，$B_{不同国家}=6.28$，$t（31）=1.555$，$p=0.13>0.05$。

由高到低溢出组结果显示：在行业自律信心感知差异大的情境：$B_{同一国家}=3.32$，$B_{不同国家}=7.05$，$t（36）=-17.983$，$p<0.001$；差异为中的情境：$B_{同一国家}=3.71$，$B_{不同国家}=5.40$，$t（34）=-12.529$，$p<0.001$；差异为小的情境：$B_{同一国家}=3.578$，$B_{不同国家}=3.894$，$t（33）=-1.713$，$p=0.096>0.05$。由此可见，消费者对发讯和受讯品牌所背书的行业自律的信心感知差异越大，品牌丑闻对比效应就会越强。因此，假设 H4 得到检验。

（三）讨论

通过实验二，我们发现消费者对行业自律（地/德）的信心感知差异，在品牌丑闻跨国非对称溢出效应产生过程中存在显著的影响作用。首先，消费者对某国的行业自律的信心感知越差，那么品牌丑闻就越可能溢出至同行业该国其他品牌，即同化效应越强。其次，若消费者对发讯和受讯品牌所背书的两个国家的同一行业自律的信心感知差异越大，对比效应就越强。具体来讲，当发讯品牌来自于行业自律的信心感知低

/高的国家，受讯品牌来自于高/低的国家时，品牌丑闻的发生将会通过对比效应而提高/降低消费者对受讯品牌的信念。

## 六、实验三：民族认同（人/情）的凸显影响

实验三的目的在于检验消费者民族认同的凸显对品牌丑闻跨国非对称溢出效应的影响。实验设计为 2（溢出效应主体：发讯/受讯品牌）×2（品牌来源国：国产/外资）×2（民族认同：激发/控制）。向北京、武汉、郑州高校已工作的博士和硕士发放问卷 320 份，回收有效问卷219 份，有效率为 68.4%。其中，男性为 116 人（53.0%），平均年龄为 31.6 岁。

（一）实验设计

与实验一的过程大致相似，首先是测量消费者对某行业的品牌信念，其次是国产/外资品牌丑闻事件的描述，然后是民族认同凸显的情境操控，最后是同化/对比效应的测量。不同的地方在于：品牌的来源国我们直接描述为国产和外资；再就是对民族认同的凸显操控，参照Katharina 等人（2015）的做法，我们让被试看长城、天安门、故宫等代表中国的图片；而控制组的做法是让被试看一些科普方面与中国或中国人身份无关的图片。主要从历史、文化、信念、归属四个方面进行测量（对于民族认同凸显的程度，1 代表非常小，9 代表非常大；Cronbach'$a = 0.874$）。

（二）数据分析

1. 操控检验

对被试民族认同是否凸显的情境操控进行检验，结果显示：$M_{凸显} = 7.532$，$M_{控制} = 4.455$，$t(217) = 23.3421$，$p < 0.001$。具体来看，国产品牌发生丑闻情境下，$M_{凸显} = 7.566$，$M_{控制} = 4.411$，$t(107) = 16.655$，$p < 0.001$；外资品牌发生丑闻情境下，$M_{凸显} = 7.5$，$M_{控制} = 4.5$，$t(108) = 16.225$，$p < 0.001$。说明我们对各情境下民族认同的凸显操控是成功的。

2. 假设检验

与前面的实验类似，我们采用 $\Delta B$ 计算溢出效应，同化效应情景下，$\Delta B = B_{国产后} - B_{国产前}$ 或者 $\Delta B = B_{外资后} - B_{外资前}$；对比效应情境下，$\Delta B = B_{国产后} - B_{外资前}$ 或者 $\Delta B = B_{外资后} - B_{国产前}$。整体来看，只有品牌来源国对 $\Delta B$ 行业信念的变化存在主效应（$F$（1，211）= 64.074，$p < 0.001$），而溢出效应主体（$F$（1，211）= 0.629，$p = 0.429 > 0.05$）和民族认同的凸显（$F$（1，211）= 1.363，$p = 0.244 > 0.05$）不存在主效应。两两交互和三方交互（$F$（7，211）= 60.764，$p < 0.001$）对 $\Delta B$ 行业信念变化均存在显著的影响。

当发讯和受讯品牌均为国产品牌，消费者的民族认同分别被激发和控制的情境下，行业信念的变化分别为：$M_{凸显} = 1.65$，$M_{控制} = 2.39$，$t$（52）= 2.999，$p < 0.01$。而当发讯品牌为国产品牌，而受讯品牌为外资品牌，消费者的民族认同分别被激发和控制的情境下，行业信念的变化分别为：$M_{凸显} = -0.15$，$M_{控制} = -2.21$，$t$（53）= 4.276，$p < 0.001$。其中，正数越大代表负面的溢出越大，显然，当发讯和受讯品牌均为国产品牌时，消费者的民族认同被激发之后，能够显著弱化品牌丑闻的同化效应。而负数的绝对值越大代表正面的溢出越大，因此，当发讯品牌为国产品牌，而受讯品牌为外资品牌时，激发消费者的民族认同，能够显著地弱化品牌丑闻的对比效应（见图 3-4a）。因此，假设 H5 得到验证。

当发讯和受讯品牌均为外资品牌，消费者的民族认同分别被激发和控制的情境下，行业信念的变化分别为：$M_{凸显} = 2.42$，$M_{控制} = -1.61$，$t$（52）= 14.939，$p < 0.01$。而当发讯品牌为外资品牌，而受讯品牌为国产品牌，消费者的民族认同分别被激发和控制的情境下，行业信念的变化分别为：$M_{凸显} = -2.11$，$M_{控制} = 2.39$，$t$（54）= 11.051，$p < 0.001$。其中，正数越大代表负面的溢出越大，而负数的绝对值越大代表正面的溢出越大，显然，当发讯和受讯品牌均为外资品牌时，消费者的民族认同被激发之后，不仅能够显著弱化品牌丑闻的同化效应，甚至可以逆转成为负面的溢出。而当发讯品牌为外资品牌，受讯品牌为国产品牌时，激发消费者的民族认同，将可以逆转品牌丑闻的对比效应（见图 3-

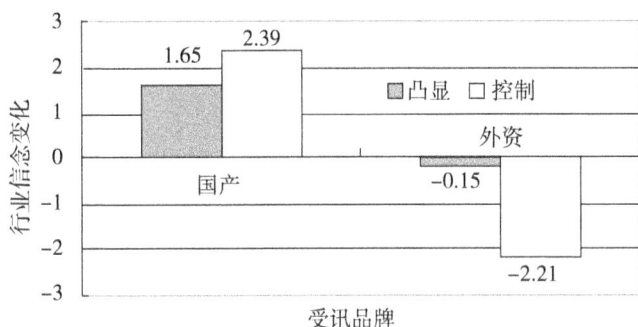

图 3-4a 发讯品牌为国产品牌的情境

4b）。因此，假设 H6 得到验证。

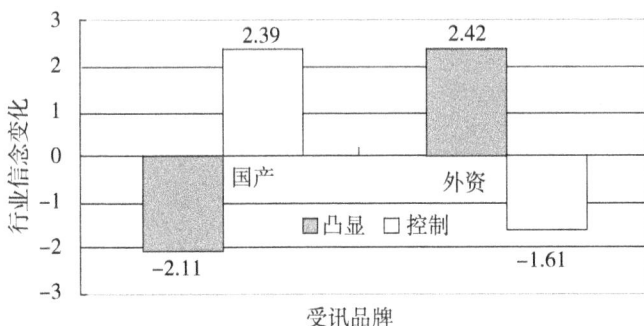

图 3-4b 发讯品牌为外资品牌的情景

（三）讨论

由实验三，我们发现消费者的民族认同在品牌丑闻跨国非对称溢出效应产生过程中存在显著的影响作用。首先，当国产品牌发生丑闻时，消费者民族认同的凸显不仅可以弱化对其他国产品牌（自己人）信念的同化效应，而且还可以弱化对其他外资品牌（外人）的对比效应。其次，当外资品牌发生丑闻时，消费者民族认同的凸显不仅可以逆转对其他外资品牌（外人）信念的同化效应，而且还可以逆转对其他国产品牌（自己人）信念的对比效应。

## 七、研究结论及讨论

不同于以往西方研究视角，本书立足中国本土文化，按照"天·地·人"架构，围绕"品牌丑闻跨国溢出时，会对哪些其他品牌造成同化效应，又会对哪些其他品牌造成对比效应"这一核心问题，基于三个实验研究了品牌丑闻跨国非对称溢出效应的成因及其影响因素，有着重要的理论贡献和管理启示。

（一）理论贡献

第一，从消费者对"天/法/制度监管"的信任感知视角来看。若发讯和受讯品牌来自同一行业同一国家，消费者对该国的"天/法/制度监管"信任越高，那么，品牌丑闻溢出至同行业该国其他品牌的可能性就越弱。若发讯和受讯品牌来自同行业不同国家，消费者对发讯和受讯品牌所背书的两片"天/法/制度监管"信任感知差异越大，对比效应也就越强。具体来讲，当发讯品牌来自于"天/法/制度监管"信任低（高）的国家，而受讯品牌来自于信任高（低）的国家时，那么，品牌丑闻的发生将会通过对比效应而提高（降低）消费者对受讯品牌的信念。

第二，从消费者对"地/德/行业自律"的信心感知视角来看。若发讯和受讯品牌来自同一行业同一国家，消费者对该国"地/德/行业自律"的信心越好，那么，品牌丑闻溢出至同行业该国其他品牌的可能性就越弱。若发讯和受讯品牌来自同行业不同国家，消费者对发讯和受讯品牌所背书的两块"地/德/行业自律"信心感知差异越大，对比效应也就越强。具体来讲，当发讯品牌来自于"地/德/行业自律"信心差（好）的国家，而受讯品牌来自于信心好（差）的国家时，那么，品牌丑闻的发生将会通过对比效应而提高（降低）消费者对受讯品牌的信念。

第三，从消费者对"人/情/民族认同"的凸显视角来看。当国产品牌发生丑闻时，消费者的"人/情/民族认同"的凸显，不仅可以弱化对其他"国产品牌（自己人）"信念的同化效应，而且还可以弱化对其他"外资品牌（外人）"的对比效应。而当外资品牌发生丑闻时，消费者的"人/情/民族认同"的凸显，不仅可以逆转对其他"外资品牌（外人）"信念的同化效应，而且还可以逆转对其他"国产品牌（自己人）"信念的对比效应。

整体来看，本书视溢出效应涉事品牌身份异质化而非同质化，即发讯和受讯品牌来自不同的国家，此举可看做是对以往研究的一个拓展。在此基础上，本书将影响溢出效应的因素持续宏观化至"天·地·人"的层面，这是对以往研究的一个升华。

（二）管理启示

第一，从"天/法/制度监管"视角来看。若消费者对制度监管信任较低，无论是自家（本国）的，还是外人家（外资）的城门失火（品牌发生丑闻），都会殃及自家门口的鱼（同行业其他品牌）。若消费者对制度监管信任感知较高，当自家城门失火时，可能会降低殃及自家门口的鱼的可能性；而当外人家城门失火时，还有可能会有利于自家门口的鱼。因此，政府对企业的监管，要靠制度来保障，企业无论大小，也无论是国产还是外资，应一视同仁，谁违反制度就应给予最严厉的处罚，构成犯罪的要依法追究刑事责任（习近平，2014）。只有这样，企业才能遵纪守法、专心经营，而不敢、不想、不会以身试法；长此以往，不仅能提高民族品牌在国内的竞争力，而且还能有利于民族品牌国际化。

第二，从"地/德/行业自律"视角来看。若消费者对行业自律的信心较低，无论是自家（本国）的，还是外人家（外资）的城门失火（品牌发生丑闻）都将会殃及自家（本国）门口的鱼（同行业其他品牌）。若消费者对行业自律的信心较高，当自家的城门失火时，可能会降低殃及自家门口的鱼的可能性；而当外人家的城门失火时，还有可能会有利于自家门口的鱼。因此，企业之财应取之有道，不仅要严于律己，使"自己"德才兼备；而且还要同心同德，让"大家"积德累功。只有这样，整个行业的形象和声誉才能"天天向上"；长此以往，才能

67

提升民族品牌在"自家人"和"外人家"门口的竞争力。

第三，从"人/情/民族认同"视角来看。若消费者的民族认同被激发，当自家（本国）的城门失火时，不仅可以降低殃及自家（本国）门口的鱼（同行业其他国产品牌）的可能性，而且还能弱化对外人家（外资）门口的鱼（外资品牌）的有益影响。而当外人家的城门失火时，不仅可以提高殃及外人家门口的鱼的可能性，而且还能逆转对自家门口的鱼的有害影响。因此，企业永远不要忘记与消费者有着同样的"根"，一脉相承，有着深厚的"血缘"关系。当陷入品牌丑闻危机时，要及时激发消费者的民族认同，这样不仅可以"大事化小"，而且还有可能"因祸得福"。

总的来说，品牌经营要"敬天、畏地、爱人"，欺天之"心"不可"有"，因为法网恢恢疏而不漏；伤地之"行"不可"为"，因为厚德才能载物，无地难以自容；民族之"情"不可"忘"，因为同根同源，一脉相承。品牌与"天（制度）·地（行业）·人（消费者）"是一个整体，不可分割，它们是品牌生存与发展之根本，即天生之，地养之，人成之（董仲舒《春秋繁露·立元神》）。因此，品牌的"好"与"坏"都离不开"天·地·人"的影响。

（三）研究局限及未来方向

第一，在实验设计中，无论是国家还是品牌名称，均采用虚拟而非真实的设计。我们的本意是希望能够在同一个行业中找到消费者对制度监管信任感知（高&低）和行业自律信心感知（好&差）这样组合的四个国家，但遗憾的是现实中未能如愿，因此，实验中就虚拟处理了。希望能够在未来的研究当中，继续思考巧妙的设计，将研究的内容置于更为真实的情境中进行研究。

第二，本书未仔细比较微观与宏观层面的影响因素哪个占主导。也就是说，营销实践中，不同来源国的品牌也有可能在微观层面存在相似或差异，而这些相似或差异与宏观层面的"天·地·人"因素都将会对溢出效应产生影响。但哪一个层面或哪一个因素影响更大，更能占主导地位呢？这是未来需要进一步解答的问题。

# 第二节　假洋品牌存在合理性分析：一项扎根研究

## 一、问题的提出

假洋品牌在营销实践中是一种通俗的说法，学术研究中与之相近的表达是外国品牌化（foreign branding）和仿洋品牌。两者都强调在本土文化背景下，对品牌形象的塑造和宣传，让本土消费者感觉到该品牌看起来是外国的（Leclerc & Schmitt, 1994）。共同特征：在"里"的方面即品牌内在的"质（产品质量）"，与来自西方发达国家真正的洋品牌相近或差距不大；在"表"的方面即品牌外在的"形"，借助营销策略模仿真正的洋品牌。如此不仅可以提高外国品牌化和仿洋品牌的来源国正向效应，而且还能同时降低因其真实身份而带来的来源国负面效应（Balabanis & Diamantopoulos, 2011; Batra et al., 2000; Rashid, 2017）。然而，在营销实践中，有些企业并未真正理解外国品牌化和仿洋品牌的本质，就开始"挂羊头卖狗肉"，在产品质量与西方发达国家品牌同类产品存在一定差距的情况下，却通过注册地、生产地、组装地、品牌宣传和传播等各种手段，以西方发达国家品牌的风格和形象展示、传递给本土消费者，这类品牌在本书的研究中被界定为假洋品牌。这也正是本书所研究的假洋品牌与外国品牌化和仿洋品牌的区别所在。

目前，假洋品牌在中国市场依然盛行，如果在百度、谷歌等网站以"假洋品牌"为关键词进行搜索，就会发现每年都有大量的相关新闻报道，例如：假洋品牌为何逍遥中国？意想不到的50个假洋品牌；3·15策划：揭穿我们身边的假洋鬼子；国货为何热衷披"洋装"等等。尽管新闻舆论讨伐之声从未断绝，但假洋品牌在市场上却屡禁不止，尤其是在三四线城市以及乡镇市场，在家具、服装、奶粉等行业问题更加突出。究其原因：从认知角度来看，假洋品牌的来源国形象提升了产品整体质量和不同属性（如可信赖性和耐用性）的质量，并且可以作为产生溢价的一种信号或线索（Li & Wyer，1994）；从情感角度来看，假洋品牌的来源国形象能够提升与产品的象征性和情感性价值相关联的属性，包括社会地位和消费者对他族的态度（Batra et al.，2000；Fischer & Zeugner-Roth，2017）。

不难看出，以往研究结论仅仅是从品牌来源国的视角，解释了假洋品牌出现的合理性，但并未从根本上系统深入分析假洋品牌在中国市场的存在是否合理，消费者对假洋品牌的评价和购买行为之间，是否存在必然的负相关，其中的过程和机制又是什么，为何在某些行业、某些区域会更加盛行等等。基于此，本书围绕假洋品牌的存在合理性及其影响机制这一核心问题展开研究。首先对假洋品牌及其相关研究进行评述，再以假洋品牌为关键词收集分析影响消费者对假洋品牌态度和评价的数据（网络帖子），并运用扎根理论的方法，解释假洋品牌存在合理性维度和影响机制。然后，从任务环境和制度环境剖析假洋品牌存在的深层理论基础：任务环境主要体现在假洋品牌经济绩效实用的合理性判断，制度环境主要体现消费者在规制、规范和文化认知三个方面的合理性判断，消费者将基于此进一步决定自己的购买意愿和行为。最后，总结了理论贡献和现实意义，指出研究局限和未来方向。

## 二、文献评述

### （一）品牌来源国形象

来源国（country of origin，以下简称 COO）形象是商家和消费者对特定国家产品的图像、声誉和刻板印象的整体感知，由国家形象、政治经济背景、历史和传统文化等要素组成，与大量的沟通、个人经验、国家的意见领袖等相关（汪涛等，2012）。随着企业设计生产销售的全球化，理论研究开始出现原材料来源国、制造来源国、设计来源国、组装来源国、品牌来源国等概念（Nagashima，1970；Chandrasen & Paliwoda，2009；Arora，2017）。但研究表明：在这些来源国类别中，由于品牌在全球市场的影响力不断增强，其在消费者购买决策中的影响力，远大于原材料、设计、生产、组装等来源国（Moon et al.，2017）。

品牌来源国即品牌的出生地，属先天因素。研究表明：与来自发展中国家的品牌相比，来自发达国家的品牌普遍会让消费者产生更高的质量感知，被认为具有更高的名望地位，更现代，更时髦，具有更强烈的理想，以及代表成为国际消费文化的一员（王海忠和赵平，2004；Kinra，2006）。如此看来，来源国形象对来自发达/发展中国家的品牌来说是相对有利/不利的。于是，开始有学者关注如何削弱品牌来源国形象给企业产品销售带来的负面影响。例如：来源国效应是否发生及其作用大小，很大程度上取决于产品内在信息的易获得性、可诊断性以及可信度（Zeithaml，1988）；在启动分析性思维后，来源国信息（难 & 易）和产品信息呈现方式（难 & 易）的不同组合，将会不同程度地削弱品牌来源国形象的负面作用（汪涛等，2012）。因此，在理论研究的指导下，作为本土品牌，为了能够最大化品牌来源国形象的效用，外国品牌化和仿洋品牌的营销策略成为它们的选择。

（二）外国品牌化

实际上，在企业全球化的进程中，品牌来源国形象的处理有两种路线：外国品牌化（foreign branding）和本土品牌化（local branding）。外国品牌化前文已有定义，此处不再赘述。本土品牌化指外国品牌在形象塑造和宣传过程中，采取本土思维和本土语言，以符合本土文化特征的方式进行品牌营销实践，让本土消费者感觉到该品牌看起来是本国的（Li & Murray，1998）。外国品牌化主要是来自发展中国家品牌采取的策略，目的是从消费者认知视角，实现品牌来源国形象对产品质量感知的正面作用；而本土品牌化则主要是来自发达国家品牌采取的策略，目的是从消费者情感视角，加强品牌来源国形象对象征和情感价值的正面作用（Zeugner-Roth，2010）。

假洋品牌正是外国品牌化这条路线衍生出来的，关于外国品牌化，国内外学者均有研究。国内代表性研究是高辉等（2010）关于仿洋和仿古品牌命名的研究，他们认为仿洋品牌名称会让消费者联想到与西方文化相关的词汇，而相对于仿古品牌名称，会让消费者感觉其历史较短，但同时也更现代和时尚。但作者并未在文中对仿洋品牌给予清晰界定，仅仅是列举美特斯邦威、可比克、索芙特等品牌进行说明。国外代表性研究是 Melnyk 等（2012）关于品牌暗示来源国（imply COO）和品牌实际来源国（actual COO）的一项研究。将品牌来源国信息（暗示和实际）与国家类别（发展中和发达）进行组合（见图 3-5a），研究发现：与实用产品相比，当品牌暗示和实际的来源国不一致时，将会更大程度地降低消费者对享乐产品的购买意向。与图 3-5a 中的第④区域相比，第②区域的来源国形象不一致，将会更大程度地降低消费者的购买意愿。

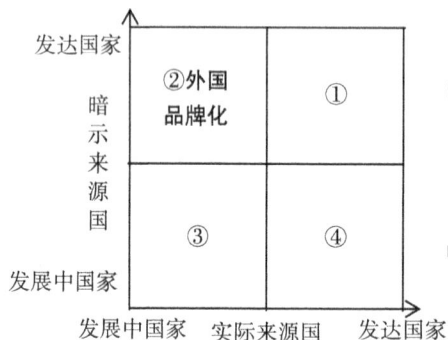

图 3-5a 来源国形象分类  　　图 3-5b 假洋品牌界定

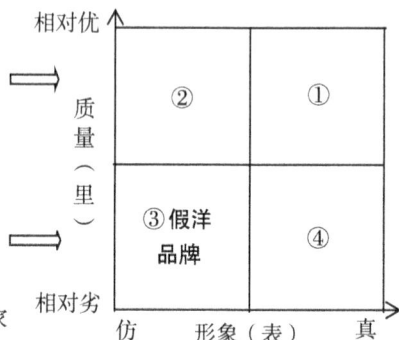

（三）评价分析

与以往研究不同的是：第一，仿洋品牌、品牌实际和暗示来源国的研究，侧重于围绕品牌的"表（形象）"进行宣传和传播，其前提是品牌的"里（产品品质）"与西方发达国家同类品牌产品水平相近（见图 3-5b 中的第②区域）。而关于假洋品牌的界定，虽然在"表"的方面与以往研究相似，但在品牌"里"的方面与以往研究界定不同，即假洋品牌（见图 3-5b 中的第③区域）的"里"与西方发达国家同类品牌产品的质量水平，存在较大的差距。第二，以往学者对外国品牌化的研究前提假设认为：仿洋品牌、品牌实际和暗示来源国的不一致，都是企业品牌营销的正当策略和手段。而本书认为在品牌的"里子"存在较大差距的情况下，继续走外国品牌化的路线，就易误入歧途。收集的数据显示：大部分消费者认为假洋品牌的市场操作属于不正当、不道德、甚至是不合法的品牌营销手段。

简言之，假洋品牌指在"里子"相对不好的情况下，以洋品牌"形象"自居，模仿西方发达国家品牌形象的宣传，以达到品牌来源国效应最大化的目的。然而，有趣的是，尽管大部分消费者认为假洋品牌的行径是不好的，但这样的营销现象在中国市场却有其存在的合理性。因此，急需将中国特有的任务环境和制度环境因素作为研究情境纳入科学研究的范畴（魏江等，2014）。

### 三、扎根理论视角下假洋品牌存在合理性研究设计与分析

（一）研究设计

1. 研究方法

扎根理论适用于二手定性资料的分析，目的在于从复杂的样本数据中建构理论模型。主要体现的是对营销管理现象加以分析整理的归纳思维，通过系统化的数据收集与分析，逐层归纳、提炼、发展、建构和验证理论模型（陶厚永，李燕萍和骆振心，2010）。一般流程：界定研究问题；给予相关文献评述；对网络帖子分析整理；对数据进行开放式编码、主轴编码和选择编码，构建假洋品牌存在合理性模型，建立初步理论；进行饱和度检验，理论抽象与回归，得出研究结论和管理建议（Pandit，1996）。

因当前假洋品牌的研究尚处于初级阶段，与之相关的变量及理论尚未成熟。加上假洋品牌存在合理性涉及因素较多，内容庞杂；通过网络平台收集到的评论帖子大多数是描述性的文字，样本具有复杂性和多样性的特征。因此，采取扎根理论的方法进行研究是合适的。

2. 数据采集

以往学者对外国品牌化的研究与假洋品牌的界定存在根本区别，且基本采用定量分析的方法；这样的研究受多种边界条件的限制，无法对假洋品牌存在的合理性给予一个全面系统完整的诠释。因此，在这种情况下，鉴于网络评论具有覆盖面广，参与者可自愿匿名发言，群体性思

考，可保存性等优势（陶厚永，李燕萍和骆振心，2010），考虑采集互联网帖子评论进行数据分析。

这种方法已被学者们广泛运用至多种研究领域。例如：陈姣娥和王国华（2010）利用网民的网上投票和评论帖，归纳出以网民为代表的公众政策态度形成机制；黄静等（2013）利用网络帖子构建了消费者对企业家前台化行为动机的感知模型。虽然无法确保所有的互联网使用者提供的信息都是准确的，但互联网有着自我检查和自我平衡的机制，当出现不正确的信息时，会有人主动去反驳纠正这些信息，如此便可保证网上信息的准确性达到一定的水准（陈姣娥和王国华，2010）。因此，本书借助互联网可记录和可分析性特点，在各类门户网络平台收集消费者对假洋品牌的评论意见，为深入系统地阐释假洋品牌存在合理性及其影响机制奠定基础。

（二）理论抽样

由于假洋品牌是中国市场的特色营销现象，以中国消费者关于假洋品牌的网络帖子作为代表性样本，毋庸置疑。为了使这些样本紧扣研究主题，反映研究问题的本质，在对样本进行筛选时，遵循4条标准：第一，时间跨度方面，既要保证样本的充足，又要保证样本的时效性。因此，在收集选取样本帖子时，将时间限定为2010年1月1日—2016年12月31日。第二，样本来源方面，要确保来源的广泛性，既要有来自官方性质的网络平台上的正式、严肃的评论，也要有来自于非官方社交娱乐平台上的非正式性言论。第三，涵盖行业方面，要求尽可能多地涵盖不同行业及品类的产品。第四，评论性质方面，为了获取全面优质的信息来构建理论，要求具有不同矛盾点的帖子，即要有正面、负面和中立的观点。

以"假洋品牌"作为关键词通过百度搜索，在国内5家知名的门户网站和社交网站（见表3-1）上进行样本挖掘，获得了162个帖子（含2609条跟帖评论）。之所以选择这5家网站，是因为它们各具代表性，且网民活跃度高，能够很好地满足上述4条标准，保证样本的完整性、及时性、多样性和科学性。

表 3-1                          **样本网站情况介绍**

| 代码 | 网站名 | 网址 | 网站介绍 | 帖子数 | 评论数 |
|------|--------|------|----------|--------|--------|
| A | 凤凰网 | www. ifeng. com | 中国领先的综合门户网站,提供含文图音视频的全方位综合新闻资讯、深度访谈、观点评论、财经产品、互动应用、分享社区等服务 | 22 | 435 |
| B | 新浪财经 | finance. sina. com. cn | 提供 7×24 小时财经资讯及全球金融市场报价,覆盖股票、债券、基金、期货、信托、理财、管理等多种面向个人和企业的服务 | 35 | 636 |
| C | 网易财经 | www. money. 163. com | 新闻报道以内容整合、网友互动、主动出击为核心链条,为网友提供宏观、股票、商业、理财等财经领域的终结式报道 | 47 | 717 |
| D | 天涯社区 | www. tianya. cn | 一个在全球具有影响力的网络社区,提供论坛、部落、博客、问答、文学、相册、个人空间等服务 | 26 | 373 |
| E | 中新网 | www. chinanews. com | 以通讯社原创新闻资讯优势见长,属中央级重点、权威网络媒体,快速、准确提供文字、图片、视频等多样化资讯服务 | 32 | 448 |

(三)开放式编码

1. 资料整理

结合研究目的:探讨假洋品牌存在的合理性及其影响机制,对编码帖子进一步筛选。第一,对比较简单的评论(如只有"赞","好",

"活该"等）予以删除；第二，对与主题无关的评论（如灌水、打广告、发泄心情等）予以删除；第三，对没有实际内容，毫无贡献价值的评论（如一味地抱怨谩骂的帖子）予以删除；第四，对非观点评论（如直接复制粘贴他人的评论）予以删除。第五，得到有效帖子 107 个（含有效评论 1510 条），其中随机选取 2/3（71 个）的帖子作为模型构建使用，另外 1/3（36 条）作为理论饱和度检验。部分样本帖子评论及其基本情况见表 3-2。

表 3-2　　　　　　　　部分样本帖子评论及其基本情况示例

| 来源网 | 评论编码 | 内容 | 态度 | 关键词 | 日期 | 用途 |
|---|---|---|---|---|---|---|
| 凤凰网 | A2-3 | 国货质量无保证，让人失望，是人们转而支持洋货的最主要原因 | 负面 | 产品质量 | 2010-1-2 | 建模 |
| 新浪财经 | B25-17 | 负有监管不正当竞争行为职责的国家工商总局到哪里去了…… | 负面 | 监管不力 | 2010-3-21 | 检验 |
| 天涯社区 | D11-9 | NT 的皮鞋、运动鞋质量倒是不错，就是贵！是不是洋货我可不管，性价比高不高才是重点 | 正面 | 产品质量性价比 | 2011-3-4 | 建模 |
| 新浪财经 | B19-5 | 迎合了某些暴发户的需要 | 负面 | 炫富 | 2012-1-2 | 检验 |
| 网易财经 | C13-4 | 但是都必须傍个外国的牌子，伪装成外国货，不然卖不起价 | 理解中立 | 洋化策略 | 2013-11-4 | 建模 |
| 中新网 | E1-37 | 国民崇洋媚外，有钱人则用洋货炫富 | 负面 | 崇洋媚外炫富 | 2015-4-8 | 建模 |
| 新浪财经 | B16-3 | 给这些品牌做代言的人也应该声讨 | 负面 | 代言人过失 | 2010-2-26 | 建模 |

续表

| 来源网 | 评论编码 | 内容 | 态度 | 关键词 | 日期 | 用途 |
|---|---|---|---|---|---|---|
| 网易财经 | C27-7 | 说真的，QD 价格便宜还挺耐用，挺受欢迎的 | 正面 | 产品质量产品价格 | 2016-9-19 | 检验 |
| 网易财经 | C31-15 | 政府要人民爱国，买国货，而中国一些无良商家在危害国民，这是一种什么态势 | 负面 | 企业伦理 | 2014-9-19 | 建模 |
| 天涯社区 | D25-1 | 我买东西，只注重质量，性价比，管他土名洋名…… | 中立 | 产品质量性价比 | 2011-3-4 | 建模 |
| 凤凰网 | A2-20 | 国内部分品牌让我们不可信 | 负面 | 品牌信任 | 2012-7-26 | 建模 |
| 中新网 | E17-14 | 有没有法律来制裁他们呢 | 负面 | 法律制度 | 2015-4-25 | 检验 |

2. 开放编码

根据开放编码的要求，对用以建模的 71 个帖子进行编码，为了更好地分析其中每一句话的具体内容，同时保留帖子中每条信息的原始顺序，开放编码的编号中包含网站编号—帖子编号—评论编号—评论主要信息的顺序，例如：编号为 A1-1-1 表示凤凰网的第一帖子第一个跟帖评论的第一条主要信息。经过对帖子的信息内容进行反复推敲、整理和分析后，最终归纳出 16 个范畴（见表 3-3）。

表 3-3　　　　　　　　　开放编码形成的范畴

| 编号 | 主范畴 | 概　　念 |
|---|---|---|
| 1 | 政府监管 | 政府监管指政府依法对市场主体及其行为进行监督和管理 |
| 2 | 法律制度 | 法律制度是一个国家或地区的所有法律原则和规制的总称，具有强制性和国家意志性 |

续表

| 编号 | 主范畴 | 概　　念 |
|---|---|---|
| 3 | 行政制度 | 行政制度包括洋品牌进入中国市场的关税制度、假洋品牌的上市制度以及行政部门制定的产品质量标准 |
| 4 | 产品品质 | 产品品质指消费者对国产品牌、洋品牌、假洋品牌产品质量各个属性维度的综合比较感知 |
| 5 | 品牌声誉 | 品牌声誉是利益相关者基于直接经验或其他沟通和符号的形式对一个公司整体的评价 |
| 6 | 品牌信任 | 品牌信任是指消费者相信一个品牌有能力执行其功能的一种意愿 |
| 7 | 性价比 | 性价比主要指假洋品牌的产品质量和价格间的关系；一方面指造假成本低，收益高，所以不良商家愿意铤而走险牟取暴利，另一方面指当价格与质量相匹配时，产品是否为假洋品牌也无可厚非 |
| 8 | 洋化策略 | 洋化策略是指在品牌宣传和传播过程中，让本土消费者感觉到该品牌看起来是外国的，以期来唤醒消费者对产品的质量联想 |
| 9 | 企业伦理 | 企业伦理是指在市场经济活动过程中基于内外部因素的影响，企业整体及其内部各构成要素所应具备的价值观念、道德取舍及其行为选择 |
| 10 | 媒体规范 | 媒体规范指媒体和代言人的过失，媒体管控不严，对假洋品牌的宣传内容不加以审核，代言人责任缺失，不进行调研就盲目代言 |
| 11 | 消费者经验 | 消费者经验指消费者所具备的产品知识和购买经验，尤其指对假洋品牌的辨别能力 |

续表

| 编号 | 主范畴 | 概　　念 |
|---|---|---|
| 12 | 感/理性心理 | 感性心理主要指对品牌的情感或象征意义的需求，如虚荣心、炫富心理等；理性心理主要指当面对涉入度较低的产品，也就是说只要产品不会带来很大的伤害，消费者认为是否假洋品牌关系不大 |
| 13 | 民族自信 | 民族自信是指国民对本国民族肯定、积极的自我认识和评价的程度。其中，越不发达的地区民族自信越不足；而越发达的地区民族自信越足 |
| 14 | 民族中心主义 | 民族中心主义是指消费对购买外国产品的合理性、道德性的感知，认为购买外国品牌是错误的，损害本土经济的，是不爱国的行为 |
| 15 | 消费者态度 | 主要指消费者对假洋品牌的态度，包括三种不同的态度：正面（支持、洋化策略、满足消费者心理）、中立（无可厚非、无所谓）、负面（谴责、重罚、失望、鄙视、起诉） |
| 16 | 消费者行为 | 指消费者对假洋品牌所采取的购买与否的行为，具体包括三种不同的行为：支持（接受、购买、认可）、中立（视情况而定、不能一棒子打死）、反对（拒绝、抵制） |

（四）主轴编码

根据主轴编码的要求，对开放编码中能反映各个主范畴的帖子逐个分析，进一步聚敛，试图分析潜在的脉络或者因果联系。通过主轴分析，发现所收集网络帖子中的信息确实存在一定的范畴归类和因果关系，对这些信息整理归类后，形成了以下六个大类关系（见表3-4）。

表 3-4                    **基于主轴编码的六大类关系**

| 编号 | 关系类别 | 影响关系的范畴 | 关系内涵 |
|---|---|---|---|
| 1 | 制度绩效的形成 | 政府监管、法律制度、行政制度 | 制度绩效指在假洋品牌形成过程中，消费者对国家制度与政治背景的感知，具体而言，假洋品牌的存在，或当假洋品牌出现不当行为，如造假、虚假宣传等，消费者会将部分原因归结为政府监管、法律制度、行政制度等三个方面的问题 |
| 2 | 经济绩效的形成 | 产品品质、品牌声誉、品牌信任、性价比、洋化策略 | 经济绩效指消费者对假洋品牌产品质量等方面的判断，对假洋品牌形成过程中是否符合经济和商业规则的感知。虽然消费者对假洋品牌存在负面感知，但整体上，部分消费者将假洋品牌视为一种洋化策略，对其品质、声誉还是信任、认可的 |
| 3 | 道德形象的形成 | 企业伦理、媒体规范 | 道德形象指消费者对假洋品牌形成过程中道德规范和价值规范的感知，包括企业伦理和媒体规范两个方面，在假洋品牌的经营过程中，部分企业不顾商业伦理和道德，同时媒体及代言人无视社会道德、助纣为虐、虚假宣传、盲目代言，致使假洋品牌的道德形象较为恶劣 |
| 4 | 认知维度的形成 | 消费者经验、感性/理性心理、民族自信、民族中心主义 | 认知维度指消费者经验、心理认知、民族自信以及民族中心主义对假洋品牌形成过程的影响。消费者经验缺乏，专业能力不足，他们误将假洋品牌当作洋品牌购买。民族自信的不足衍生出消费者的感性心理，从而驱动他们对假洋品牌的需求。也有因产品涉入度不高，对消费者不会造成大的伤害的产品，从理性角度来讲，依然能够满足消费需求。也有消费者出于民族中心主义，认为购买洋品牌是不道德、不爱国的，而假洋品牌不管怎么说都还是本国的 |

| 编号 | 关系类别 | 影响关系的范畴 | 关系内涵 |
|---|---|---|---|
| 5 | 消费者态度的形成 | 合理性感知、消费者态度 | 以上四个维度影响消费者对假洋品牌的态度和评价。首先，消费者认为相关部门监管不力，管理不规范，故对制度绩效维度持有负面态度；其次，在消费者辨识能力欠缺的情况下，假洋品牌经济绩效形象，即产品质量、性价比、品牌形象等方面，让消费者既产生积极的评价，又产生消极的评价；再次，负面的道德形象使得消费者对假洋品牌持消极态度；最后，在感性和民族自信不足的情况下，部分消费者对假洋品牌持正面态度；在理性和民族中心主义的影响下，部分消费者对假洋品牌也持正面态度 |
| 6 | 消费者行为的形成 | 消费者态度、消费者行为 | 消费者态度直接影响着消费者行为，积极/消极的态度往往带来支持/抵制的行为。值得一提的是，制度绩效的问题在一定程度上为消费者购买假洋品牌提供了便利。文化和民族自信的不足却带来了消费者情感或象征心理需求的满足 |

（五）选择编码

结合研究目的，在对六个大类关系进行梳理后，归纳两个重要的主范畴（见图 3-6）："假洋品牌存在的合理性"和"假洋品牌对消费者行为的影响机制"。研究发现这两大范畴和 ABC 模型（A：事情的前因；B：信念和我们对事情的评价；C：事情的后果）是相吻合的。内部的任务环境（经济绩效）和外部的制度环境（制度绩效、道德形象和文化认知）共同构成了假洋品牌形成的前因，这些前因又会影响到消费者对假洋品牌的态度和购买行为。下面具体分析这两大主范畴是如何统领各个维度的。

1. 假洋品牌存在的合理性

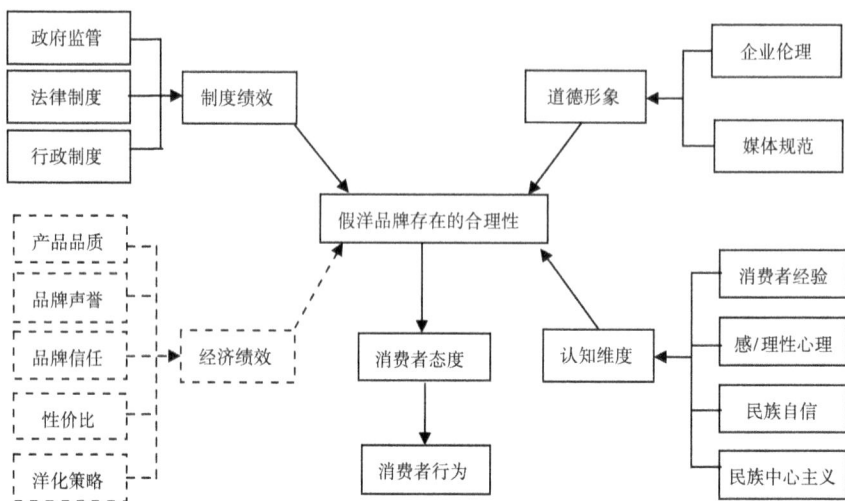

注：图中有四个箭头指向假洋品牌存在的合理性，其中，虚线反映的是任务环境下的传统组织理论，实线反映的是制度环境下的制度理论。

图 3-6　假洋品牌存在的合理性及其影响机制

（1）制度绩效

①政府监管。"政府监管"指政府依法对市场主体及其行为进行监督和管理。当假洋品牌出现不当行为，消费者会将部分原因归结为政府部门监管不严（B1-9-2：DF 家居已经触犯了国家法律，税务、工商、公安机关为何迟迟不介入调查?）以及工作人员执法不力（E1-16-2：考问相关工作人员）。

②法律制度。"法律制度"是指一个国家或地区的所有法律原则和规制的总称，具有强制性和国家意志性。面对假洋品牌的出现，消费者也会从法律制度上进行归因，认为是立法不严（A1-4-2：那些企业老板知道这些法律漏洞，所以做出来也不怕；C1-34-1：钻法律空子，从来没有吃官司）导致的，并要求对假洋品牌的不当行为予以法律制裁（B35-5-1：封店、赔偿、判刑）。

③行政制度。"行政制度"主要指三个方面：第一，关税，关税过

高导致洋品牌价格居高，消费者转而将假洋品牌作为替代产品满足自身需求（B27-54-2：降低关税，让消费者买得起真洋品牌）；第二，上市制度审控不严使得部分违规操作的假洋品牌上市发展（D15-21-1：……竟然正在酝酿成上市企业继续骗钱）；第三，产品质量标准，相关部门制定的产品质量标准过低，放松了对假洋品牌的质量要求（E9-26-1：我们需要高的质量标准和严格的监管）。

综上所述，虽然我国的法律制度日益健全，但是当假洋品牌的不正当行为损害到消费者切身利益时，他们仍然会把部分原因归结到制度绩效范畴。因此，制度绩效的问题为假洋品牌的存在提供了适当性与合理性。

（2）经济绩效

①产品品质。指消费者对国产品牌、洋品牌和假洋品牌产品质量各个属性维度的综合比较感知。对国产品牌、洋品牌和假洋品牌，消费者都持有负面（B18-13-2：部分国货质量低下；B26-6-1：洋品牌垃圾；D1-17-1：呵呵，真被 QD 骗了，不过没买过，我说里面的鞋怎么质量看起来这么差，做工款型都不行呢）和正面（A2-8-2：部分外国品牌做工比国产好；D23-14-2：其实现在国产品牌质量不差；B27-45-1：我就买过假洋品牌，什么 DS、TX 之类的，呵呵我觉得质量不差就买了，有折扣便宜，无所谓）两种不同的评价。

②品牌声誉。品牌声誉是利益相关者基于直接经验或其他沟通和符号的形式对一个公司整体的评价。假洋品牌的声誉主要来自于洋品牌光环效应的辐射以及消费者对假洋品牌来源国的困惑。国产品牌的声誉有好有坏（E2-22-1：买东西看品牌，国内也有好的牌子；A2-2-1：某些国产就是毒药的代名词……）。同样消费者对于洋品牌及假洋品牌的声誉也是褒贬不一的（E2-24-1：真正外国品牌的东西大多数做工是比国产的要好；D1-11-1：……我家小孩有一段时间经常买 QD 这个牌子的衣服和鞋子，价格合适，质量也不错；B27-2-1：没有骨气的假洋鬼子，一辈子都不买）。

③品牌信任。品牌信任是指消费者相信一个品牌有能力执行其功能

的一种意愿。具体而言，是指消费者对本土品牌的不信任（E13-5-1：国人对洋货的追求，凸显对某些国货的不信任）以及对洋品牌、假洋品牌的信任和依赖（E1-19-1：国人太信赖洋品牌啦，A13-13-1：相信假洋鬼子任别人说去吧），同时还包括消费者在购买过程中认定品牌这一心理因素（B35-58-2：……还得看牌子，信得过的牌子……）。

④性价比，指假洋品牌的产品质量与价格间的关系。具体而言，包括消费者对假洋品牌性价比（A5-10-1：其实价格公道，质量好就行！管他什么假洋品牌；C1-66-1：这些牌子的衣服穿着还算不错吧，只不过都是外国名看着眼晕，价格有点偏高了，东西还是不错的啊）、成本（B23-2-1：把成本几十元的东西几千元地卖给平头百姓的也很多）、收益（B16-55-2：这些全都是暴利啊）的看法。

⑤洋化策略。洋化策略是指用品牌名称（如：用外国语言拼写品牌名称）暗示一个特定的品牌来源国形象，以期来唤醒消费者对品牌的质量联想。它吸引了消费者（B15-53-1：很多时候并不是一分价钱一分货。价格定低了，钱多的不买账，超高对他们才有吸引力），迎合、满足了消费者（C29-13-1：厂家为什么这样宣传？还不是为了迎合某些人的崇洋媚外吗），是一种多元化经营方案（B16-23-1：这种多元化、多角度的经营是很正常的）。

综上所述，虽然消费者对假洋品牌的经济绩效存在着负面感知，但总体而言，也有正面形象。主要原因在于：洋品牌具有较高的产品品质和较好的品牌声誉，在消费者品牌来源国辨别能力有限的情况下，通过光环效应辐射至假洋品牌。同时，消费者认为品牌的洋化是一种正当的营销策略，它满足了消费者的需求。当性价比较高时，消费者还是愿意接受假洋品牌的。

（3）道德形象

①企业伦理。企业伦理是指在市场经济活动过程中基于内外部因素的影响，企业整体及其内部各构成要素所应具备的价值观念、道德取舍及其行为选择。部分假洋品牌虚假宣传（B16-54-1：电视上很多卖药的都要起个洋名，再请个老外叽里呱啦地说一通把你哄）、欺骗消费者、

牟取暴利（E1-3-1：欺骗、损害消费者利益）、道德沦丧（B23-11-1：少数老板是黑心肠），让消费者对假洋品牌产生了负面的道德印象。

②媒体规范，指在假洋品牌形成过程中，媒体以及代言人的道德规范。一方面指媒体管控不严（B16-13-1：没有载体给它宣传，谁会买它），对假洋品牌及其宣传内容不加审核就予以传播；另一方面是指代言人责任缺失（B16-3-1：给这些品牌做代言的人也应该声讨，对产品性能不加以调研就盲目代言）。

综上所述，消费者对企业伦理和媒体规范这两个维度的感知是负面的，并将部分假洋品牌的不当行为归结为企业及企业家的道德沦丧，以及媒体和代言人责任的缺失。在一定程度上，媒体不规范行为助力了假洋品牌的道德缺失。

（4）认知维度

①消费者经验。消费者经验指消费者所具备的产品知识和购买经验，尤其是指对假洋品牌的辨别能力（E2-6-3：希望大家擦亮眼睛，都来揭露这些假洋鬼子；B26-7-1："洋鬼子"哦，据我所知我周围好多品牌是，不足为奇；B26-2-1：SD、SL、BJWK、TJMG、SHKP、HLG、GDSC 都是假的洋品牌；D1-44：我买了 QD 衣服和鞋子。不过还好，质量比夜市的货要好些。自我安慰一下）。

②感/理性心理。感性心理主要指消费者在购买使用假洋品牌的过程中，对情感和象征意义方面的心理需求，如虚荣心（E1-14-1：一些人虚荣心太强）、炫富心理（B24-6-1：这样的商品可以满足富人们"只卖贵的，不买对的"的耀富心理……）。也有部分消费者怀有理性的心理（C1-73-1：牌子是什么都没有关系，关键是质量要能够对得起价格，也就是说要性价比高才可以；B11-6-1：家具商品摆在货架上看到值就买）。

③民族自信。主要指国民对本国民族肯定、积极的自我认识和评价的程度。具体体现：民族自尊（B15-42-1：民族自尊何在?）、民族自信（B9-3-2：……中国富裕了，为什么一些人还这么没有自信呢）、民族自强（C5-34-1：……非得欧美的才叫名牌、大牌?）的缺失。

④民族中心主义。民族中心主义是指消费者对购买外国产品的合理性、道德性的感知，并认为购买外国品牌是错误的、损害本土经济的、不爱国的行为。具体包括两个方面：一方面指要支持国货，支持民族品牌（E2-13-1：支持国货，国货也就会慢慢好起来的），另一方面指假洋品牌的实质也是本土品牌，也要予以支持（B11-20-1：支持 DF……与其让那些崇洋媚外的暴发户把钱送给老外……不如把他们的钱装到自己腰包里）。

综上所述，由于经验不足，辨别能力不够，消费者误将假洋品牌当作洋品牌购买，同时，受民族自信的影响，在感性消费不会造成巨大成本和伤害的情况下，衍生出虚荣、炫富等消费心理，激发了消费者对假洋品牌的需求。最后，出于民族中心主义，有些消费者表示假洋品牌归根到底还是本土品牌，应予以支持。

2. 假洋品牌对消费者行为的影响机制

虽然消费者对假洋品牌存在负面的合理性认知，但部分维度的负面认知在一定程度上为假洋品牌的存在和发展提供了空间。例如：当消费者对制度绩效的感知是负面时，法律制度和行政制度的不健全、管理的不规范恰恰为假洋品牌提供了更为有利的生存和发展空间。同时，假洋品牌的经济绩效维度在市场理性逻辑下所具备的独特优势，使得消费者仍然会对假洋品牌持积极的态度。最后，营销的起点是需求，认知维度很好地解释了假洋品牌的存在满足了消费者心理与需求，尤其是情感和象征方面的价值。

根据 ABC 模型可知，假洋品牌存在的合理性会通过影响消费者的态度进而影响消费者行为。正面态度形成支持行为（E2-48-1：……在国内多销一件假洋牌，就使真洋牌少销一件，对国内工业发展是有好处的，我建议不但不应打压，而且还应支持……）；负面态度形成反对和抵制行为（B27-2-1：没有骨气的假洋鬼子，一辈子都不买）；中立态度形成中立行为（B14-6-1：其实也不能一棍子打死一船人，遵纪守法的企业还是很多的）。

在 ABC 模型中，地域发达程度间的差异、性价比、产品涉入度，以及消费者追求假洋品牌的象征或情感价值起着调节作用。例如：在对假洋品牌相似的认知水平下，与发达地区的消费者相比，欠发达地区的消费者对假洋品牌的态度相对正面。当消费者感知假洋品牌产品的性价比可以接受时，他们对假洋品牌的态度出现缓和，且会做出购买行为。若假洋品牌产品对消费者不会造成太大伤害时，也就是当产品涉入度比较低、购买成本比较低时（如服装等），尽管消费者会对假洋品牌给予负面评价，但依然会产生购买行为。还有就是当消费者看重假洋品牌的象征或情感价值时，也会做出积极的购买行为。

（六）饱和度检验

当收集新鲜数据不能产生新的理论见解，也不能再解释主范畴的新属性时，就可以认定理论饱和了（凯西，2009）。为了检验理论饱和度，本研究预留了1/3的帖子（36个），对其进行编码和分析，相关帖子的内容仍是与假洋品牌相关。由于帖子评论数量太多，在此仅列举7条来举证。

A22-18：还不是因为国产的质量差惹的祸（A22-18-1：产品品质—国货质量差）。

B12-8：其实都是我们的体制造成的（B12-8-1：行政制度—体制问题）；目前我们的社会部分人缺乏诚信（B12-8-2：企业伦理—诚信缺失）。

B10-49：很多奶粉品牌其实也是这类货色，看看新闻联播后天气预报前的那些所谓国外品牌吧（B10-49-1：媒体规范—媒体审核不严）。

C11-23-1：品牌成功、样式国人接受就够了，管它哪里的（C11-23-1：理性心理—在乎实用性，忽略是否为假洋品牌）。

C7-15：我倒觉得这个没什么，本地化嘛，关键还是要看质量和价格（C7-15-1：性价比—价格、质量）。

D13-86：也算是投国人所好吧（D13-86-1：消费者态度—满足消费者需求）；谁让国人那么偏爱国外的品牌而看不起自己国家的品牌的（D13-86-2：民族自信—崇洋媚外）？上当受骗也活该……（D13-86-3：消费者态度—活该，负面）。

E8-29：不求最好，但求最贵。这个就是我们国家那些暴发户的心理（E8-29-1：感性心理—炫富心理）。

通过对预留的1/3的帖子进行编码分析后，发现并无新的范畴和属性出现，因此，可以认为上述理论模型是饱和的。

## 四、假洋品牌存在合理性的理论抽象与回归

通过对模型两大核心范畴的分析，发现消费者对假洋品牌存在合理性的判断，决定了他们是否支持假洋品牌。但该模型并没有揭示其中的深层理论机制。因此，结合传统组织理论和制度理论，从内因——任务环境和外因——制度环境两个方面，对扎根研究所得的假洋品牌存在及其影响机制模型进行理论抽象与回归。

### （一）假洋品牌存在合理性的理论基础

德国哲学家黑格尔曾说：存在即是合理的。而合理的状态常常来自于内因和外因的共同作用。就假洋品牌的存在而言，内因的理论基础主要体现在任务环境，也就是传统组织理论所讲到的企业追求经济绩效。从企业的视角来看，假洋品牌能够削弱品牌实际来源国的负面效应，同时提高品牌暗示来源国的正面效应；并且还能产生溢价等对经济绩效有利的作用（Li & Wyer，1994）。从消费者的视角来看，假洋品牌不仅能够满足他们的理性心理需求，例如：功能价值或性价比等；而且还能满足他们的感性心理需求，例如：情感或象征意义。

外因的理论基础主要体现在制度环境，也就是制度理论方面。制度理论作为一种适合捕捉转型经济中本土情境特征的研究视角，受到越来越多学者的推崇（吴小节，彭韵妍和汪秀琼，2016）。制度环境涉及一个社会或社区相关的文化、涵义、理想和可接受的社会规范，这些规范包括隐含的、灵活的、正式的规则，而且企业为了与关键公众（如消费者、专家和立法者等）保持内外的契合，必须遵守这些规范。当企业获得社会的认同，则它就被认为是制度化了（DiMaggio & Powel，1983；Kates，2004；Suchman，1995）。

制度理论的重要组成部分包括规制、规范和文化认知三个层面

（Scott，2001；见表3-5）。规制层面涉及政治体制、法律和政府的作用
（吴小节，彭韵妍和汪秀琼，2016）；具体而言，即建立正式条例，并
使得社会成员的行为规范符合正式条例，如有必要，予以制裁；也包括
非正式的管制系统，如商业制度，行业法则等（Scott，2001）。鉴于中
国市场制度体系当中所存在的问题，假洋品牌的出现和存在有其规制层
面的合理性。

表3-5　　　　　　　　　　　制度理论的重要组成部分

| | 规制层面 | 规范层面 | 文化认知层面 |
|---|---|---|---|
| 服从的基础 | 私利（权宜之计） | 社会义务 | 理所当然，共同理解 |
| 秩序的基础 | 管制规则 | 结合预期 | 构成模式 |
| 机制 | 强制 | 规范性 | 模仿 |
| 合法性的基础 | 法律认可 | 道德治理 | 可理解性、辨认文化支持 |
| 基本的科学范围 | 经济学 | 社会心理学 | 人类学、社会学 |

资料来源：根据 Jan-Benedict E. M. Steenkamp, Inge Geyskens. How Country
Characteristics Affect the Perceived Value of Web Sites［J］. Journal of Marketing,
2006，70（7）：136-150 改编.

规范层面涉及是非对错的道德判断，包括在社会上约定俗成的、评
价性的、强制性的维度（Scott，2001），也包括价值和惯例，它不仅规
定了目标（例如：获取利润，爱国），而且还设定了为实现目标而采取
一定的措施（例如：公平的生意法则，本土产品的购买）。假洋品牌的
道德问题主要体现在企业伦理与媒体规范两个方面，企业追求利润甚至
是暴利的动机，以及媒体的虚假宣传、盲目代言，助长了假洋品牌的出
现，有其规范层面的合理性。

文化认知层面包含两个要素：文化和认知，主要指文化上被支持的
信念、态度、习惯和行为；它认为外部的文化框架塑造内部的解释过
程，强调认知结构或图式对个体行为的影响，认为个体之所以做某件事

情，只是因为他们觉得"我们都是这样做的"，例如：见面握手，被认为是理所当然要做的事（Scott，2001；Triandis，1989）。假洋品牌的认知维度中感性心理、民族自信和民族中心主义属于文化范畴，而消费者经验和理性心理属于认知范畴。在民族自信不足和民族中心主义的影响下，消费者对品牌情感和象征价值的追求，让假洋品牌有了一定的市场，有其文化认知层面的合理性。

（二）理论的抽象与回归

结合内因和外因，即任务环境下的传统组织理论和制度环境下的制度理论。一个组织或品牌的存在与发展，一方面取决于内部对未来理想状态或经济绩效的追逐，另一方面取决于它的价值和行为是否与外部社会的价值与期望相一致（Galaskiewicz，1985；Pfeffer & Salancik，2003）。只有在获得内部和外部合理性的前提下，品牌才可能产生和发展，并被消费者接受和支持。

在任务环境中，经济绩效体现在两个方面：一方面是企业看到假洋品牌能够最大化来源国形象的正面效应，并且能够提升消费者对产品质量的感知，产生溢价等有利的影响。另一方面是在消费者对假洋品牌的辨识能力不足的情况下，对其产品的性价比感知并不完全负面，还有就是将假洋品牌的宣传误认为是一种正当的营销策略。综合这些因素的影响，可总结为实用合理性为假洋品牌的存在与发展创造了条件。

在规制层面中，制度绩效当中存在的问题，具体体现在政府监管、法律制度和行政制度三个方面，在某种程度上它们为假洋品牌提供了生存和发展空间。在规范层面中，假洋品牌企业伦理的缺失，不良媒体和代言人的助纣为虐，一旦曝光，就使得假洋品牌的形象大打折扣。就规范层面而言，假洋品牌的存在难以获取合理性，这也解释了为何在扎根理论分析的结果中会有大量的负面态度以及抵制和反对的行为。在文化认知层面中，虽然充斥着对消费者非理性认知的批评，以及对民族自信不足的批判；但是从另一个角度来看，正是消费者这种认知心理刺激了对假洋品牌的需求，扩大了假洋品牌的市场。

综上所述，假洋品牌的存在不仅取决于内部任务环境下对经济绩效的追逐，而且还取决于外部制度环境的制度绩效、道德形象和认知维度三个方面。经济绩效对应的是实用合理性的判断，这种实用一方面是对企业而言，另一方面是对消费者而言。制度环境下的三个方面：制度绩效对应的是规制层面的合理性；道德形象对应的是规范层面的合理性，但在扎根分析中，假洋品牌在该层面难以获得合理性；认知维度对应的是文化认知层面的合理性。总体而言，实用的合理性和制度的合理性会影响消费者对假洋品牌的态度，进而影响他们的行为（如图 3-7 所示），当假洋品牌获得合理性时，消费者会持正面的态度，并采取积极的购买行为，反之则不然。

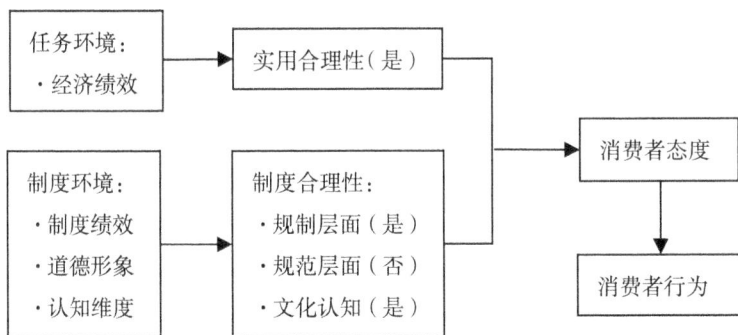

图 3-7　理论建构的抽象和回归

## 五、研究结论和管理启示

（一）研究结论

第一，假洋品牌的存在受内外部多种因素影响。内因主要体现在经济绩效，具体包括产品品质、品牌声誉、品牌信任、性价比、洋化策略五个要素，消费者在购物时会通过这几个方面来判断假洋品牌的经济绩效和价值。外因主要体现在制度绩效、道德形象和文化认知三个方面。首先，制度绩效包括政府监管、法律制度和行政制度三个要素，在消费者看来，假洋品牌的存在和发展，部分原因在于政府监管的不严格、法律制度的不完善和行政制度的不规范等。其次，道德形象包括企业伦理和媒体规范两个因素，假洋品牌是否按照商业伦理道德经营，媒体和代言人是否按照社会规范对假洋品牌进行宣传，会影响消费者对假洋品牌道德形象的感知。最后，文化认知维度包括消费者经验、感/理性心理、民族自信和民族中心主义四个要素。这四个方面不仅从外在宏观文化和民族层面，而且还从内在微观消费者个体认知和心理层面，阐述了他们购买和使用假洋品牌的心理与需求。

这样的结论丰富了以往的研究成果，深化和细化了以往学者关于来源国形象的构成要素，以社会心理学和文化心理学为基础，凸显了关于中国文化和道德情境下"人心"和"情感"的独特观察。理论贡献主要表现在对道德形象和文化认知两大范畴的挖掘，具体体现在媒体规范、民族自信、感/理性心理等要素，这在一定程度上丰富了传统组织理论和制度理论在来源国形象这个领域的应用和衍生。

第二，假洋品牌的存在是企业和消费者在任务环境和制度环境下合理性感知的平衡。它们取决于消费者对制度绩效、经济绩效、道德形象和文化认知这四个维度所持的总体态度，以及相互间的容忍和平衡。首先，经济绩效当中的产品品质、品牌声誉、品牌信任、性价比、营销策略，对假洋品牌来说，消费者的评价并非都是负面的。从市场理性的角度看，假洋品牌因其所带来的成本和实用性，得到部分消费者的理解和接受，有其实用的合理性。其次，政府监管、法律制度和行政制度当中所存在的问题，恰恰为假洋品牌的存在和发展提供了空间，有其制度的合理性。

再次，关于道德形象当中的企业伦理和媒体规范，在帖子评论中，绝大部分消费者认为假洋品牌的经营和宣传，违背了基本的企业伦理和媒体规范，假洋品牌的出现在道德方面难以获取合理性。最后，文化认知当中消费者经验、感/理性心理、民族自信和民族中心主义这些要素，诠释了消费者在购买假洋品牌时，受自身品牌来源国辨别能力、品牌象征和情感意义、民族自信、文化自信以及民族中心主义的影响，尤其是对产品涉入度较低和欠发达地区的消费者而言，假洋品牌的存在有更高的文化认知合理性。

对上述四个维度对应的实用合理性、制度合理性、道德不合理性与文化认知合理性，在网络帖子评论中，虽然持正面、负面和中立态度的消费者都有，但从整体来看，持负面态度的依然占大多数，也就是说假洋品牌的存在整体上是不合理的。但从个体消费者的市场理性来看，对同一个消费者来说，在这四个维度上的评价又正负不一。在这种情况下，消费者会根据不同的权重对这四个维度进行容忍、调和与平衡，最终达到合理性。这就是为何从整体来看不好的、不应该出现的行为，但从个体理性来看，却恰恰能够存在的原因所在。

（二）管理启示

第一，从"才（经济绩效）"来看。无论是营销实践还是理论研究，均已证明：中国作为发展中国家，身上被深深地打上了"制造大国，品牌小国"的烙印。在国家提倡建立自主品牌，坚持创新等理念的指导下，越来越多的民族品牌在国际市场上获得消费者的认可。但是距离完全摆脱因发展中国家而带来的来源国负面效应，依然还有很长的路要走。在这期间，并非所有的商人都能意识到中国制造与来自西方发达国家品牌产品存在差距的"本质"在哪里，从而一味地模仿外在的"形"。当社会发展进入"去伪存真"的历史时期，那些"里子"不好的假洋品牌，仅靠外在的"形象"是无法持久的。另外，即便是品牌内在的"里子"和外在的"形象"都好，而仅仅只是照搬或模仿西方发达国家品牌的做法，最后也只能成为"异己"，而非"自己"。因此，中国企业要坚持"走自己的路，做自己"。

第二，从"法（制度绩效）"来看。中国自古以来就是个情-理-法的社会，三者的关系如果处理不好，就会出现法理和法制的完善和落实在很大程度上受到情理束缚和约束的局面。而假洋品牌的出现和存在，只是中国法制环境问题的一个缩影，说明在金钱利益驱动下，有些商人法律意识观念淡薄，或者无视法律的存在。因此，加强法制对市场、社会乃至国家的治理是当务之急。当前的中国正处在重要的历史变革转型过渡时期，法制中国的推进已经展开，并初见成效，取得不少重要的案例成果。在互联网信息技术的推动下，可以探索创新对中国市场的法治手段和方式，将法治的重心逐渐下移，尊重客观实践的多样性和复杂性，对假洋品牌予以惩罚和禁止，本着不放过一个"坏"的也不冤枉一个"好"品牌的原则，还企业和消费者一个公平、公正、干净的市场环境。

第三，从"德（道德形象）"来看。天行健，君子以自强不息；地势坤，君子以厚德载物。没有德如何载物？改革开放以来，随着经济水平的巨大发展，物质文明得到极大提升，可是精神文明却提升缓慢。在诱人的利润面前，有些商人忘记了企业经营最基本的社会责任和做人的底线，常常以外部环境问题和企业成本增加为借口，从事违法乱纪的经营行为，假洋品牌就是很好的例证。实际上，德治是"本"，假如今天市场上的每一位商人和消费者都能够践行《礼记·大学》中所讲到的"欲修其身者，先正其心；欲正其心者，先诚其意"，就能实现意真诚、心纯正的自我道德完善的目标，试问假洋品牌还会出现吗？这其中，重要的是要想的、说的和做的一致，不仅想到和说到，而且还要做到。

第四，从"知（文化认知）"来看。无论是商人经营假洋品牌，还是消费者理解购买假洋品牌的做法，从根本上来讲就是个"知"的问题。《礼记·大学》写道："欲诚其意者，先致其知；致知在格物。"知什么呢？知"道"。道是什么呢？在这里指市场规律和事物的本质。假洋品牌的出现，在帖子评论中，反映了民族自尊、文化自信等方面的不足，同时也反映了消费者对"虚"的品牌价值的追求，例如：地位身份象征等，以满足自己炫耀、有面子等心理。为什么会出现这两个方面的问题？原因在于假洋品牌的经营者没有深刻理解：一个好的品牌其根本是在满足消费者需求的同时，应该具有内在的优异的产品和服务质量。再深究就是提供优异产品和服务质量的"人"，最终还是要回到"正心、诚意"。

综上所述，本书认为：物质文明和精神文明应该同步进行，法治和德治应该并举，相辅相成，不可分割。市场的治理其根本在于使各主体正心诚意，借用北宋理学家张载的话："为天地立心，为万民立命，为往圣继绝学，为万世开太平。"如此，中国市场和民族品牌才能得到国际社会的认可和尊重。

## 六、局限性及未来研究方向

尽管通过文献的梳理和大量样本数据的扎根研究，得出了一些研究结论和管理启示。但鉴于时间精力的限制，本书依然存在一定的局限和未来需要改进的研究方向。

第一，在研究方法方面，由于定性研究而收集网络帖子，并不像定量研究那样采取随机抽样，而且也没有事先设定的、可量化的检测指标。因此，在研究方法的效度、信度、推广度等方面存在一定的局限。另外，由于帖子的年限跨度较大，期间假洋品牌形象构成及其影响机制模型中的各变量，在不同年度间可能会发生变化，而由这些变化进一步引起的变量间关系的变化不得而知。未来研究中团队将尝试对帖子进行逐年分析，以期得出有趣的不同结论。

第二，在因果关系方面，由于本书是探索性研究，并非因果关系的研究，虽然通过扎根取样构建出理论模型，但并未对模型变量间的关系进行量化检验。在本书对假洋品牌存在合理性及其影响机制的模型构建方面，相对比较抽象，关系也比较简单。鉴于营销实践的多样性和复杂性，本书所建构的模型无法完全解释。因此，未来研究团队将根据营销实践的情况，以本书研究模型为基础，进一步细化建构量化研究的模型。

第三，在样本资料方面，由于网络帖子的搜集，只能看到消费者的评论内容和地址（城市归属），关于消费者的年龄、收入、学历、职业等背景资料，无法搜集到，进而也就是无法分析出消费者背景资料对假洋品牌存在合理性，以及对假洋品牌的态度和行为的影响。未来研究中团队将根据消费者的背景资料进行聚类分析，探索不同类别下的消费者对假洋品牌的态度和行为。

# 第四章　跨国犯错对本土品牌评价的影响

本章围绕跨国犯错对本土品牌评价的影响，从中国本土文化特有的"耻感"概念入手，运用实验和定性相结合的研究方法展开研究。在文献评述和关键变量界定的基础上，以品牌跨国犯错（能力犯错 & 道德犯错）为自变量，消费者耻感为中介变量，品牌关系（远 & 近）和社会比较（向上 & 向下）为调节变量，品牌评价为因变量，最终得出研究结论：与品牌跨国能力犯错（做事失败）相比，品牌跨国道德犯错（做人失败）时消费者耻感更高；消费者耻感中介于品牌跨国犯错和品牌评价；当品牌跨国道德犯错（做人失败）时，品牌关系越近，消费者耻感越高，进而品牌评价越低；当品牌跨国能力犯错（做事失败）时，品牌关系远近对消费者耻感的影响无显著差异；当品牌跨国能力犯错（做事失败）时，与向上比较相比，向下比较时，消费者耻感更高，进而品牌评价更低；当品牌跨国道德犯错（做人失败）时，社会比较对消费者耻感的影响无显著差异。

## 第一节　绪　　论

### 一、问题的提出

所谓品牌犯错主要指由于公司管理制度不完善，或者员工工作态度不认真等产生某些问题影响了消费者的利益，从而使消费者给予品牌较差的评价。品牌犯错类型可以分为道德犯错和能力犯错。道德犯错是指品牌或者企业在商业运作当中违反了社会公认的伦理道德或者公司的相关宗旨等（如血汗工厂）而犯下的错误。能力犯错指的是因企业生产产品或者提供服务的能力有限而犯下的错误（如使用低质原材料）（Votola and Unnava, 2006）。

品牌犯错在国内外都已有大量研究，但是学者们的研究大多基于国内外品牌在本国市场犯错。随着全球化的发展以及科学技术的进步，越来越多的公司开始推行全球化战略，在多个国家制造或销售自己的产品。如此，时间久了，在现有营销实践中难免会出现这样或那样的问题。

**事例一：**

2015 年 9 月，L 笔记本非法预装间谍软件。美国某网站报道称，L 某型号笔记本在用户不知情的情况下，私自运行某软件来收集用户的数据，掌握用户的隐私，并让第三方公司对这些数据进行非法分析。[①]

**事例二：**

2010 年，H 冰箱在美国销量下滑。某专业机构声明，"能源之星"（H 冰箱）由于能效不符合质量标准，被定为不合格产品；该机构《消费者报告》给予 H 冰箱"不能买：性能问题"评级。调查发现这款冰箱能效超标是因为零部件存在问题。为此，H 集团需向美国支付大量的赔偿金。[②]

从上述事例不难看出，无论是 L 还是 H，国内著名品牌在国际市场上均出现品牌跨国犯错。两者的区别在于：事例一中，L 笔记本预装间谍软件窃取用户数据侵犯了用户隐私，违背公认的社会标准和道德规

---

① http://thehackernews.com/2015/09/.

② http://hb.qq.com/a/20100408/003696.html.

范，这属于品牌跨国道德犯错。而事例二中，H 冰箱是由于零部件缺陷导致能效超标，这属于品牌跨国能力犯错；我们不禁要问：中国品牌跨国犯错对本土消费者的影响是什么？两种不同类型的品牌跨国犯错怎样影响本土消费者的品牌评价？以往学者关于品牌犯错影响的研究多是基于西方文化的视角，如归因视角、印象理论、管理视角等，但遗憾的是，鲜有学者从中国文化视角进行研究。因此，本章拟立足于中国文化，从本土消费者感知视角，通过实证研究，具体探讨品牌跨国犯错对本土消费者品牌评价的影响结果是什么，其中的过程和作用机制分别是什么。研究结论将不仅是对品牌犯错相关理论的有益补充，而且还将对企业品牌跨国犯错规避行为有现实的指导意义。

## 二、研究意义

由于产品日益复杂，制造商和政策制定者越来越严格以及消费者更高的要求，品牌犯错更加频繁地发生（Dawar and Pillutla，2000），与此同时，媒体的高度关注也使它们更易曝光在公众面前（Ahluwalia et al.，2000）。品牌犯错会扭曲长期有利的质量认知，损害公司声誉，减少企业收入，使市场份额流失，导致昂贵的产品召回，并破坏精心培育的品牌资产（Honda et al.，2007）。由此可见，如何规避品牌犯错是营销领域理论和实践关注的重点。对于品牌犯错负面影响的研究，以往学者往往基于西方文化视角对其影响过程和作用机制进行分析，以中国本土特色文化为基础的研究甚少。因此，本章拟立足于中国文化，通过实证研究品牌跨国犯错对本土消费者品牌评价的影响，以及探讨其潜在机制和边界条件。本章的研究在理论上进一步丰富了品牌犯错的相关研究，实践上有助于企业规避犯错行为。本章进行的研究具有较重要的意义，具体来说，包括理论价值和实践意义。

（一）理论价值

（1）从自变量的视角来讲。品牌犯错的相关研究已经证明品牌跨国犯错对犯错发生地消费者福利有消极的影响。例如：徐小龙（2006）认为品牌丑闻割裂消费者-品牌的关系。无论是现实消费者的既存品牌关系还是潜在消费者的品牌感知，品牌犯错带来的影响都是负面的（Muthukrishnan and Chattopadhyay，2007）。品牌丑闻负向影响丑闻品牌（Dawar and Pillutla，2000；Rohini Ahluwalia，2000；Ahluwalia and Burnkrant，2000）。在以往的研究中我们发现，品牌在品牌来源国犯错会直接影响来源国消费者的福利。然而，在品牌跨国犯错的情境下，品牌犯错不仅影响了犯错发生地——国外消费者的福利，而且也会对品牌来源国的消费者产生影响。以往学者对前者进行了充分的研究并得出了丰富的研究结论，但是鲜有学者对后者进行研究。由于品牌来源国也是一个巨大的消费市场，对企业具有重要的意义，因此，本章研究品牌跨国犯错对来源国消费者的影响过程和心理机制。

（2）从中介变量的角度来讲。营销中的品牌犯错给消费者、企业、社会带来了非常大的负面影响。现有文献主要从西方文化视角（王晓玉，2009）进行了大量研究。然而东方文化具有其特殊性。例如，中国文化中特有的"耻感"影响了本土消费者的心理和行为。因此，本章从以往的研究出发，与中国本土心理学结合，研究中国品牌跨国犯错影响本土消费者评价的作用机制，并推测消费者耻感的中介作用，这进一步拓展了以往的研究结论。

（3）从调节变量的角度来讲。以往学者对消费者品牌关系的研究认为，品牌关系越近，消费者越能够容忍品牌犯错，并保持原有的品牌态度。但是这一研究存在两个局限，其一是只探讨了品牌能力犯错，而未对品牌道德犯错进行探讨；其二是只对单一领域品牌犯错进行了研究，未研究品牌跨国犯错的情境。根据社会比较理论，人类具有评价自己能力和观点的需要，当客观的标准不具备时，其他人的能力或观点会被作为参照来评价自己（Festinger，1954）。Buunk（2001）认为个体自我评价会受到社会比较信息的影响。虽然以往的研究对这两个变量进行过探讨，但是本章是在本土品牌跨国犯错这一新的情境中展开的。总而言之，本章以品牌关系和社会比较作为调节变量，从主观和客观角度探讨品牌跨国犯错对消费者耻感的影响，进而研究其对本土消费者品牌评价的影响。本章构建完整的研究模型，对以往有关品牌犯错的研究进行丰富和发展。

（二）实践意义

本研究立足于中国文化，主要采用实验法和深度访谈法，控制干扰变量，对品牌跨国犯错、消费者耻感、品牌关系和社会比较之间的关系进行研究。本章得到的研究结论对于企业和消费者有现实的指导意义。具体来说：

对于企业而言。品牌是企业的无形资产，品牌可以给产品带来溢价和增值。企业往往致力于创建具有竞争优势的品牌，从而保证产品的差异化并且获得长期的竞争优势（Aaker，1991；Keller，1993）。然而，近年来，由于经济水平的不断提高，国内市场更加复杂多变，并且由于互联网对这种趋势的助长，品牌犯错事件曝光率极高。品牌犯错不仅损害了企业的经济利益，产生直接的产品召回和消费者补偿费用，更重要的是影响品牌信任和品牌评价。例如，德国大众曾在国外发生重大丑闻事件，美国相关部门发现它为逃避该国尾气检测采用不道德的虚假手段，因此，大众汽车不仅需要对美国负担相关的经济和法律责任，同时，也影响了它在其他国家的声誉和形象。此外，该品牌在欧洲股市开盘后，在法兰克福市场上的股价跌至 2008 年以来的最低水平，市值急剧缩水。德国大众（Volkswagen）汽车厂形象受损，其 CEO 也因此事辞职。这一负面事件不仅影响了大众的品牌形象和品牌声誉，而且也影响了德国乃至欧洲的汽车在世界上的信誉。此外，购买大众汽车的消费者数量减少导致汽车零部件生产部门受到影响，从而导致工人的就业机会大量流失，进一步波及德国的汽车供应商。由此可见，品牌跨国犯错会对公司发展造成严重的影响。企业应该对产品和服务质量严格把关，遵守社会道德规范，预防品牌跨国犯错事件的发生，并且设立应对机制，妥善处理品牌犯错所造成的危害，保护品牌资产和企业信誉。

对于消费者而言。消费者是企业品牌犯错的受害者。国内品牌国外市场犯错，严重伤害了中国消费者的集体荣誉感。2015 年 5 月 16 日，A 企业在美国市场上受到法国开云集团（Kering SA）旗下的多个奢侈品牌的诉讼，他们认为该企业故意与不法分子共同生产并在其平台上销售假冒伪劣商品，为不法分子在全世界销售假冒伪劣产品提供了便利。并且，假冒伪劣产品非法使用开云集团的多个品牌商标。A企业作为中国互联网行业的领军企业之一，在国外市场上发生品牌犯错事件严重损害了犯错发生地消费者福利，并且对品牌来源国——中国消费者的情感带来不利的影响，可谓赔了夫人又折兵。清朝皇帝乾隆曾曰："合内外之心，成巩固之业。"只有内外皆稳，才能铸就大业。因此，本章从中国本土文化层面，探讨中国品牌跨国犯错对本土消费者心理的影响，并分别将品牌关系和社会比较作为调节变量，研究跨国道德犯错和跨国能力犯错对消费者品牌评价的影响。这不仅可以规避品牌跨国犯错事件的发生，而且可以维护消费者良好的品牌情感和品牌忠诚度，并提高其品牌评价。

## 三、研究内容及框架

### （一）研究内容

本章从本土消费者感知视角，研究中国品牌跨国犯错对本土消费者品牌评价的影响。结合本土文化特征，研究其心理过程和作用机制以及调节因素。主要包括五个部分：

第一节：绪论。这一部分主要讲述了本研究问题的提出、研究意义、研究内容框架以及研究方法。

第二节：文献综述。这一部分在对品牌跨国犯错、消费者耻感、品牌关系、社会比较、品牌评价的国内外相关文献进行回顾的基础上，进一步梳理了以往学者对品牌跨国犯错、消费者耻感、社会比较、品牌关系的研究，并总结了关键变量的测量方法。

第三节：研究模型和假设推演。本节基于文献回顾的内容，构建本章的研究模型。本章的自变量为品牌跨国犯错，包括道德犯错（做人失败）和能力犯错（做事失败），中介变量为消费者耻感，因变量为品牌评价，调节变量为品牌关系和社会比较，并对这些变量进一步进行明确界定。然后基于现有研究，对本章的假设进行推理论证。

第四节：研究设计及实证检验。本章在以往学者研究的基础之

101

上，详细阐述实验设计。模型中的各个变量都能够借鉴前人研究成果，变量的操作化测量都有成熟的量表可以借鉴。本章基于SPSS22.0软件对实验中收集的数据进行分析，包括描述性统计分析、信效度分析、相关分析、方差分析、独立样本 $T$ 检验、Bootstrap 中介检验等分析方式。

第五节：结论与展望。在定量和定性研究的基础之上，本章得出研究结论、管理启示和管理借鉴，并且对本章的研究局限和未来发展方向也进行了阐释。

（二）研究框架（见图 4-1）

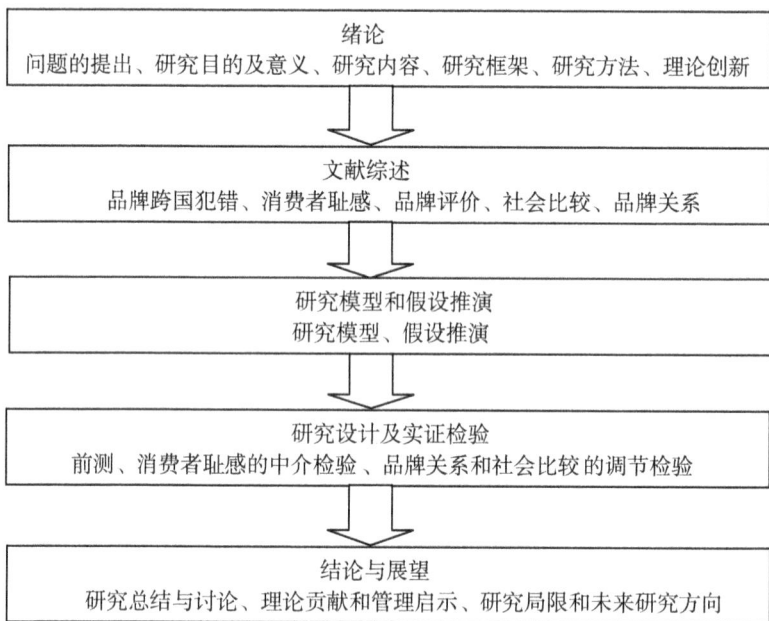

图 4-1　研究框架

## 四、创新之处

本章以品牌犯错相关研究为基础，结合品牌关系和社会比较理论，研究品牌跨国犯错对本土消费者品牌评价的影响，探讨消费者耻感的中介作用机制和过程，以及品牌关系和社会比较的调节作用。以此为基础，本研究的创新之处主要包括以下四个方面：

（1）现有文献关于品牌犯错的研究内容都是品牌跨国犯错对国外消费者福利的影响，鲜有学者研究品牌跨国犯错对本土消费者的影响。但是，在社会实践中，我们发现中国于2001年12月11日正式加入世界贸易组织，推动了中国社会经济体制的改革，促进了技术进步，激发了中国企业的竞争意识，扩大了出口贸易，因此，中国企业更好更快地融入了国际经济市场。目前，阿里巴巴、联想、海尔、小米等国内著名企业已走出国门，走向国际市场，在国外生产制造或销售产品。那么，中国品牌如果在国外市场犯错是否会对本土消费者的品牌评价产生影响？其过程和心理机制是怎样的？对此问题，目前研究匮乏，本研究试图进行解答。

（2）以往学者对品牌犯错影响品牌评价的研究进行了大量的解释，但都是基于西方文化的视角，如归因理论、印象理论等。然而，中西方文化存在差异，在中国本土应该存在不同的研究视角。消费者耻感是中国特有的文化概念。本研究与中国文化相结合，将"消费者耻感"引入营销理论研究中，以脸面为着眼点，研究中国文化因素——消费者耻感的中介作用，从而增加现有研究的深度，使研究结论具有更深厚的通用性和普适性。

（3）将品牌关系作为调节变量，验证品牌关系在品牌跨国犯错对本土品牌评价影响中的调节作用。以往的研究发现品牌关系越近，消费者受品牌犯错的负面影响越小，从而越能容忍品牌犯错，并维持较高的品牌态度。但是，研究结论局限于消费者对品牌本国犯错感知的研究情境。本章的研究背景为中国品牌在国外市场犯错对本土消费者品牌评价的影响。因此，本研究拓展了原有的研究领域，增加了研究的广度和深度。

（4）将社会比较作为边界条件验证其调节作用。通过文献回顾，我们发现以往的研究并没有将社会比较作为品牌犯错研究的边界条件，可能是由于研究背景是国内品牌在国内市场犯错。本章的研究背景是本土品牌在国外市场犯错的情境，因此存在与国外品牌进行比较的可能性。在本章中，我们尝试将社会比较作为调节变量，验证本土消费者的品牌评价是否存在差异。

# 第二节　文　献　综　述

## 一、品牌犯错相关文献回顾

理论界对品牌犯错进行了诸多研究。经过文献梳理我们发现，品牌犯错的研究大致分为以下四个方面：影响因素、调节变量、溢出效应、应对策略。

（1）从影响因素来看。在品牌犯错的研究中，Jorgensen（1994）是第一个在品牌犯错对消费者的影响中使用归因理论来解释的学者，他认为如果将品牌犯错归咎于企业内部可控原因，那么品牌犯错会消极影响消费者的态度和购买意愿。Kaman（2004）同样认为，与外部不可控因素相比，企业内部可控因素导致的品牌犯错，给消费者带来更大的消极情绪。Laufer（2002）在品牌犯错会导致消费者不满的基础上，深层次研究跨文化因素下不同国家的消费者在满意水平上是否有差异。Laufer 和 Kate（2004）在以往研究的基础上，进一步研究了人口统计变量（性别、年龄、职业等）对消费者归因差异性所产生的影响。Vassilikopoulou（2008）深化了品牌犯错对消费者购买意愿的影响，验证了几个重要因素（企业社会责任、组织反应、时间和外部效应）在这一过程中的作用。

（2）从调节变量来看。有学者认为，在品牌犯错中，消费者对该品牌的承诺程度对品牌负面评价具有调节作用，若原有的品牌承诺程度低，则会产生负面品牌评价；反之，则不会产生负面评价（Ahluwalia，Burnkrant and Unnava，2000）。Ahluwalia（2002）进一步发现了消费者摄入类型对品牌负面评价的调节作用，即当消费者结果摄入时，导致消极的品牌评价；反之，消极评价不存在。此外，有研究发现，消费者对品牌的期望在品牌犯错影响中也会产生调节作用，即当消费者对品牌原有期望越高时，品牌犯错事件的负面影响越小；当消费者对品牌原有期望越低时，品牌犯错事件的负面影响越大（Dawar and Pillutla，2000）。Einwiller（2006）认为"消费者-企业认同"程度对中等程度的品牌犯错有调节作用，而对严重的品牌犯错事件无调节作用。

（3）从溢出效应来看。溢出效应是指某种事件的发生不仅对事件主体造成直接影响，也会对不具有与其相关特征的、但是存在某种联系的事物或事件产生间接影响。近年来品牌犯错不断涌现，除了给品牌本身带来巨大的伤害外，还会带来哪些影响呢？以往学者对品牌犯错溢出效应的研究层面由内到外不断提高，从品牌系统内部到竞争对手或联合品牌之间，再到整个行业层面，最后到国家形象层面的溢出。研究成果如下：①品牌系统内部的溢出。Lei，Dawar 和 Lemmink（2006）发现产品质量危机的严重程度、消费者归因以及品牌间的相似性对溢出效应起着显著的调节作用。②品牌联合或竞争对手之间的溢出效应。Votolato（2006）研究发现，如果消费者认为主品牌对联盟品牌的负面行为负责，联盟品牌的负面评价将会溢出到主品牌。另有学者发现，当危机品牌与竞争品牌高度关联时，品牌犯错的负面信息往往会溢出到与其相关的竞争品牌；当危机品牌与竞争品牌低度相关或者不相关时，则不会对竞争品牌产生溢出效应，反而会对竞争品牌有利，提升竞争品牌的形象和购买意愿（Dahlen and Lange，2006）。③行业的溢出效应。Roehm（2006）认为当发生犯错的品牌是整个行业的典型，具有很强的代表性时，则犯错品牌的负面影响可能会溢出到整个行业，此外，当发生犯错的品牌属性与行业强烈相关时，品牌犯错也可能溢出并影响整个行业。De Alessi 和 Staaf（1994）认为产品伤害危机除了对犯错品牌有明显影响外，当产品生产过程不足被认为是行业问题时，危机事件会影响整个产品类别。④国家整体形象的溢出效应。Magnusson（2014）的研究认为品牌犯错对国家形象产生溢出效应，负面溢出通过国家形象传递，负面溢出转移到其他品牌的方式受到国家形象发展水平的影响，而负面溢出的范围受到犯错品牌典型性的影响。此外，我国学者汪红艳和王海忠（2014）认为品牌犯错对国家形象具有溢出效应，并且他们认为原产国刻板印象内容在其中起调节作用。

（4）从应对策略来看。Siomkos 和 Kurzbard（1991）验证了产品危机管理者通常认为可能影响企业是否成功应对品牌犯错的三大因素：公司声誉、外部效应（如媒体报道的影响）、公司对产品危机的反应。其中公司对产品危机的反应包括否认、被动召回、自愿召回、积极努力地应对，这四种反应被称为"公司连续响应策略"，采用后者比采用前者更能降低消费者的风险感知，从而提升消费者的购买意愿。Laufer 和 Coombs（2006）提出将公司声誉和基于消费者的线索（如性别和国籍）纳入关于选择公司回应的决策过程中。国内学者也在犯错品牌应对方面做了很多研究。黄静（2009）验证了道歉、物质报酬、善待这三种手段对关系改善的显著作用。王晓玉（2008）认为与有事件无响应相比，三种响应会正向影响危机产品进入消费者考虑集，即企业响应、专家响应以及他们的双重响应。方正（2007）验证了一种比较理想的状态，他认为当溢出效应（没有）发生时，且竞争品牌主动否认自己的问题所在，那么此时消费者对品牌的态度会更加正（负）面。以上的研究结果表明，当品牌犯错或发生产品危机时，企业采取积极的应对策略能改善品牌关系，缓解品牌负面评价程度，提升消费者购买意愿。

## 二、文献评述

通过对以往品牌犯错领域相关文献进行梳理，本章研究发现以往研究存在三点不足：

第一，以往品牌犯错的研究大多局限于品牌跨国犯错对犯错发生地消费者福利的影响，鲜有学者研究品牌跨国犯错对品牌来源国消费者的影响。事实上，随着全球化的发展，世界经济一体化加速，许多品牌开始走向世界，在国外市场销售。随着我国科技水平以及制造能力的提高，如今我国很多品牌已经走出国门，走向国际市场，如海尔、联想、格力、阿里巴巴等。显然，这些中国品牌在国外市场犯错会损害犯错发生地消费者福利，降低消费者的品牌评价。除此之外，中国本土消费者是否会受到品牌跨国犯错事件的影响，以及受到怎样的影响呢？本章尝试研究中国品牌跨国犯错对本土消费者心理感知及品牌评价的影响。

第二，在西方理论和文化背景下，以往学者研究了品牌犯错产生负面影响的过程和心理机制，如从归因理论到印象管理理论，再到管理视角（王晓玉，2008），然而中西方文化背景存在差异，鲜有学者探讨在中国文化情境下，品牌跨国犯错对本土品牌评价的影响。消费者耻感是中国文化中特有的元素。那么，当中国品牌跨国犯错时，中国消费者的"脸面"会受到影响，从而产生耻感。因此，我们试图将"消费者耻感"与营销学相结合，从"消费者耻感"这个新的研究视角，研究中国品牌国外犯错影响本土品牌评价的过程和作用机制。

第三，本章创新性地将品牌关系和社会比较作为调节变量，探讨其对品牌跨国犯错负面影响的调节效应。能力和社会责任过错的区别导致消费者不同的负面信息处理过程，从而对其态度和行为产生不同的影响。跨国犯错可以分为道德犯错和能力犯错两种类型。道德犯错是主观层面的，其与品牌的关系远近影响消费者的心理感知。而能力犯错是客观层面的，人们会自动自发地将自己的能力和水平与他人进行比较以获得对自己的评价。社会比较根据比较方向分为向上比较和向下比较。比较方向会对人们的情感和自我概念产生重要影响。因此，本章将品牌关系和社会比较作为调节变量，探讨其在品牌跨国犯错对消费者耻感影响中的调节效应。

## 三、品牌跨国犯错与做人做事

### （一）品牌跨国犯错的定义

目前学术界对品牌负面事件并没有一个标准概念和确切定义，因此有多种不同说法，如负面曝光事件、产品伤害危机、品牌丑闻、企业灾难、企业灾祸、品牌犯错等（见表4-1）。

表 4-1　　　　　　　　　　　　品牌犯错的定义

| 学者 | 定义 |
| --- | --- |
| Siomkos and Kurzbard（1994） | 产品伤害危机是指在市场经营中，某个企业或产品的负面信息往往引发相关的危机，这使消费者产生消极的态度 |
| Menon G（1999） | 负面曝光事件是指在营销实践中发生的企业的产品、人员服务、整体等有损消费者利益且广泛传播的事件 |
| Dawar and Lei（2009） | 品牌危机是指大肆宣传未经证实的或虚假品牌主张，从而严重损害品牌 |
| 黄静和王新刚（2011） | 品牌犯错是指品牌在发展过程中，由于企业自身的失职、失误，或者内部管理工作中出现缺漏等，引发的消费者对品牌公开化或未被公开化的赔偿要求，导致消费者对品牌产生负面的评价 |

虽然以往学者对品牌犯错的定义存在不同，但是都离不开偶然性、广泛性和破坏性的特点。本章在以往学者研究的基础上，对品牌跨国犯错的定义进行界定。在本研究中品牌跨国犯错是指本国品牌在国外市场，由于公司内部管理疏忽、员工失误等原因损害了国外消费者的利益，导致负面的品牌评价，并向受害者承担相应的经济和法律责任，赔偿相应的损失。

（二）品牌犯错类型

依据不同的分类标准，品牌犯错有不同的类别。Coombs（2004）按照品牌犯错责任归因将品牌犯错分为三种类型：受害型，包括流言、产品被恶意篡改等；偶发型，包含产品危害事件，技术失败危害事件等；有意型，包括人为犯错事故，企业不道德事件等。Pulling、Netemeyer 和 Biswas（2006）将品牌犯错分为两类：与绩效相关。主要指品牌提供功能（解决消费问题）效益的能力，例如零部件的失败导致汽车召回。与价值观相关。这种类型涉及社会或道德问题，例如公司员工性骚扰或种族歧视，影响品牌提供象征意义的能力。与 Pulling、Netemeyer 和 Biswas（2006）对品牌犯错的分类基本一致，Votolato Unnava（2006）将品牌犯错分为与能力相关的犯错和与道德相关的犯错。Ferrin（2007）将品牌信任违背分为与能力有关和与诚信有关两类。Smith 和 Larry（2003）的研究将品牌犯错分为两类：可辩解型，能在公开场合澄清自己没错误；不可辩解型，不能在公开场合澄清自己没错误。我国学者方正（2007）在此基础上进一步按照品牌犯错是否违背相关法律法规将品牌犯错分为可辩解型和不可辩解型。

由此看出，根据不同的分类标准品牌犯错可以分为不同的类型。本章依据前人的研究，并结合本研究的特点，将品牌跨国犯错分为品牌跨国道德犯错和品牌跨国能力犯错两种类型。道德信息是指一个人或公司的道德和原则，这类负面信息可能会涉及与消费者已有的道德标准理念相冲突的行为。例如，公司可能使用血汗工厂的劳力来增加利润。能力信息是关于个人或企业尊重品牌对消费者承诺的能力的信息。这类负面信息可能涉及企业未能达到消费者所认为的质量标准。例如，公司可能使用廉价的原材料从而导致产品失败。参照以往学者对道德犯错和能力犯错的定义，在本章中界定的品牌跨国道德犯错是指企业在国外市场商业运作当中违反了社会上公认的伦理道德或者公司的相关宗旨等而犯下的错误。品牌跨国能力犯错是指因企业在国外市场生产产品或者提供服务的能力有限而犯下的错误。

（三）做人与做事

"做人"与"做事"是汉语文化中表达人们日常伦理观点的两个重要语汇，也是中国人日常伦理观点的归纳性表达（廖申白，2003）。但是，做人与做事的含义和本质有明显的区别。做人包括纵向发展和横向发展两个层面（杨中芳，1992）：自我的纵向发展指当个正派的人（内在过程），这是道德上的自我完善和自我提升；自我的横向发展指待人接物（外在过程），即一个人对待另一个人或其他人的态度，尤指这种态度是符合还是违背良好的行为准则或社会规范，这是功利上的适应社会和承担角色（彭泗清，1993）。

因此，彭泗清（1993）认为做人是指人们在与他人互动的过程中使用各种方式来呈现完美的自己。基于中国文化背景下的伦理学视角，"做人"是指一个人在私人交往的范围内处理日常交往实践事务与行为倾向的一种实践和人文观念。在"做人"的观念里，他认为"人"似乎有两种意义——"本己"和"好人"，前者指"做自己"，即说自己的话，做自己的事，后者指"做个好人"、"使自己成为一个好人"。因此，"做人"的观念看重的主要是某些基础性的德性，而非那些高尚和卓越，做人与一个人的道德方面相关（廖申白，2003）。做人的含义见图 4-2。

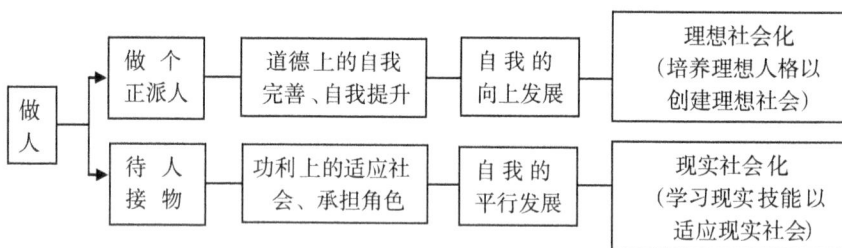

图 4-2 做人的含义

"做事"是在笼统的、总体的意义上指从事职业和生计活动而同各种人交往的事务，做事的目的在于取得成绩（廖申白，2003）。一个人在事业上是不是有成就只是用来衡量他的"做事"方面，而与衡量"做人"无关。"做事"本质上被看作与人的能力而不是德性相关（廖申白，2003；彭泗清，1993）。

品牌跨国犯错包括品牌跨国道德犯错和品牌跨国能力犯错。如果将品牌比作人，若品牌在国外市场违背了社会公认的伦理标准或公司的相关道德准则而犯下错误（跨国道德犯错），如销售假冒伪劣商品，虐待员工等，则该品牌有失德性，没有做一个正派的人，违背了做人的纵向层面，因此，品牌做人失败。若该品牌在国外市场因能力有限而犯下错误（跨国能力犯错），如使用低质原材料等，则该品牌做事失败。综上所述，我们尝试用品牌道德犯错对接做人失败，品牌能力犯错对接做事失败。

## 四、消费者耻感

### （一）消费者耻感的定义

"耻"在辞海中意为"羞耻之心"。在中国传统伦理中，耻感多指羞耻心、知耻心。李海（2008）认为耻感是一种基本的情感心理，即个体违背道德或感到个人无能时，基于一定的是非观、善恶观、荣辱观而产生的一种自觉的指向自我的痛苦心理体验。耻感文化在中国文化中具有悠久的历史，中国最重要的儒家经典《论语》、《孟子》、《大学》、《中庸》中屡屡提到"耻"的概念。孔子说："道之以政，齐之以刑，民免而无耻；道之以德，齐之以礼，有耻且格。"另外，荀子曰："君子耻不修，不耻见污；耻不信，不耻不见信；耻不能，不耻不见用；是以不诱于誉，不恐于诽，率道而行，端然正己，不为物倾侧，夫是之谓诚君子。"由此可见，耻感是中国传统文化不可忽视的组成部分，对中国人的行为和中国历史文化产生了深远的影响。

一些社会心理学家将人的内在情绪制裁分为"耻感"和"罪感"。西方文化是"罪恶文化"，东方文化是"耻感文化"。这种文化尤其看重别人对自己的看法和评价。因此，在东方耻感文化的影响下，犯了错误之后，人们首先要考虑的就是对自己脸面的损伤。通过以往的研究我们发现，由于中国文化具有模糊性的特征，目前国内外学者并不能将脸和面子两个概念完全严格进行区分，脸是面子的载体，没有脸就没有面子，面子是脸的外在表现形式，有面子不一定有脸，因此脸和面子并不是完全对立的关系，而是耻感这个变量的两端。在本章中我们界定消费者耻感是指企业或品牌在营销过程中因违背道德或能力有限，给消费者带来的一种难受的内心感受。

### （二）脸和面子

在汉语词典中，脸指两颊的上部，面子是指物体的表面，例如：这件袍子的面子很好看。因此，从汉语定义上可以发现两者之间是有差别的。此外，追溯到古代，面子已经被人们大量采用，而脸在之后很久才出现并广泛使用。

脸和面子是支配和影响人们的社会心理和行为的重要概念，已被不同的研究领域用来解释不同的社会现象，例如社会人类学、社会语言学、社会学和心理学等，但学者们并没有一致定义脸和面子的概念，以往研究认为脸和面子的关系存在分歧。

一部分学者认为两者是明显不同的。旅美学者胡先晋博士（1944）从语义分析的角度认为脸和面子是两个有区别的概念，脸不同于面子。胡先晋认为脸是"社会对个人道德品格的信心"，而面子是"人从社会成就中拥有的声望，是社会对人看得见的成就的承认"。因此，脸是德性层面，与个人的德性构成相关，面子是社会层面，与一个人在社会上所获得的地位相关。胡先晋的"脸面观"提出之后得到学术界的普遍关注和认同，并在此基础上得到补充和完善。金耀基修正了胡氏界定的脸面观，以避免两词在使用过程中所引起的混淆和模糊，他认为面子分为道德性面子（胡氏定义的"脸"）及社会性或地位性面子（胡氏定义的"面子"）。除此之外，朱瑞玲也认为面子可以维持社会秩序、促进社会公平，脸代表中国人对道德的认可，面子则代表中国人对能力、成就的赞同。学者佐斌也认可脸与面子的道德-社会分野，他认为脸和面子的判断需要分别依赖道德和能力因素，但是他也发现"脸事"和"面子事"之间并没有清晰的边界，不能够明确地进行区分，两者存在一定的联系（翟学伟，2006）。

我们发现并不是所有学者都完全赞同这种观点，有学者认为两者之间存在一定的联系。戈夫曼（1955）认同继续使用胡先晋对脸面的差别解释，但是他也认为谈话内容的变化可能影响脸或者面子的含义，两个字的意思有时候是可以交换的，并不是完全不同的两个词。香港心理学家何友辉（1976）也认为面子并非与道德毫无关系，他认为道德和声誉都包含在脸和面子的含义之内；面子也不是行为准则，因为它的获得和失去不是通过普遍一致性的行为标准来衡量的，而是具有非常大的机动灵活性，并且在平常的生活情景中，脸和面子两者是可以交换使用的。高永平（2006）并不认可胡先晋的分法，他认为德性行为和非德性行为都可能会对"脸"产生影响，因此他认为两者并不能进行明确的区分。

然而，陈之昭（1982）认为以往学者对脸和面子的定义均停留在概念层面，并没有从实证研究的角度进行分析。他通过实证研究的方法验证消费者耻感程度不同导致丢脸和丢面子的不同感知。

综合以上研究，我们发现由于脸和面子存在重叠和混淆的成分，目前学术界对脸和面子两者在语义上的定义尚未达成共识。基于本章的研究，我们参照朱瑞玲和陈之昭（1998）学者对面子和脸的实证研究，将消费者耻感根据个体感到难堪程度的高低分为丢脸和丢面子两个方面，即当消费者耻感程度较高时，谓之丢脸；当消费者耻感程度较低时，谓之丢面子。

（三）消费者耻感的测量

由于中西方学者对消费者耻感的研究较少，以往研究中并没有发现直接测量消费者耻感的类似量表，而丢脸和丢面子又是消费者耻感的两种不同表现形式，本章借鉴汪涛（2011）消费者面子感知量表以及杜建刚（2007）的面子获得量表，进行适度修改后形成本章的消费者耻感测量量表。

## 五、品牌关系

（一）品牌关系的界定

品牌关系的英文单词是 brand relationship。Blackston（1992）开创性地在品牌关系定义的界定中使用了人际关系交往原理，即品牌关系是指消费者和品牌两者态度之间的长期互动而形成的稳定的关系。Blackston 开辟了品牌关系领域的研究，为后人的相关研究奠定了基础。同时他发现，品牌满意和信任这两大要素对一个品牌的名誉和资产来说是非常重要的。Blacston（1995）在品牌关系研究上取得了丰硕的成果，并且经过不断的研究又得出相关概念模型，即主客观品牌两者的不断交流和联系。除了 Blackston 的相关研究对品牌关系发展具有重大贡献以外，Fournier（1998）也在这方面取得了突破性的成果。他第一次赋予品牌人的特征，将品牌关系看做人际关系的一种特例。此外，他根据与消费者产生关系的对象（消费者、企业、产品、品牌）的不同将品牌关系划分为四种类型，这些类型对消费者行为产生联合影响。Schultz（2005）也认为可以给品牌赋予人的某些特征，这样消费者和品牌才能够在营销活动中长期互动和交往从而形成稳定的消费者品牌关系。从以往的研究中我们可以看出，品牌关系的形成需要具备三个因素：可互动；可信赖；持久性。

　　虽然西方学者在消费者品牌关系的研究中取得了丰富的成果，但是与西方文化背景不同，中国文化具有其特殊性。因此，国内学者基于中国本土文化背景开展了一系列的研究和探索。

　　由于西方文化崇尚"个人主义"，他们只看重自身的利益是否得到保障，他们只考虑如何满足自己的情爱，而中国是典型的集体主义社会，因此我们看重人与人之间的联系，优先考虑他人和集体的利益。在本土文化背景下，费孝通经过一系列的研究，提出了最著名的适用于中国传统社会结构的"差序格局理论"。该理论认为中国社会的人际关系是以己为中心逐渐向外散去，"如同将一块石子丢入水中，向外泛起的一圈圈波纹"。由此我们可以看出，中国的社会关系是以自己为关系网络中心，与自己距离越近，关系越密切，与自己距离越远，关系越疏远。

　　本土学者以差序格局理论为基础，将人际关系理论应用到中国消费者与品牌关系的研究中，将中国人情感的双层结构理论应用于消费者与品牌的关系，他们认为中国品牌关系包含两个维度：真有之情和应有之情（何佳讯和卢泰宏，2008）。真有之情是指产品非常优秀而使消费者对该产品产生的发自内心的喜爱。应有之情是为维护集体的利益而不得不对产品产生一种规范性的情感。按照这两个维度可以形成四种品牌关系类型，分别是"家人关系"、"好朋友关系"、"熟人关系"和"合作伙伴关系"。因此，中国消费者与本土品牌所形成的关系中，家人关系距离中国消费者最亲近，而合作伙伴关系最远。

（二）品牌关系的测量

品牌关系是消费者与品牌两者态度之间长期互动而建立起来的一种持久稳固的关系，这种关系能使企业受益。因此，对于企业来说它是一笔巨大而无比珍贵的无形资产。国外学者对品牌关系的维度进行了大量的研究，Aaker（1991）为了对品牌关系进行测量，开发了测量量表和指标，经过研究得出了品牌资产的五个指标。Blackston（1992）认为品牌关系由信任和满意两个元素构成。Morgan 和 Hunt（1994）同样进一步验证了 Blackston 的结论。可以看出，信任和满意在品牌关系当中的重要地位，但是仅以这两个方面来衡量品牌关系还是不够全面。之后国外学者又进行了深入的研究。其中，Fournier（1998）提出更加全面并普遍使用的六因素模型。

然而，中西方文化存在较大的差异，西方崇尚个人主义，重视私我，一切以满足自我利益为核心，而中国是典型的集体主义社会，重视团体，在私我和公我发生冲突时，可以放弃私我，优先考虑集体利益。注意到中西方文化的不同点所在，国内学者结合中国本土的文化特征对品牌关系进行了深入的研究。周志民（2004）依据人际关系结构理论和品牌主体要素理论，通过实证研究的方法得出了广义品牌关系结构模型，包括五个维度，承诺/相关度、归属/关注度、熟悉/了解度、信任/尊重度、联想/再认度。该模型提供了测量广义品牌关系的标准，有利于企业管理自己的品牌关系情况。何佳讯（2006）以中国文化为视角，提出了有本土特色的品牌关系概念模型，并进一步通过实证研究得出由社会价值表达、信任、相互依赖、承诺、真有与应有之情、自我概念联结这六个方面形成的测量量表。由此可见，品牌关系在中西方文化背景下存在较大的差异。在本章中，品牌关系的测量将借鉴国内外的相关研究，并进行适当调整以形成适合本研究的量表。

## 六、社会比较

### （一）社会比较的定义

社会比较是日常生活的基本心理过程。基于对他人的观察，人们使用比较作为判断自己和他人的信息标准。社会比较往往出现在成就、人际关系和健康领域，通过与他人进行比较减少了关于成就、观点、价值观和问题的主观不确定性（Lee，2014）。最初由 Festinger（1954）开发的社会比较理论认为，人类有评价自己能力和观点的需要，而社会上往往不具备客观的评价标准，这时人们会以其他人的能力或观点作为参照来评价自身。该理论假定比较人的相似性构成了从社会比较中得到的信息价值的重要标准。（Bierhoff and Frey，2011；Goethals and Darley，1977；Mussweiler and Strack，2000）。Schachter（1959）在 Festinger 的基础上对社会比较的维度了进行延伸，他认为不仅仅是个人的能力和看法，个人的情绪也可以进行社会比较。此外，也有学者对社会比较的原因和初衷进行了研究。根据归因理论，Goethal 和 Darley（1977）认为人们为了获得社会对自己的客观评价，往往会将自己与他人进行自发的比较。在以往学者研究的基础之上，Gilbert（1995）对社会比较进行了总结，他认为社会比较是人们为了得到自我提升的方向，自觉自发地将自己的情况和现状与具有可比性的他人进行对比的过程。这一过程具有普遍性和自发性的特点，是一种非常广泛而常见的社会现象。此外，Collins（1996）认为社会比较影响自我评价，并且可能与积极或消极情绪有关。

国外学者对社会比较进行了广泛研究，取得了开创性的研究成果。当然我国学者也对社会比较的过程和价值进行了探索。邢淑芬和俞国良（2005）认为不仅人的能力和观点能够进行社会比较，人的身体情况等也能够进行比较，他们拓展了社会比较的内容。此外，他们还发现社会比较可以从认知、情绪等方面进行考虑，社会比较这一现象对于人类社会的进化和发展具有重要的现实意义。总而言之，社会比较是我们生活的重要组成部分，我们无时无刻不在与自身相似的人或物进行比较来进行自我评价。本章界定社会比较是指人们有了解自己能力和水平的需要，当客观标准不存在时，人们往往会与自己相似的人进行比较来进行自我评价。

（二）社会比较的类型

在现实生活中，社会比较普遍存在。人们往往会将自身与其他人进行比较，以期得到社会或他人对自己的承认或者看法。以往学者对社会比较的类别进行了研究，最普遍的划分方法是按照比较方向，分为向上比较和向下比较。向上比较，又称上行比较。向上比较是指与比自己优秀的他人进行比较。Festinger（1954）对向上比较的动机进行了研究，他认为人们向上比较的动机往往出于自我提升从而获得更大的成就和社会地位。向下比较，又称下行比较。向下比较是指个体和表现不如自己的人做比较。Wills（1981）认为向下比较有助于维持信心。个体为了维持自我优于他人的观点，经常会去寻求有益的社会比较信息。Buunk（2001）发现人们的人生经历也会对比较方向的选择产生影响，当一个人经历了磨难和痛苦时，为了获得心理安慰往往会选择向下的比较方式。

## 七、品牌评价

品牌评价是指消费者认为品牌在其心目中所占据的位置。品牌评价对企业进一步开展营销实践具有重要的指导意义。以往学者对品牌评价的研究主要集中在品牌评价的测量上。品牌评价的测量主要有一维、二维和五维三个类别（见表4-2）。

表4-2 **品牌评价测量量表**

| 维度 | 学者 | 内　　容 |
|------|------|----------|
| 五维 | Aaker | 品牌忠诚度、领导性、差异化、认知和市场行为 |
| | Dahlen | 品牌态度（品牌综合评价）、品牌信任、理想品牌、品牌购买意愿、品牌选择 |

续表

| 维度 | 学者 | 内　　容 |
|---|---|---|
| 二维 | Osgood | 品牌态度、购买意愿 |
| | Dawar | 品牌态度、品牌信任 |
| | Petroshius & Monroe | 品牌态度、购买意向 |
| | Batra | 品牌态度、购买意向 |
| 一维 | Simonin and Ruth, Lafferty and Goldsmith | 品牌态度（好/坏、喜欢/厌恶以及积极/消极等） |
| | Voss and Gammoh | 品牌态度（实用性和享乐性） |
| | Zhang Shi, Frank R. Kardes | 品牌态度（1＝"非常糟糕"，"极其不满意"，"非常没有吸引力"，"非常不好"，7＝"非常棒"，"极其满意"，"非常有吸引力"，"非常好"） |

一维：部分学者提出使用品牌态度这个唯一标准进行测量（Simonin & Ruth，1998；Lafferty & Goldsmith，1999；Voss & Gammoh，2004；Zhang Shi & Frank R. Kardes，2002）

二维：这些学者都认为品牌评价不单单需要测量品牌态度、还需要测量其他的方面。Osgood（2001），Petroshius（1987）和 Batra（2003）三位学者认为需要测量消费者对品牌的购买意愿，但是，Dawar（2004）认为品牌信任是另一个需要测量的指标。

五维：Aaker（1991）认为可以从品牌忠诚度、领导性、差异化、认知和市场行为这五个方面进行测量。而 Dahlen（2006）提出从品牌态度（品牌综合评价）、品牌信任、理想品牌、品牌购买意愿、品牌选择五个维度进行评价。

综合以往学者的研究，本章采用品牌态度、品牌信任和购买意愿三个维度进行品牌评价，通过对以往学者设计的量表进行适度修改，形成本章测量品牌评价的量表。

# 第三节 研究模型和假设推演

## 一、研究模型

前文对品牌犯错的相关文献进行了回顾和梳理，界定了品牌跨国犯错、消费者耻感、品牌关系和社会比较等本章涉及的核心变量。本节围绕品牌跨国犯错对品牌评价的影响这一核心问题构建本章研究模型（见图4-3）。以品牌跨国犯错为自变量，品牌评价为因变量，消费者耻感为中介变量，并将品牌关系和社会比较作为调节变量，主要研究不同类型的品牌跨国犯错对本土消费者内心感知的作用机制及其对品牌评价的影响。

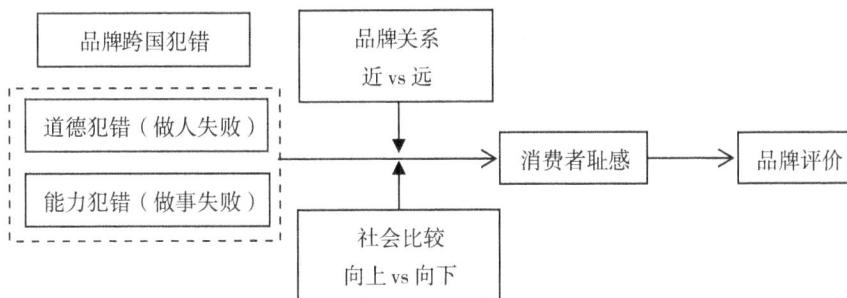

图 4-3 研究模型

"智者千虑，必有一失"、"人非圣贤，孰能无过"，这些俗语说明人都会犯错误。那么，将品牌比作人时，品牌也会犯错误。企业品牌跨国犯错可能是由于道德缺失。例如：公司使用血汗工厂来增加利润。企业品牌跨国犯错也可能与生产制造产品的能力有关。例如：一家公司在国外市场销售的产品中可能使用便宜的原材料导致品牌失败。这两种不同的犯错分别称为品牌跨国道德犯错与品牌跨国能力犯错。以往研究表明，道德犯错和能力犯错以不同方式影响消费者的反应（Brown &

Dacin，1997）。

根据面子理论，当品牌跨国道德犯错（做人失败）或能力犯错（做事失败）时，消费者会感到中国的国家形象受到影响，从而感到面子受到威胁，进而产生耻感。根据认知协调理论，消费者的心理影响消费者的行为。因此，当消费者产生耻感时，会影响其对品牌的评价。

品牌跨国道德犯错是品牌在国外市场上因为违背了道德或社会伦理标准而犯下的错误，是品牌做人失败。在本土人际关系理论的基础上，消费者和品牌之间的关系由近到远有家人关系、好朋友关系、熟人关系、合作伙伴关系四种类型（何佳讯，2007）。本章认为品牌关系类似于费孝通（1985）提出的差序格局理论，以"品牌"为中心，品牌和消费者所组成的社会关系像水波纹一样，一圈圈推出去，愈推愈远。显然，品牌关系远近不同会导致消费者对品牌跨国道德犯错的评价产生差异。品牌关系能够调节消费者耻感的程度。

品牌跨国能力犯错是指中国品牌在国外市场上因能力有限而犯下的错误，是品牌做事失败。社会比较是指将个人的能力与他人进行比较，可以进行向上（比自己能力强）或向下（比自己能力弱）比较。因此，社会比较调节品牌跨国能力犯错对消费者耻感的影响。与向下比较相比，当对犯错品牌进行向上比较（发达国家市场同类未犯错品牌）时，消费者认为品牌跨国能力犯错是外部原因引起的，因此消费者耻感程度更低（丢面子）；而当品牌向下比较（落后国家市场同类未犯错品牌）时，消费者认为品牌跨国犯错是内部原因引起的，因此消费者耻感更高（丢脸）。

## 二、假设推演

### （一）品牌跨国犯错与消费者耻感

品牌跨国犯错包含道德犯错和能力犯错。本章把品牌拟人化，将品牌想象成一个人，这样才会更容易理解品牌是什么。做人与做事是构成人们日常伦理生活内容的两个基本部分，二者既密切相关又各有侧重（廖申白，2004）。因此，品牌包括做人和做事。彭泗清（1993）认为在中国文化中，衡量做人做事的标准是不同的，衡量做人的标准是看"德"，而衡量做事的标准是看"才"即能力。由此，我们认为品牌跨国道德犯错等同于做人失败，品牌跨国能力犯错等同于做事失败。

在中国社会中人们评价和判断事件的顺序往往是"情—理—法"，处理事情优先考虑是否合情，再考虑是否合乎理法（范忠信，1992；范愉，2003；何友晖，彭泗清和赵志裕，2007）。在中国传统文化中，历来有"王法本乎人情"，人伦情理优于法制精神的思想和观念（王新刚，2010）。在现实生活中，由于历史文化原因以及社会经济基础，人们脑海中已经形成牢不可破的"人治重于法治，人情优于法律"的传统观念。品牌跨国道德犯错是由于本土品牌在外国市场销售的产品违背社会的道德伦理标准而导致的失败，视为违情。品牌跨国能力犯错是指本国品牌在外国市场上销售的产品因质量问题而导致的失败，视为违法。王新刚（2010）认为相比企业违法行为，消费者对企业违情行为的负面评价更高。因此本章认为，与品牌跨国能力犯错相比，品牌跨国道德犯错时，消费者耻感更高。

做人做事是中国人日常生活的两个基本组成部分。经过从古至今的口口相传，人们形成了"先做人后做事"的思考问题和判断事件的方式。《礼记·大学》中提到"修身、齐家、治国、平天下"，由此可见，中国传统儒家文化认为做人优于做事，只有先做一个好人，才能做好事。因此，做人失败时，消费者的负面心理感知高于做事失败。综合以上，提出如下假设：

H1：与品牌跨国能力犯错（做事失败）相比，品牌跨国道德犯错（做人失败）时，消费者耻感更高。

（二）消费者耻感与品牌评价

消费者耻感是一种基本的情感心理，即个体违背道德或感到个人无能时，基于一定的是非观、善恶观、荣辱观而产生的一种自觉的指向自我的痛苦心理体验（李海，2008）。因此，不管是品牌跨国道德犯错还是品牌跨国能力犯错，都会引起本土消费者负面的心理感知，产生消费者耻感。

根据人际关系学说，人是社会人，个人通常归属于某个紧密整合并与他荣辱与共的群体。他的家庭、朋友群体和上司都会关注他进步与否。因此一个人不只是简单地"丢自己的脸/面子"。例如：公众严重的羞辱和嘲笑必定会影响家庭的声誉。青年男女如果出现绯闻会受到他们家人的严厉斥责，因为"丢了他们的脸/面子"（胡先晋，2006）。因此，一个人在社会上犯了错误不仅会对自己造成影响，同时也会对他归属的群体造成影响，使他们感到难堪，产生耻感。同样，走出国门，走向国际市场的中国品牌，不仅是自身的象征，更代表中华民族的国家形象，代表着中国人的集体荣誉。因此，中国品牌在国外市场上犯了错误，即做人失败（道德犯错）或做事失败（能力犯错），不仅给品牌自身造成负面影响，也会使该品牌归属的群体——中国消费者感到难堪，产生耻感。此外，李海（2008）认为耻感作为一种道德心理或道德情感，使人们的行为在潜移默化之中受到影响。能力犯错和道德犯错都会引发消费者、公众对品牌产生负面情绪和评价（Brian & Jorgensen，1996；Siomkos & Gary，1994；Siomkos & Gary，2012）。根据以上，提出如下假设：

H2：消费者耻感中介于品牌跨国犯错与品牌评价。

（三）品牌关系的调节

Shirley 等（2015）学者研究发现消费者与品牌之间的关系越近，消费者受到的负面影响越小，越能容忍品牌的负面信息，维持原有的品牌态度。但是我们发现现有的研究存在两个局限：其一，对于品牌犯错的考察，仅仅关注了品牌能力犯错，得到的结论是否同样适用于品牌道德犯错，并未进行探讨；其二，其研究范围仅限于单一国家或者文化背景，对于国内品牌在国外犯错这一情境并未进行探讨。因此，该结论并不适用于本研究的情境。

在中国社会结构中，人们非常重视人与人之间的关系。中国式社会关系的经典概括是费孝通的差序格局理论，他认为中国式的社会关系是由个人关系网络构成的，而个人在网络中的地位又是不一样的，是分亲疏、内外、远近、上下的。每个人在自己的关系网络中都处于中心位置，其人际关系如同水面上泛开的涟晕，按与自己距离的远近来划分亲疏（费孝通，1985）。在中国文化背景下，每个人都处于他的社会影响所推出的圈子的中心（于光君，2006）。显然，社会关系远近不同会导致人们对事件或目标物的感知和评价产生差异，即社会关系越近，人们受到网络中心的影响越大；而社会关系越远，人们受到网络中心的影响越小。

消费者与品牌之间的关系类似于人际关系（Fouriner，1995）。当品牌跨国道德犯错（做人失败）时，品牌关系越近，中国消费者对品牌的情感越深厚，品牌的忠诚度越高，该品牌也被寄托了更多的民族希望和责任。在此背景下，消费者认为品牌跨国道德犯错（做人失败）近似于自己犯错，从而品牌跨国道德犯错会对自己的内心感知造成更大的震撼和创伤，消费者耻感更高（丢脸）。而当品牌关系较远时，消费对品牌的情感越淡薄，品牌的忠诚度越低。在此背景下，品牌跨国道德犯错对消费者不会造成太大的触动，从而对消费者心理感知影响较小，消费者耻感更低（丢面子）。

根据中国集体主义社会的文化特征，集体利益高于个人利益。当中国品牌在国外市场上道德犯错时，国外消费者容易将犯错品牌的道德问题从单个犯错品牌层面溢出到整个国家层面。因此，品牌关系远近对本土消费者耻感有显著影响。当中国品牌在国外市场上能力犯错时，国外消费者认为品牌犯错是该品牌自身能力的问题，与中国其他品牌甚至国家形象并没有直接的联系。因此，本土消费者与该犯错品牌的关系并不会对消费者耻感产生显著的影响。综合以上，提出如下假设：

H3a：当品牌跨国道德犯错（做人失败）时，品牌关系越近，消费者耻感越高，进而品牌评价越低。

H3b：当品牌跨国能力犯错（做事失败）时，品牌关系远近对消费者耻感的影响无显著差异。

（四）社会比较的调节

社会比较理论认为人们存在评价自己能力和水平的需要，当缺乏用来评价的客观源时，人们会通过与他人的比较来评价自己（Festinger，

1954）。此外，社会比较过程是自动的、自发的，无需人的主观努力的，同时又是相当普遍的（Gilbert，1995）。显然，人们为了评价自己的能力和水平，会自发地与他人比较来进行判断。因此，我们认为当品牌跨国能力犯错（做事失败）时，例如，产品质量不合格，中国消费者会自动、自发地将犯错品牌与该国市场上同类未犯错品牌进行比较，以获得对本土品牌的评价。

社会比较按照比较的方向可以分为向上比较和向下比较（张玲，2010）。社会比较是对跨国犯错品牌的能力进行比较。根据归因理论，当产品失败时，面对不同的原因，消费者采取的行动是不同的（Folkes，1984）。Jorgensen（1994）的研究认为如果将品牌犯错归因于企业内部可控因素，那么品牌犯错会消极影响消费者的态度和购买意愿。在品牌跨国能力犯错的情况下，向上比较（发达国家同类未犯错品牌）时，消费者认为品牌犯错是外部原因引起的，如中国整个行业科学技术水平落后、质量低下等，因此，品牌犯错发生的概率较大并且是意料之中的事情，本土消费者更容易接受并原谅犯错品牌，从而消费者的耻感越低（丢面子）。然而，当消费者对犯错品牌进行向下比较（落后国家同类未犯错品牌）时，消费者认为品牌犯错是内部原因引起的，如企业自身管理制度漏洞或员工疏忽等，因此该品牌跨国犯错消极影响本土消费者的态度，消费者耻感更高（丢脸）。

品牌跨国道德犯错是因为品牌违背了社会伦理道德，属于主观层面的错误。而社会比较是客观能力层面的比较，因此当品牌跨国道德犯错时，社会比较对消费者的负面感知影响不存在显著的差异。综合以上，提出如下假设：

H4a：当品牌跨国能力犯错（做事失败）时，与向上比较相比，向下比较时消费者耻感更高，进而品牌评价更低。

H4b：当品牌跨国道德犯错（做人失败）时，社会比较对消费者耻感的影响无显著差异。

# 第四节  研究设计及实证检验

## 一、预实验一

### （一）实验目的和过程

分别选择被试最熟悉的快消品和耐用品各一个作为实验一和实验二的刺激物。选取某高校 20 名在校大学生参与实验，其中男生 10 名、女生 10 名，男女比例相同，因此，排除了性别差异对实验结果的影响。参与实验的每一名被试都将获得精美礼品一份。首先，请每名被试说出他们最熟悉的两个产品。其中，耐用品和快消品各一个。根据被试的回答，整理成简表（见表 4-3）：

表 4-3　　　　　　　　关于刺激物的结果汇总

| 编号 | 性别 | 耐用品 | 快消品 | 编号 | 性别 | 耐用品 | 快消品 |
|------|------|--------|--------|------|------|--------|--------|
| 1 | 男 | 手机 | 洗衣液 | 11 | 男 | 汽车 | 牙膏 |
| 2 | 女 | 电脑 | 卫生纸 | 12 | 女 | 汽车 | 牙膏 |
| 3 | 女 | 文具 | 洗发水 | 13 | 男 | 汽车 | 牙膏 |
| 4 | 女 | 汽车 | 饮料 | 14 | 男 | 手机 | 牙膏 |
| 5 | 男 | 手机 | 洗发水 | 15 | 男 | 手机 | 洗发水 |
| 6 | 女 | 汽车 | 饮料 | 16 | 男 | 电视 | 牙刷 |
| 7 | 女 | 手机 | 卫生纸 | 17 | 女 | 手机 | 洗衣液 |
| 8 | 女 | 手机 | 洗衣液 | 18 | 男 | 空调 | 牙膏 |
| 9 | 女 | 手机 | 乳液 | 19 | 女 | 手机 | 牙膏 |
| 10 | 男 | 电脑 | 洗衣粉 | 20 | 男 | 相机 | 洗发水 |

研究者对实验结果进行整理发现：首先，对于耐用品而言，有 9 个

学生选择手机，5个学生选择汽车，2个学生选择电脑，1个学生选择文具，1个学生选择电视，1个学生选择空调，1个学生选择相机。对于快消品而言，有6个学生选择牙膏，4个学生选择洗衣液或洗衣粉，4个学生选择洗发水，2个学生选择卫生纸，2个学生选择饮料，1个学生选择乳液，1个学生选择牙刷。其次，从耐用品和快消品中各选择两个被试选择次数最多的产品，耐用品是手机和汽车，快消品是牙膏和洗衣液。之后，让这20个被试从这4个产品中各选择一个最熟悉的耐用品和快消品。结果发现：所有被试都选择手机作为耐用品，快消品中17个被试选择牙膏，3个被试选择洗衣液。因此，本章选择被试最熟悉的牙膏（快消品）和手机（耐用品）作为实验刺激物。

## 二、预实验二

实现对品牌犯错类型的有效操控，并测试情境材料是否合适。首先，将两种犯错类型——跨国品牌能力犯错和跨国品牌道德犯错的定义告知被试。其次，给出实验设计的本土虚拟牙膏品牌和本土虚拟手机品牌的犯错事件。最后，请被试按照自己的判断将四种犯错事件按照品牌能力犯错，品牌道德犯错，两者兼而有之，两者都不是进行选择。对20名被试的选择结果进行统计，结果发现所有被试都将实验设计的品牌能力犯错事件归为能力犯错，将实验设计的品牌道德犯错事件归为道德犯错。因此，说明实验设计的品牌跨国犯错材料符合定义的要求。

## 三、预实验三

进一步摸索实验条件，更好地控制实验的边界条件，提升实验设计环节的科学性和合理性，保证问卷测项具有较高的信度和效度，方便被试进行理解和回答。选取武汉某高校的40位研究生作为被试，并将他们随机平均分为四组。在实验前告知他们实验完成后将有精美礼品赠送，以激发他们很好地配合实验。与此同时，在实验结束后，向他们征集问卷的情境材料和问项有何不足之处，收集整理被试的观点，依此对实验设计进行修正，使其更加合理有效。检验预实验量表的信度，结果如下：品牌关系（4 个问项，Cronbach's $\alpha = 0.961$）、犯错严重程度（2 个问项，Cronbach's $\alpha = 0.848$）、消费者耻感（4 个问项，Cronbach's $\alpha = 0.934$）、品牌评价（3 个问项，Cronbach's $\alpha = 0.951$）。因此，采用的量表具有较高的信度。

## 四、实验一：品牌关系的调节

### （一）实验目的和设计

本次实验的目的有三个：第一，检验本章的主效应是否成立；第二，检验消费者耻感的中介效应；第三，检验品牌关系的调节效应是否成立。本研究采用 2（品牌跨国犯错类型：道德 vs 能力）×2（品牌关系：近 vs 远）的组间实验设计。参与实验者为武汉某所高校的学生。在前测的基础上，通过操纵品牌跨国犯错类型、品牌关系这两个变量形成 4 种情境。我们将 120 名被试被随机分配到其中的一种情境中进行实验。每人赠送一份精美礼品来刺激被试认真完成实验。

实验由四部分组成。第一部分：提供给被试同一品牌不同类型犯错的情境描述，测量被试感知品牌犯错的严重程度；第二部分，对品牌关系的启动及操控检验，被试阅读一段描述品牌关系的情境材料，阅读之后，验证被试品牌关系启动是否成功；第三部分，再次描述第一部分的犯错情境，测量消费者耻感以及品牌评价；第四部分，主要统计被试的个人信息，包括性别、年龄和受教育程度。

品牌跨国犯错。本研究的自变量品牌跨国犯错，包括能力犯错和道德犯错，为分类变量。本章借鉴汪红艳和王海忠（2014）品牌丑闻的研究，被试分别阅读情境材料"日前，有国外权威媒体报道称，×品牌（中国知名品牌）在国外销售的牙膏中使用了虚假宣传的广告：该品牌宣称使用×牙膏，'只需一天，牙齿真的白了'，实际上，广告中的美白效果是用 PS 软件修出来的。牙科专家认为，牙膏只有清洁牙齿的作用，不能够发挥美白的作用（道德犯错）。""日前，有国外权威媒体报道称，×品牌（中国知名品牌）在国外销售的牙膏中使用了具有健康隐患的成分：该中国品牌的牙膏可能会损害消费者的身体健康，长期使用对人体危害较为严重，并且会导致多种病变。之前已经有媒体报道过同样的问题（能力犯错）。"

消费者耻感。关于消费者耻感的测量，在先前的研究中并未看到相似的量表。本章借鉴汪涛（2011）的消费者面子感知量表以及杜建刚（2007）的面子获得量表进行测量，经过前期的信效度测算一共有 4 个测项来测量消费者耻感。具体如下：这个中国品牌在国外出了这个事件，会不会让你觉得中国人的形象受到了影响？这个中国品牌在国外出了这个事件，会不会让你觉得丢脸？这个中国品牌在国外出了这个事件，会不会让你觉得丢面子？这个中国品牌在国外出了这个事件，会不会让你觉得中国人的威望受到了影响？

品牌关系。关于品牌关系的启动，本研究让被试阅读一段关于品牌关系的描述，然后有 4 个题项测量操控是否成功，操控检验量表均来源于 Crosby（1990）、Morgan 和 Hunt（1994）等人的研究。具体如下：总体来看，我对×品牌感到满意；我认为×品牌是可靠的；我认为×品牌值得信任；买牙膏时，我会优先考虑×品牌。

品牌评价。本研究的因变量为品牌评价。本章借鉴 Dahlen（2006）等的研究，经过前期的信效度测算一共有 3 个测项来测量消费者的品牌评价。具体如下：我认为×品牌是一个好品牌；我信赖×品牌；我愿意使用×品牌。

（二）样本描述性统计

实验一在武汉某高校进行，累计有 130 名学生参与了该实验。剔除量表得分单一和问卷填写不完整的问卷后，有效问卷为 120 份，问卷有效率为 92.3%。各组含有效样本 30 份。实验一对样本背景信息的调查结果见表 4-4：

表 4-4　　　　　　　　　　人口统计变量分析结果

| 人口统计变量 | 类别 | 人数 | 百分比 |
|---|---|---|---|
| 性别 | 男 | 43 | 35.8 |
| | 女 | 77 | 64.2 |
| 年龄 | 25 岁以下 | 107 | 89.2 |
| | 26~35 岁 | 13 | 10.8 |
| 学历 | 大专及以下 | 2 | 1.7 |
| | 本科 | 60 | 50 |
| | 研究生 | 56 | 46.7 |
| | 博士及以上 | 2 | 1.7 |
| 合计 | | 120 | 100 |

从表 4-4 中可以看出：

（1）性别方面。女性被试人数为 77，占比 64.2%；男性被试人数为 43，占比 35.8%。女性被试人数略高于男性。

（2）年龄方面。由于本研究问卷主要在高校发放，样本总体偏年轻化，年龄主要集中在 35 岁以下，其中 25 岁以下的样本数量为 107，占比 89.2%；26~35 岁的样本数量为 13，占比 10.8%。

（3）学历方面。大专及以下学历占比 1.7%，主要学历为本科，样本量为 60，占比 50%，其次为研究生，样本量为 56，占比 46.7%，博士及以上仅为 1.7% 的比例。由此可以看出，本次调研的样本以学生群体为主，学历以大学生和研究生为主。

（三）信效度检验

1. 信度分析

信度分析是指对问卷中量表的内部一致性进行检验。通过梳理文献发现学者们对信度的检验大多采用克朗巴赫系数（Cronbach's $\alpha$）。其取值范围为 [0, 1]，$\alpha$ 的值越趋向于 1，则表明该数据的信度越高。学术界普遍认为只有当量表的信度指标 $\alpha > 0.7$ 时，才可以对数据进行后续的操作分析。本研究各变量的信度评价结果如下：品牌关系的信度是0.968，犯错严重程度的信度为 0.890，消费者耻感的信度为 0.846，品牌评价的信度为 0.944，由此可见，问卷中各量表信度均高于 0.8，数据结果较好。

2. 效度分析

效度分析（validity）是指通过量表所得到的数据结果对真实情况的反映程度。一般地，效度包括内部效度、结构效度等。其中内部效度指的是量表对所需测量的内容是否具有相符性和适当性；结构效度是指量表能否对所需测量的变量进行真实的反映。采用成熟量表，具有较高的内部效度。下面主要对问卷的结构效度进行分析，得到的结果如表4-5 所示。

表 4-5　各变量的因子载荷、组合信度和平均方差变异抽取量（$n = 120$）

| 变量 | 题项 | 因子载荷 | 组合信度 | AVE | 结果判定（AVE>0.5） |
|---|---|---|---|---|---|
| 品牌关系 | Q1 | 0.949 | 0.895 | 0.972 | 收敛效度好 |
| | Q2 | 0.978 | | | |
| | Q3 | 0.970 | | | |
| | Q4 | 0.885 | | | |
| 消费者耻感 | Q7 | 0.633 | 0.585 | 0.848 | 收敛效度好 |
| | Q8 | 0.835 | | | |
| | Q9 | 0.764 | | | |
| | Q10 | 0.811 | | | |
| 品牌评价 | Q11 | 0.915 | 0.854 | 0.946 | 收敛效度好 |
| | Q12 | 0.985 | | | |
| | Q13 | 0.869 | | | |

本研究所使用的量表均来自国内外其他学者开发的成熟量表，因此，采用验证性因子分析来检验各个测项的正确性。所得结果如表 4-5 所示。根据 Tabachnica 和 Fidell（2007）的判断标准：本量表中各个测项的因子载荷除个别偏低外，其他均高于 0.7，表现较好。品牌关系、消费者耻感和品牌评价的聚敛效度分别为 0.972、0.848、0.946，说明本量表的效度也较好。

（四）操控性检验

1. 犯错严重性操控检验

不同类别品牌犯错的严重性程度是本研究的控制变量。在正式实验中，用 2 个测项测量了各组被试对能力犯错和道德犯错的严重性感知。最后对犯错严重性作独立样本 T 检验，结果显示：能力犯错和道德犯错下的犯错严重性得分接近，其中 $M_{能力犯错} = 7.28$，$M_{道德犯错} = 7.75$。$T$ 检验显著性系数 sig. = 0.055>0.05，说明两组的犯错程度得分不存在显著差异。因此判定，犯错严重性操控成功，两种犯错类型对被试的影响程度是一致的。

2. 品牌关系操控检验

判断品牌关系是否操控成功。实验一用 4 个测项来测量操控是否成功。对品牌关系的操控用独立样本 $T$ 检验。结果显示：近关系和远关系的得分有显著差异，其中 $M_{近关系} = 7.35$，$M_{远关系} = 3.60$。$T$ 检验显著性系数 sig. = 0.000 < 0.05，说明两组的得分存在显著差异。因此判定，品牌关系操控成功。

（五）假设检验

1. 品牌跨国犯错对消费者耻感的影响

实验一使用独立样本 $T$ 检验验证能力犯错和道德犯错两种品牌犯错类型对消费者耻感的影响是否存在差异。实验结果显示：能力犯错组的耻感得分 $M_{能力-耻感} = 6.38$，道德犯错组的耻感得分 $M_{道德-耻感} = 6.88$。$T$ 检验显著性系数 sig. = 0.041，小于 0.05，说明两组的耻感存在显著差异。因此，与品牌跨国能力犯错相比，品牌跨国道德犯错时消费者耻感更高。H1 得到验证。

2. 中介效应检验

在以往的研究中，多数学者大都普遍参照 Baron & Kenny（1986）的因果逐步回归分析法即三步回归分析对自己构建的模型的中介作用进行检验。但是，该方法的有效性和科学性在近年来受到很多学者的质疑。因此，基于研究的严谨性和科学性，本章使用 Bootstrap（Preacher& Hayes，2004）进行中介效应检验，并参考 Zhao 等（2010）所进行的中介分析程序。依据 Hayes（2013）给出的中介分析模型对消费者耻感的中介作用进行检验。利用 SPSS 22.0 中的 Bootstrap 程序分别对消费者耻感的中介效应进行检验。依据陈瑞等的 Bootstrap 检验方法，当间接效应区间不包含 0 时，变量具有中介效应；当间接效应区间包含 0 时，变量没有中介效应。其中，当间接效应区间不包含 0 时，若此时直接效应区间包含 0，则该变量起完全中介作用；若此时直接效应区间不包含 0，则该变量起部分中介作用。对消费者耻感进行中介效应检验，数据结果显示，消费者耻感中介于品牌跨国犯错对本土消费者品牌评价的影响（95%CI：Boot LLCI = −0.4119，Boot ULCI = −0.0190，不包含 0）。因此，假设 H2 得到验证，消费者耻感在品牌跨国犯错对本土消费者品牌评价的影响中发挥了中介作用。

3. 调节效应检验

由于实验一的自变量品牌跨国犯错（能力 vs 道德）是分类变量，调节变量品牌关系（近 vs 远）也是分类变量，本实验采用方差分析来验证品牌关系的调节效应。以品牌跨国犯错类型、品牌关系和它们的交互为自变量，验证品牌关系对消费者耻感的调节作用。结果见表 4-6。

表 4-6　　　　　　　　　　　　　方差检验结果

| 来源 | Ⅲ型平方和 | df | 均方 | $F$ | Sig. |
| --- | --- | --- | --- | --- | --- |
| 校正模型 | 26.420[*] | 3 | 9.392 | 8.807 | 0.002 |
| 截距 | 5237.726 | 1 | 5396.855 | 5237.726 | 0.000 |
| 犯错类型 | 7.790 | 1 | 9.492 | 7.790 | 0.031 |

| 来源 | Ⅲ型平方和 | df | 均方 | $F$ | Sig. |
|------|-----------|-----|------|-----|------|
| 品牌关系 | 8.838 | 1 | 14.180 | 8.838 | 0.021 |
| 犯错类型×品牌关系 | 10.241 | 1 | 4.505 | 10.241 | 0.013 |
| 误差 | 186.938 | 115 | 1.054 | | |
| 总计 | 5441.313 | 119 | | | |
| 校正的总计 | 213.358 | 118 | | | |

注：因变量：消费者耻感；※表示 $R^2 = 0.187$（调整的 $R^2 = 0.166$）。

由表4-6可知，对于消费者耻感而言，品牌跨国犯错和品牌关系的主效应分别为 $F_{(1, 120)} = 7.790$，$p = 0.031 < 0.05$ 和 $F_{(1, 120)} = 8.838$，$p = 0.021 < 0.05$，交互效应为 $F_{(1, 120)} = 10.241$，$p = 0.013 < 0.05$。以上结果表明品牌跨国犯错类型与品牌关系的交互作用是显著的。

实验一使用独立样本 $T$ 检验来检验在品牌跨国道德犯错时，品牌关系远近对消费者耻感的影响。检验结果如下：近关系组的耻感得分 $M_{近关系} = 7.408$，远关系组的耻感得分 $M_{远关系} = 6.325$。$T$ 检验显著性系数 sig. $= 0.000 < 0.05$，说明两组耻感存在显著差异。因此，品牌跨国道德犯错时，品牌关系越近，消费者耻感越高，从而 H3a 得证。

进一步使用独立样本 $T$ 检验来检验在品牌跨国能力犯错时，品牌关系远近对消费者耻感的影响。检验结果如下：近关系组的耻感得分 $M_{近关系} = 6.358$，远关系组的耻感得分 $M_{远关系} = 6.400$。$T$ 检验显著性系数 sig. $= 0.911$，大于 0.05，说明两组的耻感不存在显著差异。因此当品牌跨国能力犯错时，品牌关系远近对消费者耻感的影响不存在显著差异。因此，H3b 得证。

（六）讨论

由研究一可知品牌跨国犯错影响消费者耻感，进而影响品牌评价。与品牌跨国能力犯错相比，品牌跨国道德犯错时消费者耻感更高。当品牌跨国道德犯错时，品牌关系越近，消费者耻感越高，进而品牌评价越低。当品牌跨国能力犯错时，品牌关系的远近对消费者耻感的影响无显著差异。因此，假设 H1、H2、H3a、H3b 得到验证。在调节变量方面，由于在国外市场上不仅有中国品牌还有外国当地品牌，如果激发国内消费者关于中国犯错品牌与国外当地未犯错同类品牌的社会比较倾向是否会对消费者耻感产生影响？针对这一问题，研究二将选择社会比较为调节变量，检验社会比较是否能够调节品牌跨国犯错对消费者耻感和品牌评价的影响。实验一材料中所选的刺激物为快消品中的牙膏，由于不同行业的品牌可能对实验结果产生不同的影响。因此，为了排除实验刺激物的影响并扩展本研究的外部效度，实验二的刺激物将选择被试熟悉的耐用消费品手机。

## 五、深度访谈一：品牌关系和耻感

### （一）访谈目的

为了增加样本来源的多样性，增强研究结论的说服力，本章决定选取 16 名社会样本进行线下深度访谈，从质性研究的角度来探究品牌跨国犯错对消费者品牌评价影响的心理机制，以及在品牌关系的调节下，品牌跨国犯错会对消费者耻感产生怎样的影响。研究结论将成为本章实证研究的有力补充。

### （二）访谈过程

首先，为了让被试心无防备地告知自己内心的真实想法，得到更可靠的访谈结果，我们将本次访谈的目的告知被访者。我们给每位被访者都准备了一份精美的礼品，以期获得更好的访谈效果。其次，我们与被访者沟通是否可以对访谈对话进行录音，若被访者不同意则用随身携带的笔记本进行现场记录。再次，我们请被访者阅读访谈材料并进行深入的沟通。访谈着重解决两个问题：第一，消费者的心理机制。访谈问题是"这个中国品牌在外国出了这个事件，您的感受是怎样的"？第二，消费者的品牌评价。访谈问题是"您对该品牌的态度是怎样的"？最后是人口统计变量，包括被访者的年龄、学历等。

（三）访谈记录

对 16 名社会人员进行访谈，对于每一个问题的回答，简要整理如表 4-7 所示。

表 4-7　　　　　关于品牌跨国犯错的访谈结果汇总

| 编号 | 能力犯错×近关系 | 编号 | 能力犯错×远关系 |
|---|---|---|---|
| 1 | 非常严重；损害中国形象，有耻感；考虑选择其他品牌 | 5 | 非常严重；有损中国品牌形象、产生耻感；不会购买该品牌 |
| 2 | 很严重；感觉很丢面子；品牌评价低 | 6 | 比较严重；危害生命安全，很耻辱；耻辱感低；怒其不争 |
| 3 | 严重；影响国家声誉；降低对该品牌的购买意愿 | 7 | 比较严重；有点失望；失望程度低；品牌较差 |
| 4 | 非常严重；感觉有损中国品牌的形象；该品牌不是好品牌 | 8 | 很严重；无所谓，不关心；品牌较差 |
| 编号 | 道德犯错×近关系 | 编号 | 道德犯错×远关系 |
| 9 | 非常严重；使中国人丢脸；程度高；对该品牌够买意愿降低 | 13 | 很严重；有点没面子；程度低；不再购买该品牌 |
| 10 | 非常严重；伤害中国人的感情，在外国人面前感觉羞耻；程度较高；不会再购买该品牌 | 14 | 一般严重；无所谓；程度较低；品牌较差 |
| 11 | 非常严重；使我觉得脸面无光；程度较高；该品牌不是一个好品牌 | 15 | 很严重；影响中国形象和声誉；程度较低；该品牌不可靠 |
| 12 | 很严重；感到丢脸；高感知；该品牌应该马上改正错误 | 16 | 很严重；有点担忧；低感知；品牌比较差 |

（四）访谈结论

经过对访谈结果的整理，得出以下结论：第一，在中国品牌跨国犯错对消费者心理感知的影响中，被试的心理感受主要有"损害中国形象、声誉"、"感到耻辱"、"有点失望"、"感到脸面无光"等。结合耻感的定义，本研究从质性角度验证了中国品牌跨国犯错会让本土消费者产生耻感。第二，中国品牌跨国犯错会使本土消费者产生较低的品牌评价，如"品牌差"、"该品牌不是一个好品牌"、"以后不会再购买该品牌"等。第三，在中国品牌跨国道德犯错的情况下，品牌关系越近消费者耻感越高。然而，在中国品牌跨国能力犯错的情况下，中国消费者耻感不会因为关系远近而有显著的差异。我们推测由于能力犯错是属于客观层面，而消费者品牌关系是属于主观层面，两者不会存在显著的交互效应。但道德犯错和品牌关系都属于主观层面，两者之间匹配，所以交互效应显著。

## 六、实验二：社会比较的调节

### （一）实验目的和设计

本次实验的主要目的在于：第一，将实验一中的快消品牙膏换成耐用品手机，检验本章的主效应是否依然成立；第二，检验消费者耻感的中介效应；第三，检验社会比较的调节效应，即品牌跨国犯错类型（道德犯错 vs 能力犯错）与社会比较（向上比较 vs 向下比较）对消费者耻感的影响。与实验一相比，实验二在品牌跨国犯错类型和社会比较两个变量上的实验设计进行了调整，其他变量的测量与实验一相同。实验二采用2（品牌跨国犯错类型：能力犯错 vs 道德犯错）×2（社会比较：向上比较 vs 向下比较）的组间实验设计。

品牌犯错。实验二的产品由牙膏换为手机，被试分别阅读情境材料"日前，有国外权威媒体报道称，×品牌（中国品牌）在 M 市场（国外市场）销售手机时使用了虚假宣传的广告：该品牌宣称自己使用了一种很昂贵、很高端的钢材，因此手机价格逼近万元。实际上这种钢材非常普遍，日常使用的勺子、叉子、菜刀都是使用的这种材料（道德犯错）。""日前，有国外权威媒体报道称，×品牌（中国品牌）在 M

市场（国外市场）销售的手机中使用了具有安全隐患的手机电池：这些在国外市场销售的手机中安装的是存在质量问题的手机电池，这些电池在充电的过程中可能会引发相关的事故，危及消费者的生命和财产安全。有若干消费者的该品牌手机电池发生了此类事故（能力犯错）。"

消费者耻感。消费者耻感的测量方法和量表同实验一。社会比较。本研究的调节变量为社会比较，包括向上比较和向下比较。关于社会比较的启动，本章借鉴 Lisa 和 Shelley（1993）的研究，让被试阅读向上和向下比较的两段材料，以激发被试的比较倾向。品牌评价。品牌评价的测量方法和量表同实验一。

（二）样本描述性统计

正式实验在武汉某高校进行，累计有 145 名学生参与了该实验。剔除量表得分单一和填写不完整的问卷后，有效问卷为 120 份，问卷有效率为 82.7%。各组含有效样本 30 份，达到了数据分析对样本数的要求。实验一对样本背景信息的调查结果如表 4-8 所示。本次调研的样本以学生群体为主，学历以大学生和研究生为主。

表 4-8　　　　　　　　　　　人口统计变量分析结果

| 人口统计变量 | 类别 | 人数 | 百分比 |
|---|---|---|---|
| 性别 | 男 | 61 | 50.8 |
| | 女 | 59 | 49.2 |
| 年龄 | 25 岁以下 | 105 | 87.5 |
| | 26~35 岁 | 15 | 12.5 |
| 学历 | 大专及以下 | 0 | 0 |
| | 本科 | 40 | 33.3 |
| | 研究生 | 77 | 64.2 |
| | 博士及以上 | 3 | 2.5 |
| 合计 | | 120 | 100 |

从表 4-8 可以看出：

（1）性别方面。男性样本数量为 61，占比 50.8%；女性样本数量为 59，占比 49.2%。男女样本数量大致相当。

（2）年龄方面。由于本研究问卷主要在高校发放，样本总体偏年轻化，年龄主要集中在 35 岁以下，其中 25 岁以下的样本数量为 105，占比 87.5%；26~35 岁的样本数量为 15，占比 12.5%。

（3）学历方面。主要学历为研究生，样本量为 77，占比 64.2%，其次为本科生，样本量为 40，占比 33.3%，博士及以上仅为 2.5%。

（三）操控性检验

1. 犯错严重性操控检验

不同类别犯错的严重性程度是本章研究的控制变量。在正式实验中，用两个测项来测量各组被试对能力犯错和道德犯错的严重性感知。最后对犯错严重性作独立样本 $T$ 检验，结果显示：能力犯错和道德犯错的犯错严重性得分接近，其中 $M_{能力犯错} = 8.34$，$M_{道德犯错} = 8.05$。$T$ 检验显著性系数 sig. $= 0.053 > 0.05$，说明两组的犯错严重程度得分不存在显著差异。因此判定，犯错严重性操控成功，两种犯错类型对被试的影响程度是一样的。

2. 社会比较操控检验

判断社会比较是否操控成功。实验二用一个测项来测量操控是否成功。采用独立样本 $T$ 检验对社会比较进行操控。结果显示：向上比较和向下比较的得分有显著差异，其中 $M_{向上比较} = 3.48$，$M_{向下比较} = 7.03$。$T$ 检验显著性系数 sig. $= 0.000 < 0.05$，说明两组的得分存在显著差异。因此判定，社会比较操控成功。

（四）假设检验

1. 品牌跨国犯错对消费者耻感的影响

实验二使用独立样本 $T$ 检验验证两种品牌跨国犯错类型对消费者耻感的影响，实验结果显示：能力犯错组的耻感得分 $M_{能力} = 6.43$，道德犯错组的耻感得分 $M_{远关系} = 6.98$。$T$ 检验显著性系数 sig. $= 0.006 <$ 0.05，说明两组的耻感存在显著差异。因此与品牌能力犯错相比，品牌跨国道德犯错时消费者耻感更高。H1 得到验证。

2. 中介效应检验

实验二同样使用 Preacher 和 Hayes（2004）提出的 Bootstrap 方法对消费者耻感进行中介效应的检验。检验结果显示：消费者耻感中介于品牌跨国犯错对本土消费者品牌评价的影响（95%CI：Boot LLCI $= -0.3342$，Boot ULCI $= 0.6150$，不包含 0）。因此，假设 H2 得到验证，消费者耻感在品牌跨国犯错对本土消费者品牌评价的影响中发挥了中介作用。

3. 调节效应检验

由于实验二的自变量品牌跨国犯错（道德犯错 vs 能力犯错）是分类变量，调节变量社会比较（向上比较 vs 向下比较）也是分类变量，本实验采用方差分析来验证社会比较的调节效应。以品牌跨国犯错类型、社会比较和它们的交互为自变量，验证社会比较对消费者耻感的调节作用。结果见表4-9。

表4-9　　　　　　　　　　　　方差检验结果

| 来源 | III 型平方和 | df | 均方 | F | Sig. |
|---|---|---|---|---|---|
| 校正模型 | 28.177※ | 3 | 9.392 | 8.910 | 0.000 |
| 截距 | 5396.855 | 1 | 5396.855 | 5119.633 | 0.000 |
| 犯错类型 | 9.492 | 1 | 9.492 | 9.005 | 0.003 |
| 社会比较 | 14.180 | 1 | 14.180 | 13.451 | 0.000 |
| 犯错类型×社会比较 | 4.505 | 1 | 4.505 | 4.273 | 0.041 |
| 误差 | 122.281 | 116 | 1.054 | | |
| 总计 | 5547.313 | 120 | | | |
| 校正的总计 | 150.458 | 119 | | | |

注：因变量：消费者耻感，※表示 $R^2 = 0.187$（调整的 $R^2 = 0.166$）。

由此可见，对于消费者耻感而言，品牌犯错类型和社会比较的主效应分别为 $F(1, 120) = 9.005$，$p = 0.003 < 0.05$ 和 $F(1, 120) = 13.451$，$p = 0.000 < 0.05$，交互效应为 $F(1, 120) = 4.273$，$p = 0.041 < 0.05$。以上结果表明品牌跨国犯错类型与社会比较的交互作用是显著的。

实验二使用独立样本 $T$ 检验验证在品牌跨国能力犯错时，社会比较对消费者耻感是否有显著的影响。检验结果显示：向上比较组的耻感得分 $M_{向上} = 6.450$，向下比较组的耻感得分 $M_{向下} = 7.525$。$T$ 检验显著性系数 sig. $= 0.000$，远小于 0.05，说明两组的耻感存在显著差异。因此当品牌跨国能力犯错时，与向上比较相比，向下比较使消费者耻感更高。H4a 得证。

进一步检验在品牌跨国道德犯错时，社会比较不同对消费者耻感的影响。检验结果显示：向上比较组的耻感得分 $M_{向上} = 6.275$，向下比较组的耻感得分 $M_{向下} = 6.575$。$T$ 检验显著性系数 sig. $= 0.328$，远大于 0.05，说明两组的耻感不存在显著差异。因此，当品牌跨国道德犯错时，向上比较和向下比较对消费者耻感的影响不存在显著的差异。H4b 得证。

（五）讨论

实验二基本延续了实验一的设计思路，并在实验一的基础上，将实验刺激物改成被试熟悉的耐用品手机，将品牌关系改为社会比较。实验二的上述实证分析结果验证了品牌跨国犯错对品牌评价的影响以及社会比较的调节效应。具体而言，当中国品牌在国外市场能力犯错时，与向上比较（发达国家同类品牌）相比，向下比较（落后国家同类品牌）时，消费者耻感更高，从而品牌评价更低。然而，当中国品牌在国外市场道德犯错时，社会比较对消费者耻感的影响无显著差异。

## 七、深度访谈二：社会比较与耻感

（一）访谈目的和过程

访谈二与访谈一的区别主要在于：从质性研究的角度验证，在社会比较的调节下，品牌跨国犯错会对消费者耻感产生怎样的影响。研究结论将成为实验二的结论的有力补充。访谈过程与深度访谈一相同。

（二）访谈记录

对 16 名社会人员进行访谈，对于每一个问题的回答，简要整理成表 4-10。

表 4-10　　　　　关于品牌跨国犯错的访谈结果汇总

| 编号 | 能力犯错×向下比较 | 编号 | 能力犯错×向上比较 |
|---|---|---|---|
| 1 | 非常严重；使中国人丢脸；程度高；考虑选择其他品牌 | 5 | 非常严重；有损中国品牌形象；程度低；考虑购买其他品牌 |
| 2 | 很严重；非常丢脸；程度高；该品牌非常差 | 6 | 比较严重；有点失望；程度低；购买意愿降低 |
| 3 | 严重；该品牌使我脸面全无；程度高；不会再购买该品牌 | 7 | 有点严重；有点丢面子；程度低；不会购买该品牌 |
| 4 | 很严重；损害中国国家形象；程度高；品牌评价非常差 | 8 | 很严重；损害中国人在世界上的地位；程度低；不信任该品牌 |
| 编号 | 道德犯错×向下比较 | 编号 | 道德犯错×向上比较 |
| 9 | 非常严重；损害中国品牌形象；购买意愿降低 | 13 | 很严重；有点可惜；不太喜欢该品牌 |
| 10 | 非常严重；在外国人面前感觉丢人；不会向其他人推荐该品牌 | 14 | 很严重；我感到在国外丢脸；不再购买该品牌 |
| 11 | 严重；有损中国形象；该品牌非常差 | 15 | 很严重；影响中国品牌在国外的声誉；该品牌不是一个好品牌 |
| 12 | 很严重；损害中国的国际地位；该品牌不值得信赖 | 16 | 很严重；我感到很痛心；该品牌很差 |

（三）访谈结论

整理访谈结果，得出以下结论：第一，中国品牌跨国犯错对消费者心理感知的影响中，被试的心理感受主要有"损害中国形象、声誉、地位"、"感到痛心"、"感到丢脸、丢面子"等。结合耻感的定义，本研究从质性角度验证了中国品牌跨国犯错会让本土消费者产生耻感。第二，中国品牌跨国犯错会使本土消费者产生较差的品牌评价，如"品牌差"、"该品牌不是一个好品牌"、"以后不会再购买该品牌"、"该品牌不可靠、不值得信任"等。第三，在中国品牌跨国道德犯错的情况下，本土消费者耻感不会因为社会比较而产生显著的差异，然而，在中国品牌跨国能力犯错的情况下，向下比较会使本土消费者的耻感高于向上比较。我们推测由于道德犯错是属于主观层面，而社会比较是属于客观层面，两者不会存在显著的交互效应。然而，能力犯错和社会比较都属于客观层面，两者之间匹配，所以交互效应显著。

# 第五节　结论与展望

## 一、研究结论

以往的研究中大部分只关注品牌在单一国家领域犯错所产生的影响，然而，随着中国科学技术的发展以及经济实力的增强，中国品牌已经走出国门走向世界。因此，本章主要研究中国本土品牌在国外市场犯错对国内消费者心理感知及行为的影响。此外，本章创新性地以中国本土文化为视角，研究品牌跨国犯错影响消费者心理和行为的中介机制——消费者耻感。本研究采用实验法和深度访谈的方法，通过问卷形式收集数据，利用SPSS 22.0软件对收集的数据进行分析，得到以下结论：

第一，品牌跨国犯错包含能力犯错和道德犯错，都会对消费者耻感产生影响，进而影响消费者对品牌的评价。道德犯错是指品牌或者企业在商业运作当中违反了社会上公认的伦理道德或者公司的相关宗旨而犯下的错误。能力犯错指的是企业因生产产品或者提供服务的能力有限而犯下的错误。

第二，与品牌跨国能力犯错相比，品牌跨国道德犯错时消费者耻感更高。能力犯错和道德犯错会对消费者耻感产生不同的影响。能力犯错是客观层面的错误，道德犯错是主观层面的错误。根据中国"情—理—法"的传统评价标准，主观层面的错误比客观层面的错误更加不可饶恕，对消费者耻感影响更大。

第三，在品牌跨国道德犯错时，品牌关系越近消费者耻感越高，进而品牌评价越低。跨国能力犯错时，消费者耻感不会受关系远近的影响。有学者发现，与远关系相比，近关系时，消费者对负面信息的容忍度越高，越会维持原有的品牌评价。但是，这只是基于中国品牌在国内市场发生能力犯错的情境。品牌关系远近是消费者与品牌主观层面的情感联系，道德犯错是品牌主观人为犯下的错误，因此，两者匹配，在品牌关系远近发生变化时会影响消费者耻感。而能力犯错是品牌客观层面的错误，与品牌关系不属于一个层面，因此，品牌关系远近不会对消费者耻感产生显著影响。

第四，在品牌跨国能力犯错时，与向上比较相比，向下比较时消费者耻感更高，进而品牌评价更低。在品牌跨国道德犯错时，社会比较对消费者耻感的影响无显著差异。社会比较理论认为，当直接、客观的标准不存在时，品牌会自动与其他品牌进行比较来判断自己的能力和水平。因此，当品牌跨国能力犯错时，消费者会自发启动比较倾向，从而对消费者耻感产生不同的影响。

## 二、理论贡献

本章在国内外学者对品牌负面信息研究的基础上，结合中国本土文化，将消费者耻感引入营销领域，探讨品牌跨国犯错对品牌评价的影响机制及品牌关系和社会比较的调节作用。本研究的理论贡献主要有以下几点：

首先，以往学者对于品牌犯错的研究，大多数是基于单一国家领域品牌犯错对消费者福利的影响，鲜有学者研究中国本土品牌跨国犯错对品牌来源国——中国消费者的影响。因此，本章从一个新的视角研究中国本土品牌在国外市场犯错后对非犯错发生地消费者福利的影响，即对中国本土消费者心理感知以及对犯错品牌评价的影响。研究结论拓展了以往学者在品牌犯错领域的相关研究。

其次，消费者耻感是中国东方文化的特色，是一个社会心理学的概念，现有研究主要集中于心理学、精神病学、文化等领域，很少有学者将其引入营销领域。本研究将消费者耻感引入品牌跨国犯错的研究当中，探讨中国品牌跨国犯错对本土消费者品牌评价影响中消费者耻感的中介作用。这一研究结论将丰富品牌犯错相关的研究。

最后，本章探讨了品牌跨国犯错影响品牌评价的边界条件，检验了品牌关系和社会比较的调节作用。其中品牌关系是主观层面，与品牌跨国道德犯错相匹配，社会比较是客观层面，与品牌跨国能力犯错相匹配，进而对消费者耻感产生影响，从而进一步影响品牌评价。本章的研究结论深化了营销领域的研究。

## 三、管理启示

品牌跨国犯错对本土消费者的影响被以往的研究者所忽略。本章立足于中国本土文化，根据具体情境恰当地使用边界条件干预消费者耻感，进而影响品牌评价。本章的核心思想是通过消费者耻感的研究视角启发走出国门的中国品牌在国际市场上减少和避免品牌犯错，从而维护品牌形象以及中国消费者的脸面。本章以中国本土文化为基础，研究品牌跨国犯错对本土品牌评价的影响，以及这种行为产生的原因和边界条件。具体而言，本章基于前文的实证研究结果，有以下几个方面的管理借鉴意义：

第一，品牌跨国犯错会对品牌评价产生影响。因此，中国品牌在走出国门开拓国外市场时，应该减少甚至避免品牌犯错事件的发生，以减少对品牌的负面评价。随着中国经济的腾飞以及科学技术的进步，阿里、联想、华为、格力、小米等中国品牌已经进入国际市场。然而，中国品牌在世界上的形象一直是质次价低，为了打破这一刻板印象，塑造更好的品牌形象，中国品牌本身就应该处处小心，谨防差错。如果中国品牌在国际市场上发生负面事件，不仅降低了消费者的品牌评价，而且损害了中国品牌在世界上的形象。

第二，重视文化因素在企业品牌管理中的作用。中国文化在世界上是一种特殊的文化。文化背景不同会对同样的研究产生不同的影响。西方学者基于西方文化的特色对品牌跨国犯错的影响做了大量研究。但是，中国文化具有其特殊性。我们发现中国本土的文化元素——消费者耻感在品牌跨国犯错的影响中起中介作用。因此，中国企业在国外市场经营过程当中，不仅要重视国外文化的特殊性，也要重视中国特有的文化要素对企业、品牌以及国内外消费者的影响。

第三，由于品牌关系远近不同，消费者在面对品牌跨国道德犯错时，产生的耻感程度不同。品牌关系是消费者和品牌之间的关系。对于品牌跨国道德犯错来说，品牌关系越近，中国消费者越难以容忍犯错事件，消费者耻感程度越高。品牌关系是长期以来逐步建立起来的消费者和品牌之间的稳定关系，是不可以操纵的。因此，中国品牌应该有风险规避意识，减少甚至避免中国品牌在国外市场的犯错行为，维护好中国品牌及中国消费者在国外的脸面，从而增强民族自信心和自豪感。

第四，社会比较的类型不同，消费者在面对品牌跨国能力犯错时，产生的耻感程度不同。中国品牌在发达国家市场发生品牌丑闻时，与发达国家的同类品牌（未犯错）相比，中国消费者认为品牌犯错在情理上是可以原谅的，在事件的发生概率上认为是可以接受的，因此，中国品牌在发达国家市场犯错，品牌来源国——中国消费者会自觉向上比较，从而愧疚感、耻感较低，对品牌评价影响较小。此外，当中国品牌在落后国家市场发生危机事件时，与落后国家同类品牌（未犯错）相比，即向下比较，国内消费者会认为品牌犯错事件不应该发生，是不可原谅的，总之，消费者耻感更高，品牌评价更差。总之，中国品牌在国外市场销售时，应该尽量避免在经济不发达国家犯错，减少品牌在国外市场犯错对本土消费者耻感的重大影响。

# 第六节 研究局限和未来展望

## 一、研究局限

本章通过实验法、问卷调查法和深度访谈法，从定量和定性角度探讨了中国品牌在国外市场犯错对本土消费者品牌评价影响的作用机制以及边界条件，构建了完整的研究模型，并得出了一些有意义的结论。但是，由于能力、时间、资源等方面的限制，还有以下不足：

（一）研究内容的局限性

第一，中国本土文化特色，如道德观、法律观等，对中国消费者的心理和感知产生了重大的影响。然而，国外市场的制度环境也可能会对中国消费者的品牌评价产生干扰。本研究并没有对这一影响因素进行验证，这有待进一步研究。

第二，中国本土品牌在国外市场犯错，在实验过程当中难免会激发中国消费者的民族认同感，这对实验结果会产生一定的干扰。

第三，本章验证了品牌跨国犯错和品牌关系以及品牌跨国犯错和社会比较的两两交互效应，由于条件有限，并没有验证品牌跨国犯错、品牌关系、社会比较三者之间的交互效应。

第四，本研究的调节变量除了品牌关系和社会比较之外，可能还存在其他影响消费者心理感知的因素，这有待进一步的研究和完善。

（二）研究样本的局限性

本章采用了实验法和深度访谈法进行研究，实验法主要采用线下随机发放问卷的形式获得数据。两个实验所使用的样本均为大学生群体，年龄主要集中在 18～30 岁，对其他年龄段的群体没有涉及，这表明实验法样本抽样方面存在不足，影响了本研究结论的外部效度。

## 二、未来展望

从消费者耻感视角对所研究的问题进行了解释，得出与中国文化相匹配的结论。但是，品牌跨国犯错还有许多值得探讨的问题和未涉足的领域，未来的研究方向可以从以下几个方面展开：

（一）研究内容的选择

第一，从中国消费者视角探讨品牌跨国犯错对品牌评价的影响。然而，品牌跨国犯错不仅会对消费者产生影响，还会影响品牌所在的企业甚至是国家。因此，未来研究可以从微观层面上升到宏观层面，从企业和国家视角进一步探讨品牌跨国犯错品牌对品牌评价的影响。

第二，只研究了品牌跨国犯错对品牌评价影响的作用机制和边界条件，并未研究企业对品牌跨国犯错负面影响应该采取的应对措施。虽然以往的研究文献中对品牌犯错的应对策略进行了一定的研究，但是都是基于某一品牌在单一市场犯错所进行的研究。因此，未来研究可以进一步探讨品牌跨国犯错的应对策略以及如何降低中国消费者对本土品牌跨国犯错的负面品牌评价。

（二）研究方法的选择

第一，在以往的研究中还没有学者开发消费者耻感的量表，本章借鉴的是面子研究的相关量表，因此，未来可以开发消费者耻感的专门量表。

第二，通过两个实验获得实证数据，并通过深度访谈对研究结论做进一步补充。实验中所采取的刺激物都是虚拟品牌，这对于我们的实验来说存在一定的局限性。未来希望在实验中使用现实中存在的品牌对研究结论作进一步验证，使得研究结果具有较高的外部效度和可信性。

# 第五章　产品召回双重标准
## 对品牌评价的影响

本章围绕产品召回双重标准对品牌评价的影响展开研究，通过两个预实验、三个正式实验验证本章的假设，最终得到如下结论：与一视同仁相比，当企业采取区别对待的召回方式时，会带来更加负面的品牌评价。感知公平中介于产品召回方式与品牌评价。与发达国家相比，当参照对象是发展中国家时，区别对待召回方式比一视同仁召回方式让消费者感知更加不公平，进而影响品牌评价；与解释相比，当企业沉默时，区别对待召回方式比一视同仁召回方式让消费者感知更加不公平，进而影响品牌评价。

## 第一节　绪　　论

### 一、问题的提出

营销中的产品伤害危机事件是指偶尔出现并被广泛宣传的关于某产品是有缺陷的或是对消费者有危险的事件（Siomkos & Kurzbard，1994）。然而近年来，产品伤害危机事件却频频发生，如丰田"断轴门"、通用"点火开关门"等。当产品伤害危机发生时，危机品牌必须采取正确的补救措施防止缺陷产品对消费者产生进一步的伤害。通常企业会采取产品召回的方式，把缺陷产品从所有分销渠道、终端消费者手中回收，以减弱产品伤害危机给企业及消费者带来的损失。

产品召回方式在国内外已有大量的研究，但是学者们的研究大多立足于同一市场，研究企业在某一市场发生产品伤害危机之后的响应策略。然而随着全球化的发展，跨国企业往往在多个市场上同时发生产品伤害危机，因此营销实践中出现了新的问题：企业在多个市场发生产品伤害危机后究竟如何应对？

**事例一：**

2016 年，宜家集团因家具安全风险问题陷入"召回门"。先是在当地时间 6 月底宣布召回北美地区的"夺命抽屉柜"马尔姆抽屉柜，却明确表示不会召回中国同款产品，因为该产品符合中国家具质量标准，所以不予召回。①

**事例二：**

2016 年，三星手机 Galaxy Note7 因电池设计缺陷问题在全球发生多起爆炸、着火事件，引发三星电子对 250 万部手机的召回，如此召回规模在三星电子历史上尚属首次。一场包括美国、韩国等10 个在售国家以及中国港澳台地区的全球大召回，唯独中国大陆地区不在其列。②

从宜家夺命衣柜，到三星手机爆炸，不难看出这些外资企业在对产品进行召回时都采用了双重标准，即全球召回中国或中国大陆除外。从企业角度来看，当召回产品总价值或召回成本很高时，企业不太愿意采取全面的补救方式（Liu, Liu, & Luo, 2016），因而更有可能选择区别对待不同国家的消费者。但是从消费者的角度来看，产品伤害危机发生时消费者更希望企业采取真诚、积极、全面的补救措施来弥补伤害。因此，我们不禁要问，企业究竟如何在补救成本和消费者伤害之间进行取

① http：//jiaju. sina. com. cn/news/20160706/61562656528 40891313. shtml.
② http：//www. eeo. com. cn/2016/ 0904/291664. shtml.

舍？即究竟是一视同仁召回好还是区别对待召回好？另外，过去对产品召回的研究表明，产品召回既是对产品隐患的公开和补救，同时意味着企业对过失的坦诚与纠正（Chen，Ganesan & Liu，2009；Coombs & Holladay，2002）。这就意味着产品召回会产生双重效果：一方面企业积极进行产品召回，树立了企业负责任的形象，带来"好"的效果，另一方面产品召回意味着企业承认产品存在缺陷，增加了消费者的感知风险，带来"坏"的影响。那么当企业采取双重标准进行产品召回时，会产生什么样的结果呢？企业与消费者进行信息沟通，对召回标准进行解释说明是不是企业在欲盖弥彰，反而越描越黑？因此，本章将基于中国消费者对外资品牌在中国市场和他国市场采用双重召回标准的感知视角，研究以下几个问题：①企业使用双重标准如何影响中国消费者品牌评价？②其作用机制是什么？③边界条件是什么？

## 二、研究意义

（一）理论价值

（1）从自变量角度来讲，站在多国视角重新划分产品召回方式。过去学者主要把产品召回作为产品伤害危机的一种响应方式来进行研究，如主动响应、坚决否认和没有明确回应（Dawar & Pillutla，2000）。产品召回就是主动响应中的一种方式，只有少数学者从更深的层面单独研究产品召回方式对消费者的影响。但这些研究主要立足于同一市场，研究企业在一个市场上发生产品伤害危机之后采取的召回策略。对产品召回的划分主要有 Siomkos，Kurzbard（1994）的拒绝、强制召回、主动召回、积极承担，Chen，Ganesan 和 Liu（2009）的积极召回和消极召回等。而鲜有学者从不同市场的视角入手，研究企业在多国市场发生产品伤害危机时采取的召回策略。本研究将站在多国市场的视角，把产品召回方式划分为区别对待和一视同仁，为企业召回方式选择提供依据，从而丰富产品召回相关理论。

（2）从中介变量角度来讲，创新性地在产品召回领域研究感知公平的中介作用。公平理论作为服务补救的理论基础已得到学术界的广泛认可（Sparks & Kennedy，1998；Smith et al.，1999），顾客一般是通过感知公平来评价服务补救过程的（Mattila & Cranage，2005；Sparks & McColl-Kennedy，2001）。实际上产品召回也是企业对产品服务失败的一种补救，而少有学者从该视角，探索感知公平在产品召回过程中对消费者的影响。因此本研究丰富了公平理论的应用范围。

（3）从调节变量的角度来讲，本章选取参照对象和信息沟通作为调节变量，从主观和客观角度探讨不同召回方式对感知公平的影响，进而研究其对消费者品牌评价的影响。本研究将为企业进行产品召回时是否需要进行信息沟通提出建议。本章构建完整的研究模型，对以往有关品牌评价的研究进行丰富和发展。

（二）实践意义

（1）对消费者而言，消费者是产品伤害危机事件的受害者。企业的不同召回方式将在不同程度上影响消费者品牌评价。尤其是像三星、宜家这些行业中的强势品牌，它们的不同召回方式以及相应的沟通措施将给消费者心理带来巨大的影响。因此本研究站在中国消费者的感知视角，探索外资企业不同召回方式对中国消费者心理的影响，将为企业进行召回策略选择时提供参考依据。

（2）对企业而言，品牌是企业的无形资产。品牌可以给产品带来溢价和增值。企业致力于创建强大的品牌，以保证产品的差异化及获得长期的竞争优势（Aaker，1991；Keller，1993）。然而，近年来，随着产品技术的复杂和消费者维权意识的增强，产品召回事件呈频发倾向。产品召回不仅给企业带来了沉重的召回成本，损害了企业的品牌资产，也给消费者造成了伤害。而有效的产品召回管理不仅能使企业避免不必要的产品缺陷的发生，也能够减少企业经营风险，挽回企业形象和消费者信任。因此本研究将为企业在产品召回时成本和消费者伤害之间的考量提供参考依据。

（3）对社会而言，有效的产品伤害危机应对方式将有利于减轻公众的感知风险。产品伤害危机事件发生时，企业会受到公众的密切关注，无论是媒体、消费者还是潜在消费者，都迫切想要知道事实真相，期待企业给出最恰当的解决办法。企业的产品召回方式直接影响社会舆论和社会稳定。因此本研究能够为企业提供有参考意义的召回方式及信息沟通方式，从社会层面稳定公众情绪，疏解社会舆论。

## 三、研究内容及框架

### （一）研究内容

本章从中国消费者感知视角，研究产品召回方式对企业品牌评价的影响，研究其心理过程和作用机制以及调节因素。主要包括以下五个部分：

第一节：绪论：这一部分主要介绍了本章问题的提出、研究意义、本章的研究内容框架以及所采用的研究方法。

第二节：文献综述。这一部分在对产品召回、感知公平、参照对象、信息沟通、品牌评价相关文献进行回顾的基础上，梳理了产品召回、感知公平、参照对象和信息沟通的研究成果，并总结了关键变量的测量方法。

第三节：研究模型和假设推演。在文献回顾的基础上，构建本章的研究模型。本章的自变量为产品召回策略，包括区别对待和一视同仁，中介变量为感知公平，因变量为品牌评价，调节变量为参照对象（优于 vs 次于）和企业信息沟通（解释 vs 沉默）。在对这些变量进一步进行明确界定后，基于现有研究对本章的假设进行推理论证。

第四节：研究设计及实证检验。借鉴前人的研究成果，详细阐述实验设计。模型中的各个变量都能够借鉴前人研究成果，变量的操作化测量都有成熟的量表可以借鉴。本章基于 SPSS23.0 软件对实验中收集的数据进行分析，包括数据的描述性统计分析、数据的信度效度分析、数据的方差分析等分析方式。

第五节：结论及未来展望。基于数据分析结果，这一部分总结了本章的研究结论并提出了相应的管理借鉴。同时，这一部分也详细阐述了本研究存在的局限以及未来可能的研究方向。

（二）研究框架

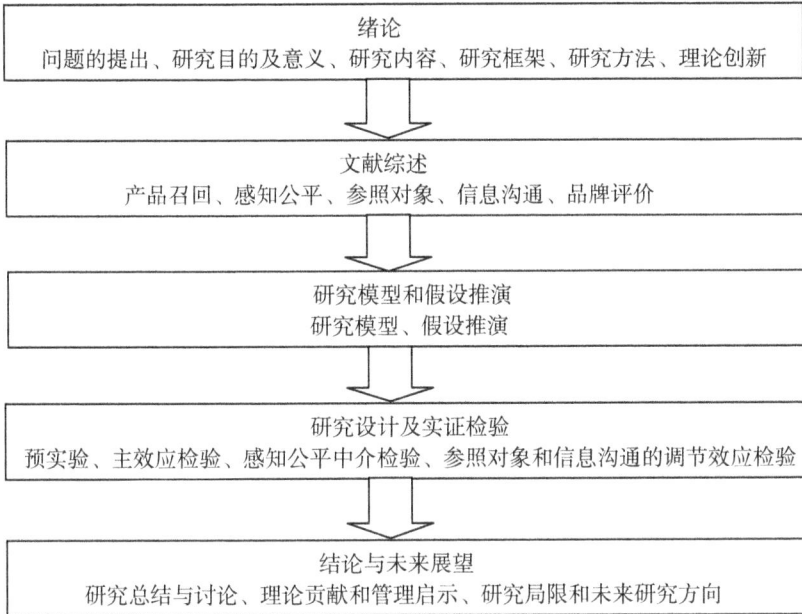

图 5-1　研究框架

## 四、创新之处

本章以产品召回理论为基础，结合参照对象理论、信息沟通理论，研究外资品牌产品召回方式对中国消费者品牌评价的影响，探讨感知公平的中介作用机制和过程，以及参照对象和企业信息沟通的调节作用。基于此，本章的创新点主要包括以下三个方面：

（1）从自变量角度来讲，创新性地站在多国市场，将产品召回划分为区别对待和一视同仁。过去对产品召回的研究，多是把产品召回作为产品伤害危机响应方式中的一种来研究，如拒绝、强制召回、主动召回、积极承担（Siomkos & Kurzbard，1994），而少有学者深入研究不同的产品召回方式对消费者的影响及其心理机制。另外，过去对产品召回

153

的研究多是立足于同一市场，研究企业在一个市场上发生产品伤害危机之后采取的召回方式，少有人研究当跨国企业在全球发生产品伤害危机之后，企业在多国市场采取的召回方式。本研究将站在多国市场的视角，把产品召回方式划分为区别对待和一视同仁。区别对待和一视同仁的选择，也是企业成本和消费者伤害之间的选择。本研究认为，外资企业对后进国家采取区别对待的召回方式是短视的行为，区别对待虽然在一定程度上降低了召回成本，但是却伤害了消费者的感情，这对企业的长期发展是有害的。本研究将丰富产品召回相关理论。

（2）从中介变量角度来讲，创新性地在产品召回领域引入公平理论。以往学者研究产品召回对消费者的影响时，大多是基于消费者感知风险和情绪的视角进行，而鲜有学者从公平理论入手进行解释。公平理论作为服务补救领域非常重要的理论，指出顾客一般是通过感知公平来评价服务补救过程的（Sparks & McColl-Kennedy，2001）。产品召回也可以视为对产品服务失败的一种补救，因此我们将从产品召回的视角，探索感知公平在产品召回过程中对消费者的影响。本研究将丰富公平理论的应用范围。

（3）从调节变量角度来讲，本章选取参照对象和信息沟通作为调节变量，从主观和客观角度探讨不同召回方式对感知公平的影响，进而研究其对消费者品牌评价的影响。我们认为，对于企业来说，在采取区别对待的召回方式时，必须与消费者进行信息沟通，才能缓和消费者情绪，避免给消费者造成更多的心理伤害，这一结论将在实践中为企业提供指导。本章将构建完整的研究模型，对以往有关品牌评价的研究进行丰富和发展。

## 第二节　文献综述

### 一、产品伤害危机

产品伤害危机是指偶然出现并被广泛宣传的关于某产品是有缺陷或

是对消费者有危险的事件（Siomkos & Kurzbard，1994），例如，2008年的"三聚氰胺奶粉"事件，2011年的双汇瘦肉精事件，以及2016年的三星手机note7爆炸事件，都属于产品伤害危机事件。这些事件不仅给消费者带来了物质和精神两方面的伤害，而且使企业陷入严重的信任危机。国内外研究表明，产品伤害危机会对消费者感知风险、消费者抱怨、消费者态度、消费者考虑集、消费者忠诚、购买意愿、品牌资产等产生影响。由于产品伤害危机带来的影响严重，企业通常会采取相应的措施来削弱危机事件给企业带来的负面影响，产品召回就是其中一种重要的响应方式。

表 5-1 产品伤害危机响应措施分类

| 学者 | 产品伤害危机响应措施分类 |
|---|---|
| Siomkos & Kurzbard（1994） | （1）拒绝；（2）强制召回；（3）主动召回；（4）积极承担 |
| Dawar，Pillutla（2000） | （1）主动响应；（2）坚决否认；（3）没有明确回应 |
| 王晓玉，吴纪元，晁钢令（2005） | （1）企业不响应，专家无响应；（2）企业承诺产品安全，专家无响应；（3）企业无响应，专家证实产品没有缺陷；（4）企业承诺产品安全，专家证实产品无害 |
| 方正（2008） | 可辩解型产品伤害危机：（1）纠正措施；（2）积极澄清；（3）置之不理 |
| Chen，Ganesan & Liu（2009） | （1）积极召回；（2）消极召回 |
| Liu，Liu，& Luo（2016） | （1）全面补救；（2）部分补救 |
| 本研究 | （1）区别对待；（2）一视同仁 |

过去国内外学者对产品召回的研究大多是把它作为产品伤害危机中的一种响应措施来研究，例如：Dawar 和 Pillutla（2000）指出，产品伤害危机的应对方式包括主动响应、坚决否认和没有明确回应三种，产品

召回就是纠正措施中的一种，而较少有学者把产品召回单独作为一种响应策略进行深入考查，这也是本章的一个基本切入点。

## 二、产品召回相关研究

### （一）产品召回的概念与分类

产品召回是企业对已出售的，但是出现了或可能出现质量、技术问题的产品实行公开或者隐蔽的回收，以便对这些问题产品进行相应的处理，避免给消费者造成重大伤害的一种行为（Siomkos & Kurzbard，1994；Chen，Ganesan & Liu，2009）。国内也有学者将产品召回定义为在既定的时间范围内将产品从各供应链节点回收的过程，被召回的产品存在不同程度上的功能缺陷（陈娟等，2010）。

企业的产品召回方式根据其主动程度主要划分为主动召回和被动召回。Dawar 和 Pillutla（2000）将产品召回划分为主动响应、坚决否认和没有明确回应。主动响应是指企业积极承担责任，向消费者和投资者道歉并且自愿对缺陷产品进行召回或者免费更换新产品。采取坚决否认策略的企业拒不承担责任，不采取任何补救措施也不与消费者进行沟通。而没有明确回应的策略介于两者之间。Chen，Ganesan 和 Liu（2009）认为，当企业或政府发现了产品存在缺陷且认为存在召回风险时，企业较早自愿采取召回措施即为积极召回。这种召回方式通常发生于企业通过内部监测意识到产品潜在危险，且企业尚未收到消费安全事故相关的反馈报道之时。与之相反的是消极召回，企业较晚收到产品监测问题的报告，且企业已经收到很多消费者不满的反馈，企业召回过程拖沓，且试图将责任推诿到其他公司身上。在实际情况中，这种召回通常发生于产品对消费者已经造成伤害甚至导致死亡之后。Liu，Liu 和 Luo（2016）在关于召回补救方式的研究中将产品召回补救措施划分为全面补救和部分补救。全面补救是指对于购买缺陷产品的消费者，可以全价退款或者退换一个全新的产品，这是一种最负责任的补救方式。部分补救包括对于缺陷产品免费维修、提供工具让消费者自主维修或者提供未来购买折扣券等。由于减少了消费者损失，全面补救可以带来更多的消费者满意，并且产生更高的感知分配公平（Deutsch，1985）。

随着营销实践的发展，我们发现跨国企业在全球发生产品伤害危机之后，开始采取双重标准进行产品召回，即企业在处理危机时，不同市场不同国家有两套标准。比如关于宜家夺命抽屉柜召回，宜家对其他地区都进行了召回，而在中国大陆地区却不予召回，原因是该公司认为此种抽屉柜符合中国家具标准。因此，本研究中，我们将站在中国消费者的角度，把产品召回划分为区别对待和一视同仁。区别对待的方式有很多种，我们的研究基于产品是否召回，把区别对待界定为全球召回中国除外，将一视同仁界定为全球一同召回，从而探索它们对中国消费者心理及品牌评价的影响。

（二）产品召回研究现状

国内外学者对产品召回的研究主要从影响产品召回的因素（前因）和产品召回的影响（后果）这两个方面进行：

（1）影响产品召回的因素主要有企业、环境和事件三个方面：从企业角度来讲，声誉在产品召回中充当企业的"保护伞"，由于消费者一般对较高知名度的企业召回持有更正面的态度（Siomkos，1999；Laufer & Coombs，2006），声誉较差的企业倾向于选择更为主动的召回策略（Chen，Ganesan & Liu 2009）。当召回成本较低时，企业亏损少，因而更倾向于采用主动召回策略（Rupp & Taylor，2002）。从环境角度来讲，外部法律监管、社会舆论和消费者是影响企业召回的主要因素。主动召回能够减少潜在的诉讼风险，并在已实际发生的索赔中避免惩罚性的判决和赔偿（Ben-Shahar 2005；Morgan 1989）。另外，媒体对召回的报道能够左右舆论从而营造企业召回的外部环境（Siomkos，1994；1999）。因此当媒体对企业的评价越负面时，企业越倾向于采取主动的召回策略。从事件角度来讲，危机类型与反应的匹配程度越高，组织的形象和声誉受危机的影响越小（Coombs，1998）。因此当危机越严重时，企业越应该采取积极的召回策略。

（2）产品召回的影响包括对企业、消费者和投资者的影响。从企业角度来讲，产品召回不仅带来直接的召回成本，并且会带来间接成本，即对品牌资产造成负面影响（Dawar & Pillutla，2000）。产品召回程度的增加会降低未来产品伤害次数及企业产品召回频率（Kalaignanarn，Kushwaha & Eilert，2013）。另外，产品召回往往引起公众的负面评价，这会对企业形象造成严重损害（Suchman，1995；Coombs & Holladay，1996）。从消费者角度来讲，主动召回减少了消费者对企业的负面认知，降低了消费者感知风险，提高了消费者忠诚度，减少了召回对消费者购买意愿的负面影响（Mowen，1980；Siomkos & Kurzbard，1994；Siomkos，1999；Souiden & Pons，2009）。然而，国内也有研究表明产品召回实际上增强了消费者的感知风险和负面情绪（孙莹等，2014）。从投资者角度来讲，产品召回导致对企业成本增加的预期，影响投资者的信心从而引发撤资或抛售股票行为，并最终造成股票收益和股东价值的损失（Jarrel & Peltzman，1985；Barber & Darrough，1996）。与消极召回相比，积极召回会对企业资产回报带来更加负面的影响，因为投资者会把召回行为视为一种严重的产品伤害及资产损失的信号（Chen，Ganesan & Liu，2009）。

（三）产品召回研究评述

通过对产品召回以往文献的回顾，我们发现过去的研究存在以下不足：

第一，以往国内学者对于产品召回的研究，大多是把产品召回作为产品伤害危机响应方式中的一种来研究，比如对可辩解型产品伤害危机的应对方式有纠正措施、积极澄清和置之不理（方正，2011），产品召回就是纠正措施中的一种方式。而少有人从更深的层面单独研究产品召回方式对消费者的影响。另外国外学者对于产品召回的研究大多从企业召回产品的主动程度入手分为主动召回和被迫召回。而随着营销实践的发展，跨国公司越来越多，当这些企业在多国发生产品伤害危机之后，必然要对多国市场进行策略响应，此时针对不同国家的召回标准是什么，成了企业面临的新问题。因此本章将探讨当企业在不同市场发生伤害危机之后，其采取双重标准即区别对待或一视同仁的召回方式将分别对消费者品牌评价产生什么样的影响。

第二，国外学者多利用二手数据，从产品召回的策略入手研究其对公司市场绩效、股市反应、品牌资产等方面的影响。但是产品召回不仅仅会对企业本身造成影响，同时也会对消费者情绪、态度产生负面影响。国内的一些学者探究了产品召回对消费者产生影响的过程和心理机制，但是这些研究大多是基于消费者感知风险和情绪进行的。我们认为，当企业采取双重标准进行产品召回时，其实更多激发的是消费者的公平感知，因此我们将运用公平理论来解释这一心理机制。

### 三、公平理论相关研究

#### （一）公平理论的发展

公平理论是社会学研究中的一个重要理论。亚当斯是第一位对公平理论进行系统研究的学者。公平理论起源于社会交换理论，它们都主张交换关系应该是平衡的，在交换关系中个体会比较自己与他人的投入产出比，从而判断交换过程的公平性。亚当斯（1965）指出，当个体感觉自己的投入与所获得的经济产出的比率等于他人的投入产出比时，个体就会认为结果是公平的。因此感知公平实际上是一个主观性感知，不同的人对于相同的事都会有不同的公平感知。1978年，Huppertz等首次将公平理论引入营销领域，并指出，消费者会将自己在消费过程中的投入和消费中所获得的价值进行比较，同时与其他参照群体进行比较，当他们认为自己所获得的价值与价格不相等时，就会产生不公平感。1988年，Clemmer第一次提出了服务公平性概念，他指出社会交往过程中的公平理论在企业与顾客之间的交往中也是同样适用的。此后公平理论在服务补救领域得到广泛运用（Sparks & McColl Kennedy，1998；Smith等，1999）。

学者们对公平性维度进行了大量研究，顾客对公平的感知来自三个方面：结果公平、过程公平和互动公平。结果公平是指消费者对一次交换的实际结果所感知到的公平度。过程公平强调的是用来制定决策的流程或者是标准是否公平。交互公平强调的是信息和结果以什么样的态度和行为方式进行传达。

（二）感知公平的界定

顾客一般是通过感知公平来评价服务补救过程的（Sparks & McColl-Kennedy，2001）。因为服务补救本身可以被看做一种交换活动，在这种交换中，顾客承受企业服务失败带来的损失，而企业努力采取补救措施弥补顾客的损失。顾客在评价服务补救时就会权衡他们的投入（与服务失败相关的时间、金钱、精力等）与所得（企业弥补服务失败所付出的物质补偿、道歉等）。感知公平程度越高，消费者对服务补救的满意程度也越高。

服务补救中的结果公平，强调服务补救的结果，即企业提供什么样的补救以及该补救能否抵消顾客的损失（郑秋莹和范秀成，2007）。服务补救中的过程公平强调企业补救的速度、补救标准等。例如有研究发现当对两类抱怨顾客采取相同的补救结果时，那些"及时得到响应"的顾客的满意度和忠诚度要高于"被拖延"的顾客（Kelly & Davis，1994）。交互公平强调的是服务补救行为如何实施及补救结果的呈现方式。例如顾客会关注企业在弥补服务失败时所表现出的礼貌程度、努力程度等。结果公平、过程公平和交互公平共同决定了消费者所感受到的公平程度。越来越多的学者认为，顾客的满意度不仅仅取决于补救的结果，同时也取决于补救的过程和交互方式（Goodwin 和 Ross，1990；Tyler，1994；Sparks 和 Callan，1996）。在一项利用感知公平理论对网购用户的研究中发现，结果公平对顾客总体满意度的影响是最大的（Maxham & Netemeyer，2003）。在对网上零售业服务补救的研究中学者发现，顾客感知到的结果公平、过程公平以及交互公平与顾客满意成正相关关系（郑秋莹和范秀成，2007）。另外，在补救公平性对消费者情绪和意向的研究中学者发现，感知公平的服务补救比感知不公平的服务补救能够给消费者带来更高的正面情绪、口碑传播、重购意向和更低的负面情绪（张圣亮和刘刚，2013）。

总体来说，国内外学者从不同的视角探讨了感知公平三维度对顾客服务补救满意的影响，得出的结果虽不尽相同，但有一点是一致的，即感知公平对顾客服务补救满意具有正向的影响。产品召回实际上也是企业服务失败的一种补救措施，但是目前鲜有学者从该角度研究产品召回和感知公平之间的关系。因此本章将尝试从产品召回的角度探讨不同的召回方式（区别对待 vs 一视同仁）会对消费者感知公平产生什么样的影响。

（三）感知公平的测量

过去学者大多将感知公平应用于服务补救领域，且针对感知公平的三个维度开发了详细的量表。Maxham 和 Netemyer（2003）在研究网购领域组织共享价值和感知组织公平对消费者抱怨补救的影响时，针对顾客感知公平的三个维度（结果公平、过程公平和交互公平），结合 Tax 和 Brown（1998）的研究，开发了详细的量表。在本章的研究中，我们要探讨的是企业双重召回标准对消费者感知公平的影响，因此我们将感知公平划分为公平/不公平，更多涉及的是结果公平。

本章对感知公平的测量将参考 Maxham & Netemyer（2003）所开发的量表，并根据我们的研究内容对测项进行修改，最终形成我们所需要的量表。具体问项：虽然这件事给消费者带来了麻烦，但 A 公司努力给出了一个积极的结果；A 公司决定对产品进行召回，其最终处理结果是公平的；虽然这件事给中国消费者造成了损失，但 A 公司最后给出的处理结果是公平的；A 公司最后的处理结果对中国消费者是有利的；我认为 A 公司使用了公平的政策和措施来解决召回问题。本章的研究采取李克特 7 级量表（"1"代表"非常不同意"，"7"代表"非常同意"）。

## 四、参照对象相关研究

（一）参照对象的含义

人们感知公平与否，关键在于比较对象是谁。公平理论运用社会比较的概念将公平感这一主观心理过程进行客观化的描述和解释（周浩和龙立荣，2010），但是公平感仍然是一种主观判断过程，这一主观性恰恰体现在对参照对象的选择上（Colquitt et al.，2001）。公平理论（Adams，1965）和社会比较理论（Festinger，1954）指出，基于个体所选择的参照对象不同，个体对相同环境可能表现出积极、消极或者中立的态度。已有的研究表明，只要具备相关性（relevance）与信息可得性（availability）两个基本特征，就可以作为公平比较的参照对象（O'Neill & Mone，2005；周浩和龙立荣，2010）。信息的可获得程度主要是指参照对象信息的来源及信息的多寡，并依此形成的对各群体或者个人的基本判断。相关性程度则是指参照对象与自己的可比较程度——这种可比较程度受到人们的社会结构位置、人口学特征等因素影响。

以往外国学者基于组织公平视角，探讨了参照对象对组织分配公平的影响。研究发现，人们对于组织分配公平的感知一方面取决于自己所得到的结果，另一方面则取决于参照对象获得的结果。有学者以股票交易为研究背景，发现投资者的公平感知不仅取决于个人投资的成功或失败，同时也取决于参照对象的投资结果，这是社会比较的结果（Fox & Dayan，2004）。在服务补救情境中，学者发现被试的公平感知和满意度也会受到参照对象的显著影响，在遭遇到同样的服务失败时（没有吃完的食物被服务员收走），如果参照对象得到比自己更好的服务补救措施，则被试的公平感知和满意度非常低。如果自己得到比参照对象更好的服务补救措施，则被试的公平感知和满意度会大幅提高（Collie et al.，2002）。

对参照对象的研究虽然最早起源于西方发达国家，但是在中国这样一个重视集体主义，自古形成"比上不足比下有余"、"不患寡而患不均"的思想的国家，有着更重要的研究价值。与西方人注重个人自我，将自我视为具有独特人格和特性的个体不同，东方人更加注重社会自我，强调自我与他人的关系，因而更容易受他人的影响（Childers & Rao，1992）。

（二）参照对象的类别

Adams（1963）认为最重要的参照对象是他人，但是人们有时也会以自己过去的状态作为参照对象。此外，系统也会成为人们的参照对象，即与人们预期的结果进行比较（Kulik & Ambrose，1992）。而他人也可以进一步细分为组织内的他人和组织外的他人。所以参照对象不仅仅是一个个体，也可以是一个群体。另外，参照对象可以根据时间的维度进行划分：过去、现在和可预期的将来（Kulik & Ambrose，1992）。因此我们可以得到 12 种分类结果：3（过去、现在、将来）×4（自己、组织内的他人、组织外的他人、系统）。但是 Kulik 和 Ambrose（1992）也指出，只有以自己为参照对象的时候时间维度才具有一定的意义，比如以自己过去的薪酬或者未来可能获得的职位为参照对象，而以他人或系统为参照对象时，时间维度的意义不大，因为人们一般只考虑他人或组织当前的情况。

在产品召回的研究中，不同的国家会成为我们进行比较的参照对象。国家形象构成要素包括国家的社会制度、民族文化、综合国力、政治局势、国际关系、领袖风范、公民素质、社会文明等，每一项要素在一定情况下都能反映或代表国家的整体形象。在本章的研究中，我们从"才"入手，主要关注参照国家的综合能力，将参照对象分为优于和次于两类。优于是指参照对象的综合能力比中国高，次于是指参照对象的综合能力比中国低。与不同能力水平的参照对象进行比较，消费者的公平感知显然也会有所不同。

（三）参照对象的选择

参照对象选择理论指出，组织内员工进行比较选择的两个重要维度是信息可获得性和参照对象相关性（Goodman，1974；Levine & Morel，1987）。即在信息容易获得的情况下，人们倾向于选择与自己相近的人进行比较。因为个性特征是参照对象选择的重要影响因素，而这些个性特征（性别、种族等）在长时间内不会发生改变，所以参照对象的选择具有稳定性（Oldham et al.，1986）。

影响个体参照对象选择的因素有以下几类：环境因素：生活在特定组织环境中的员工，其参照对象的选择会受到组织环境的影响。例如当组织改变原有的分配程序和制度时，员工会把过去的分配结果和现在新的分配结果作为参照对象（Kulik & Ambrose，1992）。空间距离也会影响人们对参照对象的选择，例如环卫工人会选择建筑工人作为自己的参照对象，尽管这两个群体并不直接在一起工作且工作内容差别很大，但是环卫工人散落在城市的各个角落，与建筑工人的接触最多。个人因素：有研究表明男性和女性对工作的期望和投入是不同的，所以人们在选择参照对象时倾向于选择同性别的（Major & Testa，1989）。另外有研究发现，年轻人和资历较浅的员工更倾向于在组织内部寻找参照对象，而老员工由于资历深、能力高，更倾向于在组织外寻找参照对象（Suls，1986）。动机因素：个体对参照对象的选择出于三种动机：公平、自我强化和自我贬损（Levine & Morel，1987）。具有公平动机的人希望找到合适的参照对象来证明自己在组织里的地位和作用（周浩和龙立荣，2010）。有自我强化动机的人会不断寻找不同的参照对象，以使自己处于有利地位，而具有自我贬损动机的人则刚好相反，他们希望自己与参照对象相比时是处于弱势的，这样他们可以在薪资谈判时处于有利地位（Rutte & Messick，1995）。

## 五、信息沟通相关研究

### （一）信息沟通理论

信息沟通在管理活动中扮演着十分重要的角色。亨利·福特曾经说过，"作为福特公司的掌门人，我无时无刻不在提醒自己，必须努力地与社会各界进行沟通，绝对不能在沟通上无能为力"；"从广泛意义上来说，企业管理就是一种沟通的方式"。信息沟通对于管理者和企业的重要性，可见一斑。

对于沟通的定义，不同的学者有着不同的看法，美国管理学家罗宾斯（1997）认为，沟通是意义的传递和理解。美国管理学大师孔茨（2004）认为，信息沟通就是从发送者到接收者的一种信息传递，而传递的信息是由接收者所理解的信息。总体来说，信息沟通实际上就是发送者通过某种渠道将信息传递给接收者的过程。信息沟通过程包括七大要素：发送方、编码、媒介、接收方、解码、信息反馈和噪音。这七大要素组成了完整的信息沟通过程。现代管理学之父彼得·德鲁克曾经说过，一个人必须知道该说什么，一个人必须知道什么时候说，一个人必须知道对谁说，一个人必须知道怎么说，以此来表明沟通的内容、时机、对象和方式的重要性。有效的内外部沟通能够清晰传达企业的声音，减少信息不对称，使企业和消费者之间互相理解对方的行为，这在产品召回情境下至关重要。

有大量的文献研究过信息表现方式或构造方式与个体对信息的理解之间的关系。个体通常会依赖信息的特征来形成自己的判断，这些信息特征并非当前情境最核心的特征（Petty & Cacioppo，1986）。也就是说，在这种情境下，人们能否被说服受到信息"包装"方式的影响（Elsbach & Elofson，2000），包括信息来源以及其他相对信息内容来说次要的特征（Petty & Cacioppo，1986）。Ruth & York（2000）在构造信息从而提升企业声誉的研究中指出，信息来源、信息类型和参照点会影响消费者对企业的态度。信息来源与信息内容之间存在交互作用（Chaiken & Trope，1999；Petty & Cacioppo，1986），例如，低信任来源的信息称某企业是最好的企业，获得的却是最低的企业评价（Goldberg & Hartwick，1990）。信息是以数字还是口语形式呈现也会影响消费者态度的转变，与口语信息相比，数字信息能够被更快、更准确地处理（Viswanathan & Childers，1996）。参照点包括趋势分析和基准竞争对手，趋势分析是企业把自己当前的绩效和过去的绩效相比（Pearce & Robison，1994），基准竞争对手是企业把自己当前的绩效和行业中的竞争对手相比（Ghoshal & Westney，1991）。企业和刺激信息（企业一段时间的绩效而不是与行业比较）之间的一致性越强，越容易产生更大的消费者态度转变。总体来说，在不同的情境下，使用不同的信息构造方式将有助于改善企业声誉。

（二）产品召回和信息沟通

危机管理是应对危机的有关机制，具体是指企业为避免或者减轻危机所带来的严重损害和威胁，从而有组织、有计划地学习、制定和实施一系列管理措施和因应策略，包括危机的规避、危机的控制、危机的解决与危机解决后的复兴等不断学习和适应的动态过程。西方国家通常把危机管理称为危机沟通管理，原因在于，加强信息的披露与公众的沟通，争取公众的谅解与支持是危机管理的基本对策。产品伤害危机爆发时，企业进行产品召回就是一种有效的危机应对方式，或者说危机沟通方式。例如三星手机爆炸事件，使得三星公司陷入严重的信任危机，同时也给消费者带来了财产安全损失。为了应对危机，三星公司采取了对Note7 系列手机进行召回的措施。在产品召回时，企业采用什么标准召回、何时召回、在哪些国家召回，都是信息沟通中的内容。

产品召回情况下，信息沟通是企业对召回标准的解释说明，它的目的在于改变人们的消极感知，并形成积极的感知（Coombs，2007）。无论是在危机发生前，危机爆发中响应还是危机后的善后等，企业都需要与各种利益相关者进行信息沟通，以解决企业危机，这些利益相关者包括企业内部员工、外部消费者、媒体、政府等。危机管理理论为产品召回管理和实施提供了基础和指导。如 Smith，Thomas 和 Quelch（1996）在危机管理研究的基础上，指出企业应当采用战略的方法处理产品召回，才能够有效地减少损失和维护声誉。

大量心理学的研究发现，人们具有负面信息主导的心理特征。人们会赋予负面信息更多权重，对负面信息的反应要强于对正面信息的反应，因而会更加信赖和重视负面信息（Taylor，1991；Siegrist & Cvet-kovich，2001）。因此危机发生之后，公众会更多地关心事件的负面报道，并且容易信以为真。在焦虑情绪下，公众对有效的风险沟通具有强烈的期望，但是在危机情境下这种期望又难以实现（谢晓菲等，2013）。因此企业及时主动的信息沟通在此时变得尤为重要。在本研究中，我们将信息沟通界定为企业对召回标准的解释，并根据企业所采取的行动将信息沟通划分为沉默和解释。沉默是指有关方面拒绝受众的质询，即对召回标准不做回应，解释是指明确告知公众召回标准。

## 第三节 研究模型和假设推演

### 一、研究模型

前文对产品召回的相关文献进行了回顾和梳理，并且界定了产品召回方式、感知公平、参照对象和信息沟通等本章涉及的核心变量。本章围绕产品召回方式对品牌评价的影响这一核心问题来构建研究模型（见图 5-2）。本章以产品召回方式为自变量，品牌评价为因变量，感知公平为中介变量，并将参照对象和信息沟通作为调节变量，主要研究不同的产品召回方式对中国消费者感知公平的影响，并进一步研究中国消费者感知公平中介作用下不同的产品召回方式对品牌评价的影响。

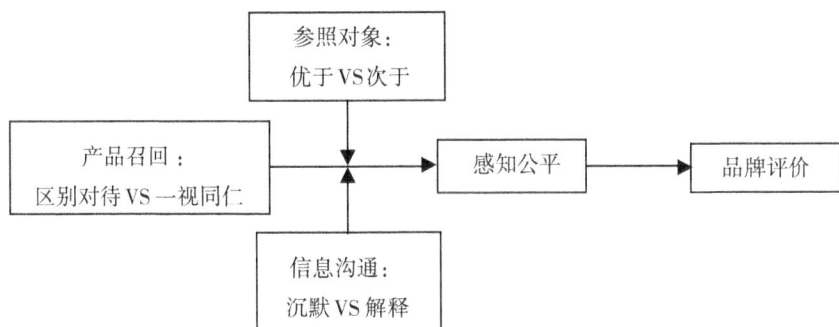

图 5-2　研究模型

产品召回是企业发生产品伤害危机事件之后所采取的一种应对方式。在危机情境下，产品召回显然会对消费者的品牌感知产生影响。产品召回的方式可以划分为区别对待和一视同仁。根据公平理论，个体会把自己的投入产出比和他人的投入产出比做比较，如果结果不同，那么消费者就会感知不公平。在区别对待召回时，消费者的这种不公平感知明显增强，因此与一视同仁相比，区别对待的召回方式会让被区别的消费者感知不公平。在服务补救领域，对服务补救效果的感知不公平会负向影响消费者的满意度。而产品召回实际上也是一种服务失败的补救，因此区别对待会影响感知公平，从而使消费者产生更加负向的品牌评价。

感知公平与否需要有可以放在一起比较的对象。中国人重视社会自我，喜欢把自己与别人做比较，并且容易受到他人的影响。中国自古就有"比上不足比下有余"的说法。参照对象优于或次于中国时，不同的产品召回方式显然对消费者有不同的影响。根据危机沟通理论，在危机情境下，消费者容易受到负面信息的影响，而此时企业的一举一动将对消费者的感知产生巨大影响。因此企业是否进行信息沟通会调节产品召回对感知公平的影响。在区别对待召回时，若企业进行信息沟通，解释说明召回标准，将在一定程度上减轻消费者的感知不公平。若不进行信息沟通，消费者将受到负面信息的影响，激发感知不公平，从而影响品牌评价。

## 二、假设推演

### （一）产品召回与品牌评价

产品召回是企业应对产品伤害危机的一种有效方式，积极召回缺陷产品，能够降低对消费者的伤害，树立负责任的企业形象。然而，产品召回意味着企业承认产品质量缺陷，这往往会导致消费者对企业产生负面认知态度，提高感知风险（孙莹等，2014），并最终影响其购买意愿和行为。因此我们认为当企业采取区别对待的召回方式时（vs 一视同仁），消费者将会产生更低的品牌评价，而这一过程是基于消费者感知公平的中介作用的。

公平理论指出，在社会交换关系中，当人们感觉他们所获得的经济产出与投入的比率相对于那些相关者的投入产出比处于均衡状态时，他们就会认为该结果是公平的（Adams，1965），反之认为不公平。遵照这个观点，产品缺陷/产品召回也可以视为一种交换。在这种交换中，消费者承受由产品失败带来的损失，而企业通过产品召回来补偿消费者遭受的损失。在对服务补救的研究中，学者认为公平有两层含义，一是服务补救措施能否弥补服务失误给顾客带来的损失，二是与别人相比，自己所得到的补救措施是否公平（郑秋莹和范秀成，2007）。企业进行产品召回也是对产品服务失败的一种补救。当企业在多国发生产品伤害危机之后，对一些国家采取召回策略而对中国采取不召回策略，会激发中国消费者公平感的衡量，这种衡量不再局限于个体，而是上升到国家角度，衡量本国国民的投入产出比与他国国民的投入产出比，当中国消费者觉察到自己及本国国民与他国国民投入相仿的成本（货币成本、经济成本、时间成本等）购买缺陷产品，却在产品召回时被区别对待，便会产生不公平感，这种不公平感会进一步影响到消费者对品牌的评价。而当企业采取一视同仁的召回策略时，一方面消费者会认为召回是理所当然的，另一方面投入产出比并没有显著差异，所以不会影响感知公平。因此本章提出如下假设：

H1：区别对待（vs 一视同仁）召回方式会对品牌评价产生更加负向的影响。

H2：感知公平中介于产品召回方式与品牌评价。

（二）参照对象的调节

在集体主义文化的影响下，中国人强调社会自我，更加重视的是自我与他人的关系，人们希望在比较当中寻求心理上的平衡。因此自古就有"比上不足比下有余"、"不患寡而患不均"的说法。那么感知公平与否，就要看比较对象是谁。人们对于分配结果的公平判断基于和参照对象的社会比较而产生。在服务补救情境中，学者发现被试的公平感知和满意度会受到参照对象的显著影响（Collie, Bradley & Sparks, 2002）。在产品召回情境中，参照对象同样会影响被试的感知公平。

首先，基于相似性和信息可得性，某一个体或群体能够成为我们的参照对象。一方面，人们总是会和自己相似的人做比较，参照对象和自己的相似性越高，那么它对公平感的影响力就越大（Smith, 2000）。另一方面，当信息可得性强时，消费者更容易获得大量参照对象的信息与自己进行比较，从而影响感知公平。其次，根据社会比较理论，社会比较有两种类型：上行比较和下行比较（Yip & Kelly, 2013; Tsai, Yang & Cheng, 2014）。上行比较即人们有和比自己等级高的人进行比较的倾向（Wheeler, 2002）。特定的参照对象获得比自己更有利的分配结果，会使人们产生一种剥夺感，从而公平感知降低。下行比较即人们倾向于和比自己差的人做比较（Gibbons, 2002）。若参照对象获得的分配结果低于自己，则个体会获得满足，公平感提高。若个体向下比较而不如时，则会加重这种不公平感知。

产品召回发生时，一般是会被媒体广泛报道的，信息可得性强，若参照对象次于（vs 优于）中国，当企业对他们采取召回策略而对中国采取不召回策略时，对于消费者来说比下不足，就会使中国消费者感知更加不公平。因此，我们提出如下假设：

H3：与优于相比，当参照对象次于时，区别对待召回方式比一视同仁召回方式让消费者感知更加不公平，进而影响品牌评价。

（三）信息沟通的调节

在产品伤害危机情境下，消费者的感知比事实更重要。企业在重塑品牌形象时，关键并不在于企业是否真的对危机事件负责，而是消费者是否认为企业应当为危机事件负责（Benoit，1997）。产品召回时，消费者具有较高的感知风险，且容易受到负面信息的影响。当企业采取区别对待的召回方式时，是否就召回标准和消费者沟通对消费者的公平感知有很大的影响，因为信息沟通的目的在于改变人们的消极感知，并形成积极的感知。

归因理论可以用来解释消费者如何看待企业的行为。人们通常试图将个体的行为或者归结为内部原因，或者归结为外部原因（David，2015）。归因通常情况下都是比较理性的，当我们在解释他人行为时，我们会利用"共同反应"、"区别性"和"一致性"三种信息。企业发生产品召回时，消费者认为这是该企业所独有的行为、企业并非一直都是如此，因此消费者倾向于将事件归因于企业内部。内部归因将增加消费者对企业的责备，从而降低品牌评价。而此时若企业进行信息沟通，比如告知消费者区别对待召回的原因是该产品符合被区别对待国的产品安全标准，将会在一定程度上改变消费者归因，因为消费者会认为被区别对待的原因是国家产品安全质量标准低，因此消费者倾向于外部归因，这将缓和区别对待召回带来的不公平感知，从而改善品牌评价。若企业对区别对待的召回方式采取沉默态度，在消费者看来这意味着企业默认自己的召回方式没有问题，这将巩固消费者的内部归因，增加消费者的感知不公平，因而带来较低的品牌评价。因此，我们提出如下假设：

H4：与解释相比，当企业采取沉默沟通时，区别对待召回方式比一视同仁召回方式让消费者感知更加不公平，进而影响品牌评价。

# 第四节 研究设计及实证检验

## 一、预实验一

为提升实验设计的科学性和可行性，选取被试最熟悉的产品（耐用品和快消品）分别作为实验一、实验二和实验三的实验刺激物。选取湖北地区某高校 30 名在校大学生参与实验，其中男生 15 名，女生 15 名，男女比例相同，排除性别差异对实验结果的影响。参与实验的每一名被试都将获得小礼品一份。

首先，由研究者列举 10 个生活中常见的耐用品和快消品，包括手机、电脑、汽车、相机、空调、牙膏、口香糖、饮料、洗洁精、洗衣液，让被试从中选取 2 个他们认为自己最熟悉的产品。根据被试的回答整理结果如表 5-2 所示：

表 5-2　　　　　　　关于刺激物的结果汇总

| 编号 | 性别 | 耐用品 | 快消品 | 编号 | 性别 | 耐用品 | 快消品 |
|------|------|--------|--------|------|------|--------|--------|
| 1 | 男 | 手机 | 洗衣液 | 9 | 女 | 手机 | 饮料 |
| 2 | 女 | 电脑 | 牙膏 | 10 | 男 | 电脑 | 饮料 |
| 3 | 女 | 手机 | 饮料 | 11 | 男 | 汽车 | 牙膏 |
| 4 | 女 | 电脑 | 饮料 | 12 | 男 | 手机 | 饮料 |
| 5 | 男 | 手机 | 饮料 | 13 | 女 | 电脑 | 牙膏 |
| 6 | 女 | 电脑 | 饮料 | 14 | 男 | 电脑 | 饮料 |
| 7 | 女 | 手机 | 牙膏 | 15 | 女 | 手机 | 饮料 |
| 8 | 女 | 手机 | 洗衣液 | 16 | 男 | 汽车 | 牙膏 |

续表

| 编号 | 性别 | 耐用品 | 快消品 | 编号 | 性别 | 耐用品 | 快消品 |
|------|------|--------|--------|------|------|--------|--------|
| 17 | 女 | 电脑 | 牙膏 | 24 | 女 | 手机 | 牙膏 |
| 18 | 男 | 汽车 | 牙膏 | 25 | 男 | 相机 | 洗洁精 |
| 19 | 男 | 手机 | 牙膏 | 26 | 女 | 手机 | 饮料 |
| 20 | 男 | 手机 | 口香糖 | 27 | 女 | 相机 | 口香糖 |
| 21 | 男 | 电脑 | 牙膏 | 28 | 男 | 手机 | 牙膏 |
| 22 | 女 | 手机 | 洗衣液 | 29 | 男 | 手机 | 牙膏 |
| 23 | 男 | 空调 | 牙膏 | 30 | 女 | 电脑 | 牙膏 |

对测试结果进行整理后发现，在耐用品的选择中，有15名学生选择手机，9名学生选择电脑，3名学生选择汽车，2名学生选择相机，1名学生选择空调，被试熟悉度最高的是手机。对于快消品的选择，有14名学生选择牙膏，10名学生选择饮料，3名学生选择洗衣液，2名学生选择口香糖，1名学生选择洗洁精，被试熟悉度最高的是牙膏。因此我们将选取手机和牙膏分别作为实验二和实验三的实验刺激物。由于食品安全备受消费者的关注，我们将选取饮料作为实验一的实验刺激物。

## 二、预实验二

进一步探索实验条件，更好地控制实验边界条件，改善实验设计，确保测量问卷具有较高的信度和效度。选取湖北某高校的30名在校大学生作为被试，并将他们随机分配到两个测试组。为了激励被试积极配合实验，在试验前告诉被试实验结束后会有小礼品赠送。在实验结束后，向被试征集问卷设计的不足之处，根据被试反馈对实验问卷进行进一步的修改，从而使实验设计更加科学合理。检验预实验量表的信度，结果显示：产品危机事件严重程度（2个问项，Cronbach's $\alpha = 0.905$）、感知公平（5个问项，Cronbach's $\alpha = 0.974$）以及品牌评价（3个问项，Cronbach's $\alpha = 0.959$）3个变量的Cronbach's $\alpha$ 均大于0.9，因此，本研究所使用的量表具有较高的信度。

## 三、实验一：研究主线的检验

### （一）实验设计

本次实验的目的包括：第一，检验主效应是否成立；第二，检验感知公平的中介效应；第三，检验中介变量是否存在替代性解释。本实验的样本均为在校大学生，通过让被试分别阅读刺激材料，操控产品召回方式（区别对待 VS 一视同仁），测量被试对产品危机严重程度的感知，接下来分别测量被试的品牌评价和感知公平。

为了控制被试受品牌声誉、品牌期望及涉入度的影响，本实验所涉及的产品采用虚拟品牌 A，问项的测量均采用李克特 7 级量表，1 表示非常不同意，7 表示非常同意。我们采用线上、线下同时发放问卷的形式收集数据。每一位参加实验的被试都将获得小礼品一份。

在借鉴前人研究的基础上，我们实现了对产品召回方式的操控。被试在阅读情境材料："A 公司（外国公司）生产一种果汁，在全球范围内销售。近日有媒体报道，一些消费者在饮用这种果汁后出现了不同程度的恶心、腹痛、呕吐等不适症状。质检部门介入调查后发现，A 公司在果汁中加入了一种叫六偏磷酸钠的饮料添加剂，这种添加剂有助于水合作用，可以使果汁中的沉淀物更好地分散在水中，提高出汁率，增加黏度，抑制维生素 C 的分解，但这种添加剂会在一定程度上引起部分消费者的不适反应"之后，我们通过两个问项（我认为这个问题很严重、我认为这是个大问题）测量其对产品危机严重程度的感知。接下来通过材料"现在 A 公司决定在全球范围内召回这款产品，但唯独不包括中国市场"和"现在 A 公司决定在全球范围内召回这款产品"将召回方式分别操控为区别对待和一视同仁。

### （二）变量测量

感知公平测量（Cronbach's $\alpha = 0.964$）。对于感知公平的测量在服务补救领域的研究中已经开发了成熟的量表，本章借鉴 Maxham & Netemyer（2003），郭贤达、陈荣和谢毅（2004）所开发的量表，并进行适度的修改，形成本研究的测量量表，具体问项：虽然这件事给消费者带来了麻烦，但 A 公司努力给出了一个积极的结果；A 公司决定对产品进行召回，其最终处理结果是公平的；虽然这件事给中国消费者造成了损失，但 A 公司最后给出的处理结果是公平的；A 公司最后的处理结果对中国消费者是有利的；我认为 A 公司使用了公平的政策和措施来解决召回问题。

品牌评价测量（Cronbach's $\alpha = 0.935$）。品牌评价有一维、两维和五维等多种测量方法，本研究借鉴 Dahlen、Osgood 等的研究，在预实验研究基础上，使用三个测项来测量消费者品牌评价，具体问项：我认为 A 品牌是一个好品牌；我信赖 A 品牌；我以后愿意购买 A 品牌；

替代性解释的测量。主要包括愤怒情绪和歧视感知。愤怒情绪（Cronbach's $\alpha = 0.723$）的测量具有成熟的量表，根据我们的研究选择 3 个问项进行测量，具体有：A 公司这样的召回方式让我感到很恼火；A 公司这样的召回方式让我感到很生气；A 公司这样的召回方式让我感到很愤怒。歧视知觉（Cronbach's $\alpha = 0.835$）的测量大多用于弱势群体、留守儿童或种族歧视的歧视知觉研究，我们根据其定义及实验情境进行改编测量，共有 2 个问项进行测量，具体有：A 公司的做法让我感到自己作为中国人低人一等；A 公司的召回方式让我感觉受到了歧视。

（三）样本描述性统计

实验一采用线上线下同时发放问卷的形式，累计有 85 名学生参与了该实验。剔除填写不完整和量表选项完全相同的问卷后，各组分别获得有效问卷 35 份，共 70 份，问卷有效率为 82.3%。被试背景信息统计如表 5-3 所示：

表 5-3　　　　　　　　　　人口统计变量分析结果

| 人口统计变量 | 类别 | 人数 | 百分比 |
| --- | --- | --- | --- |
| 性别 | 男 | 29 | 41.4% |
| | 女 | 41 | 58.6% |

| 人口统计变量 | 类别 | 人数 | 百分比 |
|---|---|---|---|
| 年龄 | 18 岁及以下 | 7 | 10.0% |
| | 18~25 岁 | 53 | 75.7% |
| | 26~35 岁 | 10 | 14.3% |
| 学历 | 大专及以下 | 6 | 8.6% |
| | 本科 | 48 | 68.6% |
| | 硕士研究生 | 16 | 22.9% |
| | 博士及以上 | 0 | 0.0% |
| 合计 | | 70 | 100.0% |

从表 5-3 可以看出：

（1）在性别方面，女性人数为 41 人，占总数的 58.6%，男性人数为 29 人，占总数 41.4%，女性人数略高于男性。

（2）在年龄方面，年龄在 18 岁及以下的有 7 人，占总数的 10.0%，年龄在 18~25 岁的有 53 人，占比达 75.7%，26~35 岁的有 10 人，占比 14.3%。总体来看，被试年龄集中在 18~25 岁，这是因为我们的问卷主要在学生群体中进行发放，年龄相对年轻化。

（3）在学历方面，大专及以下学历有 6 人，占比为 8.6%，本科学历为 48 人，占比为 68.6%，硕士研究生学历为 16 人，占比为 22.9%，博士研究生及以上学历为 0 人，被试学历集中在本科。因此可以看出，本次调研的被试以学生群体为主，学历以本科和硕士研究生为主。

（四）操控性检验

产品伤害危机严重程度操控检验。消费者对产品伤害危机事件严重程度感知是本研究的控制变量。在正式实验中，本研究使用两个测项测量各组被试对危机严重程度的感知，最后对危机严重程度做独立样本 $T$ 检验，结果显示：区别对待和一视同仁两组被试对产品伤害危机严重程度的感知得分比较接近，其中 $M_{区别对待} = 5.79$，$M_{一视同仁} = 5.24$。$T$ 检验显著性系数 sig. $= 0.09 > 0.05$，说明两组被试在产品危机严重程度感知方面没有显著性差异。因此可以判断，产品伤害危机严重程度操控成功。

（五）假设检验

采用方差分析的方法，分别对企业采用区别对待和一视同仁的召回方式后消费者的品牌评价进行比较。可以看出，$M_{一视同仁} = 4.59$，$M_{区别对待} = 2.07$，$F (1, 68) = 104.346$，$p = 0.000 < 0.05$，表明组间具有显著性差异。

过去学者对中介效应的检验多使用 Baron 和 Kenny（1986）提出的因果逐步回归检验方法，但是近年来该方法在科学性和有效性方面受到了许多学者的质疑。因此本研究将参照 Preacher 和 Hayes（2004）所提出的 Bootstrap 方法来进行中介效应的检验。参照 Zhao（2010）、陈瑞等（2013）所提出的 Bootstrap 中介效应检验方法，当间接效应区间不包含0时，变量存在中介效应，当间接效应区间包含0时，不存在中介效应。当间接效应区间不包含0，且直接效应区间包含0时，该变量存在完全中介作用，若直接效应区间不包含0，则该变量存在部分中介作用。结果显示：感知公平中介于产品召回对消费者品牌评价的影响（95%CI：BootLLCI = −2.8505，BootULCI = −1.6079，不包含0）。因此假设 H2 得到验证。

愤怒情绪的中介效应检验。通过 Bootstrap 检验歧视知觉作为中介变量模型是否成立，所得结果显示：愤怒情绪的中介效应不显著，即愤怒情绪不能中介于产品召回对消费者品牌评价的影响（95% CI：BootLLCI = −0.1401，BootULCI = 0.3062，包含0）。因此，排除愤怒情绪作为替代性解释的可能。

歧视知觉的中介效应检验。通过 Bootstrap 检验愤怒作为中介变量模型是否成立，所得结果显示：歧视知觉的中介效应不显著，即歧视知觉不能中介于产品召回对消费者品牌评价的影响（95% CI：BootLLCI = −0.0115，BootULCI = 0.3063，包含0）。因此排除歧视知觉作为替代性解释的可能。

（六）讨论

由实验一可知，产品召回方式显著影响消费者品牌评价，并且与一视同仁召回方式相比，区别对待的召回方式会带来更加负向的品牌评价。因此假设 H1 得到验证。其中感知公平在产品召回方式和品牌评价之间起到完全中介作用。因此假设 2 得到验证。这样的结果表明企业采取一视同仁的召回方式会带来正向的品牌评价，即产品召回会树立负责任的品牌形象，为企业带来"好"的结果。实验一同时排除了愤怒情绪和歧视知觉作为替代性解释的可能。但是消费者的感知公平往往会受到参照对象的影响，当参照对象是不同发展水平的国家时，不同的召回方式是否对消费者感知公平有不同的影响？因此我们将在实验二中对参照对象的调节作用进行检验。

在实验一中，我们所使用的刺激物为快消品饮料，并为它取名为虚拟品牌 A，由于不同类别的产品可能对实验结果产生不同的影响，为了排除实验刺激物的影响并且扩大研究的外部效度，因此我们在实验二中选择耐用品手机作为实验刺激物。

## 四、实验二：参照对象的调节

### （一）实验设计

实验的目的包括：第一，将实验刺激物由可食用快消品饮料改为耐用品手机，检验主效应、中介效应是否依然成立；第二，检验参照对象的调节效应，即产品召回方式（区别对待 VS 一视同仁）与参照对象（优于 VS 次于）对感知公平的影响。实验二采用 2（产品召回方式：区别对待 VS 一视同仁）×2（参照对象：优于 VS 次于）的组间实验设计。通过操控产品召回方式和参照对象这两个变量形成 4 种情境。为了控制被试受品牌声誉、品牌期望及涉入度的影响，本实验所使用的企业我们赋予它虚拟名称：柯易公司，产品名字为 Zoo。

首先测量被试对参照对象（美国、中国、越南）发展水平的感知。产品召回方式与参照对象操控。实验二的实验材料由饮料改为手机，让被试阅读情境材料："柯易公司（外国公司）是一家科技公司，其研发的一款 Zoo 手机在美国和中国销售。日前，有权威媒体报道称，这款手机在充电、接打电话时发热现象严重，甚至有网友戏称'简直烫手'，使用三个月后，电池续航能力明显下降"之后，测试被试对产品危机严重程度的感知。接下来通过材料"现在柯易公司决定对销往美国的Zoo 手机全部进行召回，但不包括中国"、"现在柯易公司决定对销往美国和中国的 Zoo 手机同时进行召回"、"现在柯易公司决定对销往越南的 Zoo 手机进行召回，但不包括中国"、"现在柯易公司决定对销往越南和中国的 Zoo 手机同时进行召回"来实现对产品召回方式和参照对象的操控。接下来测量品牌评价（Cronbach $-\alpha = 0.966$）和感知公平（Cronbach-$\alpha = 0.971$），测量方法及量表与实验一相同。

（二）样本描述性统计

该实验采取线上线下发放问卷的形式进行，累计有 165 名学生参与了该实验，剔除填写不完整和量表选项完全相同的问卷后，各组分别获得有效问卷 35 份，共 140 份，问卷有效率为 84.8%。被试背景信息统计如表5-4所示。因此，可以看出，本次调研的被试以学生群体为主，学历以本科和硕士研究生为主。

表5-4 人口统计变量分析结果（$n = 140$）

| 人口统计变量 | 类别 | 人数 | 百分比 |
|---|---|---|---|
| 性别 | 男 | 63 | 45.0% |
| | 女 | 77 | 55.0% |
| 年龄 | 18 岁及以下 | 5 | 3.6% |
| | 19~25 岁 | 113 | 80.7% |
| | 26~35 岁 | 20 | 14.3% |
| | 36 岁及以上 | 2 | 1.4% |
| 学历 | 大专及以下 | 5 | 3.6% |
| | 本科 | 93 | 66.4% |
| | 硕士研究生 | 41 | 29.3% |
| | 博士研究生及以上 | 1 | 0.7% |
| 合计 | | 140 | 100.0% |

从表 5-4 可以看出：

（1）在性别方面，女性人数为 77 人，占总数的 55.0%，男性人数为 63 人，占总数 45.0%，女性人数略高于男性。

（2）在年龄方面，年龄在 18 岁以下的有 5 人，占总数的 3.6%，年龄在 18～25 岁的有 113 人，占比达 80.7%，26～35 岁的有 20 人，占比为 14.3%，36 岁及以上的有 2 人，占比为 1.4%。总体来看，被试年龄集中在 18～25 岁，这是因为我们的问卷主要在学生群体中进行发放，年龄相对年轻化。

（3）在学历方面，大专及以下学历有 5 人，占比为 3.6%，本科学历为 93 人，占比为 66.4%，硕士研究生学历为 41 人，占比为 29.3%，博士研究生及以上学历为 1 人，占比 0.7%，被试学历集中在本科和硕士研究生。

（三）操控性检验

在实验二中，我们依然测量了区别对待组和一视同仁组被试对刺激材料中产品伤害危机严重程度的感知，对两组结果做独立样本 $T$ 检验，结果显示：区别对待和一视同仁两组被试对产品伤害危机严重程度的感知得分比较接近，其中 $M_{区别对待} = 5.45$，$M_{一视同仁} = 5.73$。$T$ 检验显著性系数 sig. $= 0.158 > 0.05$，说明两组被试在产品危机严重程度感知方面没有显著性差异。因此可以判断，产品伤害危机严重程度操控成功。

通过让被试阅读优于和次于的定义来检测被试对实验材料中所选择的参照对象美国和越南的认知，并使用两个问项来测量操控是否成功。对参照对象的操控结果使用独立样本 $T$ 检验，结果显示：被试对优于和次于国家的感知在不同召回方式下无显著差异。在参照对象是美国时，认为美国是优于的国家，$M_{区别对待} = 6.20$，$M_{一视同仁} = 6.17$，$p = 0.922 > 0.05$；认为中国是次于的国家，$M_{区别对待} = 5.54$，$M_{一视同仁} = 5.77$，$p = 0.468 > 0.05$，因此被试对美国和中国的发展水平认知没有显著差异。当参照对象是越南时，认为越南是次于的国家，$M_{区别对待} = 5.91$，$M_{一视同仁} = 5.91$，$p = 1.000 > 0.05$，认为中国是优于的国家，$M_{区别对待} = 5.83$，$M_{一视同仁} = 5.77$，$p = 0.852 > 0.05$，因此被试对越南和中国的发展水平认知没有显著差异。

（四）假设检验

实验二仍然采用方差分析的方法，分别对企业采用区别对待和一视同仁的召回方式后消费者的品牌评价进行比较。得出 $M_{\text{一视同仁}} = 5.04$，$M_{\text{区别对待}} = 2.07$，$F = 260.592$，$p = 0.000 < 0.05$，表明组间具有显著性差异，与一视同仁召回方式相比，区别对待的召回方式会产生更加负向的品牌评价。因此，假设 H1 得到验证。

采用方差分析来检验参照对象的调节作用，以产品召回方式、参照对象及它们的交互为自变量，验证参照对象的调节作用。主体间效应检验结果：产品召回的主效应为 $F(1, 140) = 605.004$，$P = 0.000 < 0.05$，参照对象的主效应为 $F(1, 140) = 65.007$，$P = 0.000 < 0.05$，交互效应为 $F(1, 140) = 605.004$，$P = 0.001 < 0.05$。结果表明产品召回和参照对象间的交互作用是显著的。结果如表 5-5 所示：

表 5-5　　　　　　　　　　　　主体间效应检验

| 来源 | III 型平方和 | df | 均方 | F | Sig. |
|---|---|---|---|---|---|
| 校正模型 | 377.807※ | 3 | 125.936 | 227.362 | 0.000 |
| 截距 | 2099.863 | 1 | 2099.863 | 3791.057 | 0.000 |
| 参照对象 | 36.007 | 1 | 36.007 | 65.007 | 0.000 |
| 产品召回 | 335.111 | 1 | 335.111 | 605.004 | 0.000 |
| 参照对象×产品召回 | 6.688 | 1 | 6.688 | 12.075 | 0.001 |
| 误差 | 75.330 | 136 | 0.554 | | |
| 总计 | 2552.000 | 140 | | | |
| 修正后总计 | 453.137 | 139 | | | |

注：因变量：感知公平；※表示 $R^2 = 0.834$（调整的 $R^2 = 0.830$）。

结果表明：当参照对象是优于国家时，$M_{\text{一视同仁}} = 5.13$，$M_{\text{区别对待}} = 1.60$，$F(1, 70) = 455.853$，$p = 0.000 < 0.05$，表明一视同仁和区别对

待召回方式对感知公平有相反的影响，且差异显著。当参照对象是次于国家时，$M_{-视同仁}=5.71$，$M_{区别对待}=3.05$，$F(1,70)=196.421$，$p=0.000<0.05$，表明一视同仁和区别对待召回方式对感知公平有相反的影响，且差异显著。与优于国家相比，当参照对象是次于国家时，区别对待的召回方式比一视同仁召回方式让消费者感知更加不公平（$M_{-视同仁 \cdot 次于}=5.13<M_{-视同仁 \cdot 优于}=5.71$，$M_{区别对待 \cdot 次于}=1.60<M_{区别对待 \cdot 优于}=3.05$）。综上，假设 H3 得到支持。

（五）感知公平的中介效应检验

实验二依旧采用 Bootstrap 来检验有调节的中介效应，验证感知公平的中介效应及参照对象对主效应的调节是通过感知公平产生影响的。结果表明，当参照对象是优于时，在 95% CI 的情况下，BootLLCI = −2.6579，BootULCI = −1.6022，区间不包含 0；当参照对象是次于时，在 95% CI 的情况下，BootLLCI = −3.5894，BootULCI = −2.0084，区间不包含 0，因此感知公平中介于产品召回方式对品牌评价的影响。假设 H2 得到验证。Index of moderated mediation = −0.7000（SEboot = .2484），在 95% CI 的情况下，BootLLCI = −1.2593，BootULCI = −0.2933，不包含 0，因此参照对象作为调节变量通过感知公平对品牌评价产生影响。

（六）讨论

实验二参考实验一的设计思路，为扩大实验的外部效度，将实验刺激物由快消品饮料改为耐用品手机，并修改产品危机事件的实验材料。同时在实验一的基础上加入了对调节变量参照对象的检验。本实验再次验证了产品召回方式对品牌评价的影响，与一视同仁相比，区别对待的召回方式会带来更加负向的品牌评价，其中感知公平起到了完全中介作用，验证了假设 H1 和假设 H2。同时验证了参照对象的调节作用，与优于国家相比，当参照对象是次于国家时，区别对待的召回方式比一视同仁召回方式让消费者感知更加不公平。实验三将验证本研究的第二个调节变量信息沟通，并更换实验材料以扩大外部效度。

## 五、实验三：信息沟通的调节

### （一）实验设计

实验的目的包括：第一，将实验刺激物由耐用品手机改为不可食用快消品牙膏，再次检验主效应、中介效应是否依然成立；第二，检验信息沟通的调节效应，即产品召回方式（区别对待 VS 一视同仁）与信息沟通（沉默 VS 解释）对感知公平的影响。实验三采用 2（产品召回方式：区别对待 VS 一视同仁）×2（信息沟通：沉默 VS 解释）的组间实验设计。通过操控产品召回方式和信息沟通这两个变量形成 4 种情境。为了控制被试受品牌声誉、品牌期望及涉入度的影响，本实验所使用的企业我们赋予它虚拟名称：美嘉集团。除刺激材料不同外，其他的变量测量与实验一、实验二一致。

产品召回方式和信息沟通操控。实验三的实验材料由手机改为牙膏，让被试阅读情境材料："美嘉集团（外国公司）是一家生产日用消费品的公司，旗下生产的一款牙膏在全球市场销售。目前，有权威媒体报道称，在这款牙膏中发现了极少量具有健康隐患的成分二甘醇，长期使用该牙膏可能会损害消费者的身体健康，甚至会导致多种病变"之后，测试被试对产品危机严重程度的感知。

接下来让被试分别阅读材料："美嘉集团经讨论，决定对这款产品进行全球召回，并召开发布会，发布召回公告，解释说明召回标准和召回国家，因为这款牙膏所含的二甘醇成分符合中国的安全质量标准，因此召回国家中不包括中国"，"美嘉集团经讨论，决定对这款产品进行全球召回，并召开发布会，发布召回公告，解释说明召回标准和召回国家"，"美嘉集团经讨论，决定对这款产品进行全球召回，但是不包括中国。美嘉集团对于召回标准和召回国家没有进行进一步的解释说明"，"美嘉集团经讨论，决定对这款产品进行全球召回，但是对于召回标准和召回国家并没有进行进一步的解释说明"以实现对产品召回方式和信息沟通的操控。接下来测量品牌评价（Cronbach's $\alpha = 0.952$）和感知公平（Cronbach's $\alpha = 0.953$），测量方法及量表与实验一、实验二相同。

（二）样本描述性统计

该实验采取线上线下发放问卷的形式进行，累计有 158 名学生参与了该实验，剔除填写不完整和量表选项完全相同的问卷后，各组分别获得有效问卷 35 份，共 140 份，问卷有效率为 88.6%。被试背景信息统计如表 5-6 所示：

表 5-6　　　　　　　人口统计变量分析结果（$n=140$）

| 人口统计变量 | 类别 | 人数 | 百分比 |
| --- | --- | --- | --- |
| 性别 | 男 | 63 | 45.0% |
| | 女 | 77 | 55.0% |
| 年龄 | 18 岁及以下 | 9 | 6.4% |
| | 19~25 岁 | 86 | 61.4% |
| | 26~35 岁 | 43 | 30.7% |
| | 36 岁及以上 | 2 | 1.4% |
| 学历 | 大专及以下 | 25 | 17.9% |
| | 本科 | 103 | 73.6% |
| | 硕士研究生 | 11 | 7.9% |
| | 博士研究生及以上 | 1 | 0.7% |
| 合计 | | 140 | 100.0% |

从表 5-6 可以看出：

（1）在性别方面，女性人数为 77 人，占总数的 55.0%，男性人数为 63 人，占总数的 45.0%，女性人数略高于男性。

（2）在年龄方面，年龄在 18 岁及以下的有 9 人，占总数的 6.4%，年龄在 19~25 岁的有 86 人，占比达 61.4%，26~35 岁的有 43 人，占比为 30.7%，36 岁及以上的有 2 人，占比为 1.4%。

（3）在学历方面，大专及以下学历有 25 人，占比为 17.9%，本科学历为 103 人，占比为 73.6%，硕士研究生学历为 11 人，占比为 7.9%，博士研究生及以上学历为 1 人，占比为 0.7%，被试学历集中在本科。

（三）操控性检验

在实验三中，我们依然测量了区别对待组和一视同仁组被试对刺激材料中产品伤害危机严重程度的感知，对两组结果做独立样本 $T$ 检验，结果显示：区别对待和一视同仁两组被试对产品伤害危机严重程度的感知得分比较接近，其中 $M_{区别对待}=5.83$，$M_{一视同仁}=5.89$。$T$ 检验显著性系数 sig. $=0.788>0.05$，说明两组被试在产品危机严重程度感知方面没有显著性差异。因此可以判断，产品伤害危机严重程度操控成功。关于信息沟通的操控是否成功，对两组结果做独立样本 $T$ 检验，结果显示：沉默和解释的得分有显著性差异，其中 $M_{沉默}=1.71$，$M_{解释}=6.02$。$T$ 检验显著性系数 sig. $=0.000<0.05$，说明两组被试得分存在显著性差异。因此判断信息沟通操控成功。

（四）假设检验

实验三采用方差分析的方法，对企业采用区别对待和一视同仁的召回方式后消费者的品牌评价进行比较。得出 $M_{一视同仁}=4.6$，$M_{区别对待}=3.03$，$F=34.071$，$P=0.000<0.05$，表明组间具有显著性差异，与一视同仁召回方式相比，区别对待的召回方式会产生更加负向的品牌评价。因此假设 H1 再次得到验证。

采用单因素方差分析来检验信息沟通的调节作用，以产品召回方式、信息沟通及它们的交互为自变量，验证信息沟通的调节作用。主体间效应检验结果：产品召回的主效应为 $F(1, 140)=90.768$，$P=0.000<0.05$，信息沟通的主效应为 $F(1, 140)=52.731$，$P=0.000<0.05$，交互效应为 $F(1, 140)=14.701$，$P=0.000<0.05$。结果表明产品召回和参照对象间的交互作用是显著的。结果如表 5-7 所示：

表 5-7 主体间效应检验

| 来源 | III 型平方和 | df | 均方 | $F$ | Sig. |
|---|---|---|---|---|---|
| 校正模型 | 214.295※ | 3 | 71.432 | 52.733 | 0.000 |
| 截距 | 2259.241 | 1 | 2259.241 | 1667.843 | 0.000 |
| 产品召回 | 122.953 | 1 | 122.953 | 90.768 | 0.000 |
| 信息沟通 | 71.429 | 1 | 71.429 | 52.731 | 0.000 |
| 信息沟通×产品召回 | 19.913 | 1 | 19.913 | 14.701 | 0.000 |
| 误差 | 184.224 | 136 | 1.355 | | |
| 总计 | 2657.760 | 140 | | | |
| 修正后总计 | 398.519 | 139 | | | |

注：因变量：感知公平；※表示 $R^2 = 0.538$（调整的 $R^2 = 0.528$）。

结果表明：当企业采取沉默沟通时，$M_{一视同仁} = 4.62$，$M_{区别对待} = 1.99$，$F(1, 70) = 99.560$，$p = 0.000 < 0.05$，表明一视同仁和区别对待召回方式对感知公平有相反的影响，且差异显著。当企业采取解释沟通时，$M_{一视同仁} = 5.29$，$M_{区别对待} = 4.17$，$F(1, 70) = 14.687$，$p = 0.000 < 0.05$，表明一视同仁和区别对待召回方式对感知公平有相反的影响，且差异显著。与解释相比，当企业采取沉默沟通时，区别对待召回方式比一视同仁召回方式让消费者感知更加不公平，进而影响品牌评价。（$M_{一视同仁·沉默} = 4.62 < M_{一视同仁·解释} = 5.29$，$M_{区别对待·沉默} = 1.99 < M_{区别对待·解释} = 4.17$）。综上，假设 H4 得到支持。

（五）感知公平的中介效应检验

实验三依旧采用 Bootstrap 来检验有调节的中介效应，验证感知公平的中介效应及信息沟通对主效应的调节是通过感知公平产生影响的，结果表明：Index of moderated mediation = 1.2585（SEboot = 0.3687），在 95%CI 的情况下，BootLLCI = 0.5888，BootULCI = 2.0624，不包含 0，因此信息沟通作为调节变量通过感知公平对品牌评价产生影响。当企业沉默时，在 95%CI 的情况下，BootLLCI = −2.8467，BootULCI = −1.6365，

区间不包含 0；当企业解释时，在 95% CI 的情况下，BootLLCI =
-1.4577，BootULCI = -0.4859，区间不包含 0，因此感知公平中介于产
品召回方式对品牌评价的影响。假设 H2 再次得到验证。

（六）讨论

实验三再次将实验刺激物更换为被试所熟知的快消品牙膏，以扩展
外部效度。实验三验证了信息沟通的调节作用。具体来说，与解释相
比，当企业沉默时，区别对待召回方式比一视同仁召回方式让消费者感
知更加不公平，进而影响品牌评价。假设 H4 得到支持。我们发现，企
业在区别对待时，解释策略能在很大程度上提高消费者的感知公平，而
并非"越描越黑"，因此解释策略优于沉默策略。同时实验三再次验证
了产品召回对品牌评价的影响及感知公平的中介作用，假设 H1 和假设
H2 得到支持。

# 第五节　结论及未来展望

## 一、研究结论

过去对产品召回的研究主要基于同一市场，研究品牌在某一市场发
生产品伤害危机之后所采取的召回方式对企业有什么影响，把产品召回
作为企业危机响应方式中的一种来研究。随着企业跨国发展程度的加
深，产品伤害危机往往同时在多个国家发生，当企业采取双重标准进行
产品召回时，会对消费者的感知公平产生影响，从而影响品牌评价。本
研究采用实验法，通过调查问卷收集数据，并使用 SPSS23.0 对数据进
行分析，得出以下结论：

第一，产品召回与品牌评价之间呈现负相关的关系，产品召回方式
包括区别对待和一视同仁，与一视同仁相比，当企业采取区别对待的召
回方式时，会带来更加负面的品牌评价。

第二，感知公平在产品召回和品牌评价之间起中介作用。与一视同
仁相比，企业采取区别对待的召回方式时，会降低消费者的感知公平，

进而影响品牌评价。采取一视同仁的召回方式时，消费者的感知公平相对较高，因此品牌评价相对较好。同时排除了愤怒情绪和歧视知觉的替代效应。

第三，参照对象能够有效调节产品召回对感知公平的影响，进而影响品牌评价。与优于国家相比，当参照对象是次于国家时，区别对待召回方式比一视同仁召回方式让消费者感知更加不公平，进而影响品牌评价。当参照对象是次于国家时，消费者的心理比较被启动了，企业区别对待召回时，消费者发现比下不足，因此感知更加不公平，这种感知不公平比参照对象是优于国家时更加强烈。

第四，信息沟通能够调节产品召回对感知公平的影响，进而影响品牌评价。与解释相比，当企业采取沉默沟通时，区别对待召回方式比一视同仁召回方式让消费者感知更加不公平，进而影响品牌评价。解释策略帮助企业树立了负责任的企业形象，降低责任归因，在区别对待召回时会降低消费者的感知不公平，从而影响品牌评价。而沉默策略相当于巩固消费者对企业的责任归因，因此区别对待时消费者的感知更加不公平，进而影响品牌评价。在召回情境下，解释策略优于沉默策略，而并非"越描越黑"。

## 二、理论价值

本章在产品伤害危机响应方式研究的基础上，专注于探讨产品召回的不同方式对品牌评价的影响，并将服务补救领域中的感知公平引入产品召回的研究中，探讨参照对象和信息沟通在产品召回和感知公平中发挥的调节作用。本研究的理论贡献包括以下几个方面：

第一，从自变量角度来讲，站在多国市场视角重新划分产品召回方式。过去学者对产品召回的研究，主要基于单一市场，研究某一市场发生产品伤害危机事件后，企业所采取的响应方式对品牌资产、企业声誉、资本市场的影响等，产品召回往往是这些响应方式中的一种。而鲜有学者从多国市场角度深入研究不同的召回方式对消费者感知的影响。因此本章基于中国消费者视角，研究企业在多国市场发生产品伤害危机后，采取双重标准的召回方式将对消费者产生什么影响。这一研究成果拓展了以往学者对产品召回的研究。

第二，从中介变量角度来讲，创新性地将公平理论应用在产品召回的研究中。公平理论往往被用于服务补救领域，鲜有学者把感知公平引入产品召回的研究。本研究认为，产品召回也是一种对产品服务失败的补救，当企业采取的产品召回方式使得消费者感知自己的投入产出比与他人的投入产出比不同时，便会产生不公平感知，从而会影响消费者的品牌评价。本研究丰富了公平理论的应用范围。

第三，从调节变量角度来讲，本研究探讨了参照对象和信息沟通的调节作用。其中参照对象是主观层面，信息沟通是客观层面，从主观和客观两个视角来研究不同召回方式对品牌评价的影响，丰富完善了模型，同时为企业未来的管理提供了理论支持。

## 三、管理启示

品牌是企业的无形资产，良好的品牌形象使得企业能够在长期的竞争中取得优势。近年来随着企业跨国经营的不断深入及消费者维权意识的增强，产品召回事件呈频发倾向。有效的产品召回管理不仅能够避免使企业陷入更严重的危机，也能够降低企业的经营风险，挽回企业形象和消费者信任。因此本研究对于管理实践有以下几个方面的启示：

第一，从消费者角度来讲，中国消费者受本土文化的影响，格外重视公平二字，中国文化中自古就有"不患寡而患不均"的说法。当企业的召回措施激发了中国消费者的不公平感知时，将会负面影响企业的品牌评价。因此跨国经营企业必须对各国的本土文化有深入的了解，经营活动中不要触犯当地消费者的底线。消费者在使用产品过程中发现产品有缺陷时，也应当积极用法律手段保护自己的合法权益。

第二，从企业角度来讲，在产品伤害危机发生时，企业一定要积极采取一视同仁的召回策略。虽然企业在跨国经营中，需要针对不同的市场、不同的文化采用不同的营销策略，以使品牌更容易被当地人接受，但是在产品伤害危机发生时，企业一定要一视同仁。因为当企业采取一视同仁的召回方式时，能够树立起负责任的企业形象，使消费者获得相对较高的感知公平并做出正向的品牌评价。因此面对产品伤害危机最优的召回方式是一视同仁召回。另外，企业在进行产品召回时，一定要与消费者进行信息沟通，传递企业的召回标准，尤其当企业不得已（如召回成本过高）选择区别对待的召回方式时，及时的信息沟通尤为重要。比如告知被区别对待国的消费者不召回的原因是该产品符合其国家的安全质量标准，或者销往被区别对待国的产品与销往其他国家的产品产地不同因而不予召回，这些对召回标准的解释将在很大程度上缓解消费者的感知不公平，从而改善品牌评价。

第三，从社会角度来讲，有效的产品召回方式将有利于减轻公众的感知风险。产品召回发生时，社会各方，包括政府、媒体、消费者都会密切关注召回事件。企业的产品召回方式直接影响社会舆论和社会稳定。此时企业最佳的应对方式就是一视同仁进行产品召回，并就召回标准、召回流程进行公开透明的发布，这样一方面能够树立负责任的企业形象，另一方面能从社会层面稳定公众情绪，疏解社会舆论。

### 四、研究局限

本章使用实验法、问卷调查法相结合的方式，从定量角度探讨了跨国企业采用双重标准进行产品召回时对消费者品牌评价影响的作用机制及其边界条件，构建了完善的模型，并得出了一些具有理论和实践意义的结论，但是由于时间、能力、资源等方面的限制，本研究还存在一些不足之处。

（1）研究内容的局限性。第一，本研究立足于后进国家——中国消费者的视角探讨双重召回标准对中国消费者品牌评价的影响，未能同时考虑到若立足于发达国家视角，品牌评价将会有怎样的不同。

第二，区别对待的方式有很多种，比如召回/赔偿、免费维修/完全召回等，在本章的研究中只选取了召回/不召回，因此对区别对待的研究还不够深入，这在一定程度上影响研究的外部效度。

第三，本章探讨了产品召回方式和参照对象以及产品召回方式和信息沟通的两两交互作用，但是由于能力有限，并未验证产品召回、参照对象和信息沟通三者之间的交互作用。

第四，本章只探讨了区别对待召回对消费者品牌评价的负面影响，但是未能更进一步探索企业区别对待背后行为的合理性，即企业明知区别对待会带来负面影响，为何还要区别对待。

（2）研究方法的局限性。本研究主要采用实验法和问卷调查法相结合的方式来进行，并且对变量的测量采用了相对成熟的量表。本研究缺少对问题的质性研究，若能采取质性方法，将弥补实验法的不足。

（3）研究样本的局限性。本研究数据主要通过线上线下同时发放问卷的方式获得。在问卷收集方面，样本主要来源于在校大学生，年龄相对年轻化，其他年龄段的样本不够充足，因此数据抽样方面存在不足，这在一定程度上影响了本研究的外部效度。

## 五、未来展望

（一）研究内容的选择

第一，未来对产品召回的研究，可以从区别对待召回方式入手，探索不同的区别对待方式如召回/赔偿、免费维修/完全召回等，是否会给消费者、品牌资产和资本市场表现等带来不同的影响。

第二，企业在清楚区别对待的召回会带来负面影响的情况下，仍然选择区别对待，其原因究竟是什么？即企业区别对待行为背后的合理性究竟是什么？这值得进一步的研究。

（二）研究方法的选择

在未来的研究方法选择上，可以采取实证研究和质性研究相结合的方法，以弥补实验法的不足之处。在实验材料设计方面，本章主要采用的是虚拟品牌，以避免消费者摄入度、品牌声誉等的影响，但在现实中品牌评价确实会受到这些因素的影响，因此以后在实验设计时可以适当使用真实品牌来进一步验证研究结论，以增强研究的外部效度。

# 第六章  品牌舍得行为研究

本章扎根本土文化，构建品牌舍得行为理论，围绕危机情境下品牌"舍"的行为对"得心"和"得利"的影响展开研究。通过一个定性研究和两个定量研究，结果发现：品牌危机情境下，决策者越是大"舍"，越能得到顾客的"心"，即越能修复并提升顾客对品牌的信任和情感，进而企业就越能得到更多的"利"，表现为顾客对品牌的评价和再购意愿的提升。其中，与危机归因于内（人为）相比，当危机归因于外（天灾）时，"舍"对"得"的正向影响将被加强。研究结论不仅对本土文化营销理论的建构有重要的参考意义，而且还将对品牌危机管理的实践起着重要指导作用。

## 第一节  问题的提出

一直以来，品牌危机就是营销理论研究和实践关注的热点话题之一。尤其是近些年在移动互联网信息技术的影响下，品牌危机事件被不断放大，对企业声誉、行业信心、国家形象，乃至整个社会的信任都造成了极大的负面影响（王新刚，周玲和周南，2017）。为此，学界围绕品牌危机的应对与管理展开了广泛深入的研究，分别从企业、媒体和专家三个视角提出了多种应对策略（如 Cunha & Shulman，2011；Queller，Schell & Mason，2006；费显政，李陈薇和周舒华，2010；张璇和张红霞，2014）。其中，从企业视角开展的应对研究最为丰富，它们探讨了否认、辩解、保持沉默、承认等多种方式（Yin，Yu & Poon，2016；

Liu，Shankar & Yun，2017；王晓玉，晁钢令和吴纪元，2008）。然而，这些研究结论大多是在西方理论的指导下得出的，并不能充分体现应对行为背后的本土文化意义和决策智慧，也无法深刻解释本土营销实践当中的现象和问题，以两则案例为例。

**案例一：**

　　2015 年 5 月 17 日—5 月 18 日，一场突如其来的暴雨夹杂着冰雹袭击了长春，位于长春的一汽—大众奥迪停车场、估值在7587.23 万元至 1.62 亿元的 200 多辆新车被暴雨浸泡。5 月 21 日一汽—大众奥迪发布官方声明，证实因暴雨导致 283 辆奥迪 A6L浸泡受损，确保这些车辆不会进入销售渠道，并将 283 辆受损车底盘号全部公布。此举得到广大顾客称赞，他们认为厂商有担当，一名支持奥迪的顾客甚至感叹"这雨下得就像开水淋在心上，文艺的心情一下子蒸腾了"。①

**案例二：**

　　2016 年上半年及之前，因为存在安全隐患，宜家的产品抽屉柜在北美市场造成多名儿童死亡和受伤。2016 年 7 月，宜家"夺命抽屉柜"事件在中国市场持续升温，宜家认为在中国销售的抽屉柜符合中国国家标准，故声明并不召回，而是免费给顾客提供约束装置，将柜体固定到墙上。此事引发媒体和广大顾客的强烈声讨，怒批宜家极其傲慢——"中国顾客真的缺你那几颗钉子吗"？根据新浪财经调查：有 58.1% 的顾客不再信赖宜家。②

　　两则案例中，无论是奥迪还是宜家，都采取了一定的补救措施，为

---

　　①　http：//auto. sohu. com/20150523/n413640140. shtml.

　　②　http：//finance. sina. com. cn/chanjing/gsnews/2016-07-05/doc-ifxtrwtu9871977. shtml.

何却导致了截然不同的社会反响？按照过往理论，这两家企业品牌危机处理的差异在于，一为担保、一为补救；一者主动、一者被动；一归因于外（天灾），一归因于内（人为）。然而，以往这些理论的解释相对繁琐，也颇有隔靴搔痒之感，并不能透彻揭示两种品牌危机管理措施之所以产生不同效果的本质原因。从中国文化的语境来看，上述两家企业的决策者在面临危机事件时所展现出的智慧、勇气和担当高下立判，其中关键在于他们对"舍"与"得"的理解和认识存在较大差异。具体而言，一汽—大众在面对"天灾"的情况下，勇于承担责任，敢"舍"（公布被雨水浸泡而受损车辆的底盘号），结果换来的是顾客的"心"份额和市场份额。而宜家在面对"人为"的情况下，却推三阻四，不想"舍"（只免费给顾客提供约束装置，并不召回产品），结果失去的不仅是市场份额，而且还有顾客的"心"份额。

中国俗语有言："大舍大得，小舍小得，不舍不得。"在品牌危机情境下，企业能否通过"舍得"行为化"危"为"机"呢？究竟该如何界定"舍"和"得"呢？"舍"和"得"之间的过程和机制又是什么呢？如何加强或减弱"舍"和"得"之间的关系呢？与以往西方理论研究相比，"舍得"构念相对抽象，本土文化意义丰富，较难界定和应用于学术研究。然而，在坚持通过构建本土文化理论解决本土实践问题信念的指导下（张闯，庄贵军和周南，2013），我们尝试着将"舍得"思想及其文化意义应用于品牌危机管理研究当中。对上述问题的回答，不仅对本土文化营销理论建构有着重要的参考意义，而且还将对中国本土市场中品牌危机管理实践起着重要指导作用。

# 第二节 文献评价和理论基础

## 一、品牌危机相关研究

品牌危机指品牌在正常传递价值和利益的过程中，那些能够对品牌生存和发展产生威胁、或者对品牌形象产生伤害的意外或突发事件。结合本书的研究内容，这些事件主要指产品质量方面的相关问题，而且它们在各种媒介的传播下可能会广为人知（Hegner, Beldad & Kraesgenberg, 2016）。对企业而言，品牌危机就像一场噩梦，短期来看，会迅速降低产品或服务的销量；长期来看，会削弱营销组合策略的效力，并失去顾客的信任（Baka, 2016）；更为严重的可能会给整个行业乃至国家形象带来灾难性的影响。

基于品牌危机对企业管理的重要意义，众多学者研究了品牌危机的应对和治理。对这些研究结论，国内外学者按照不同的逻辑进行了梳理和总结。国外学者 Roehm 和 Tybout（2006）认为品牌危机所有的应对策略，基本上是按照从缓解到恶化这样的递进顺序（如：沉默、让步、申辩、辩解和拒绝）被提出的。Coombs（2006）则按照从反对到包容的递进逻辑提出，品牌危机沟通交流策略主要有：袭击控诉者、否认、找借口、申辩、辩解、讨好、充分道歉。Benoit（1997）总结了在品牌危机之后，品牌形象修复策略的五大种类：否认、责任的推卸、降低事件的攻击性、纠正行为和约束行为。国内学者王晓玉和晁钢令（2009）关于品牌丑闻的企业应对整理显示，有保持沉默、否认、辩解、承认四个大类。其中，承认又包括道歉、被迫召回、主动召回、非常努力的应对。而方正等人（2013）关于产品质量危机的应对整理显示，对可辩解危机的应对策略有公开致歉、积极澄清、置之不理、否认和反驳；对不可辩解危机有坚决否认、强制召回、主动召回、积极承担责任等策略。

除了上述这些相对抽象的策略之外，还有学者本着深化理论贡献的原则，不断研究更为具体的应对策略。例如：Ahluwalia 等（2001）讨论了两种否认策略：坚决否认和诊断否认，前者是指给顾客提供有效的且具有说服力的信息和证据，反对或推卸品牌丑闻的存在或责任；后者主要通过让顾客区分同类品牌间的差异来降低品牌丑闻负面信息的价值，进而否认品牌丑闻的存在。Xie 和 Peng（2010）针对信任的修复将道歉策略划分为三种：情感、功能和信息修复努力。情感修复努力主要指向受害者表达遗憾和同情；功能修复努力主要指向受害者给予财务方面的补偿；信息修复努力主要指在危机处理过程中，及时更新披露信息，澄清事实。姚琦和黄静（2011）结合本土文化，将道歉划分为赔礼和赔钱来测试品牌危机中的受害者对品牌关系再续的意愿。

综上所述，以往研究存在一定的局限：其一，品牌危机应对和沟通方式的研究逻辑不断具体细化，表面上看似乎具有较强的操作性，实际上对企业而言，却既难以涵盖营销实践的复杂性和多样性，又缺乏战略性和方向性的指导意义。其二，品牌危机应对和沟通的研究理论大多来自西方，虽然不少研究结论也适用于中国市场，但却缺乏应对本土实践的恰切性，难以充分解释和解决中国文化背景下企业面临的实际问题。其三，来自西方的研究结论大多是从市场绩效的视角、按照理性的逻辑、着手眼前或短期、重视品牌危机中"危"的应对；而缺少本土文化从"人心"的视角、按照感性的逻辑、着眼未来或长期、重视品牌危机中"机"的把握。鉴于此，不同于以往或者说来自西方理论背景下的研究，我们基于构建本土营销理论的指导思想，尝试着运用本土文化构念，以"舍得"为切入点，对品牌危机情境下的企业应对展开深入研究。

## 二、理论基础的建构

"舍得"的说法和运用在本土文化中历史悠久，屡见于儒释道三家的文献典藏。如儒家经典《孟子》曰："鱼，我所欲也；熊掌，亦我所欲也。二者不可得兼，舍鱼而取熊掌者也。"道家元典《道德经》曰："夫唯不争，故天下莫能与之争。""将欲去之，必固举之；将欲夺之，必固予之；将欲灭之，必先学之。"体现佛家思想的《了凡四训》中则写道："达者内舍六根，外舍六尘，一切所有，无不舍者。"除此之外，在古今中外的各类文史著作中，关于舍得的诗句、谚语、成语、故事或事件等记载不胜枚举，有的已经在世界范围内传诵千年之久。归纳而言，大多数涉及"舍得"的文献鲜明地体现出收益与付出之间的辩证关系：舍与得并非此消彼长，而是某种程度上恰恰互为因果，互相促进。

然而，令人遗憾的是，至今鲜有学者从学术研究的角度梳理"舍得"的前提和内涵，并给出明确具体的定义。部分原因在于：西方文化强调理论，思维具体而明确；而中国文化强调思想，思维抽象而模糊，这跟中国文化中阴阳及中庸的思维有关（Nisbett，2001；赵志裕，2000；周南，2012）。因此，来自中国本土的文化构念若想与当今国际主流学术圈对话，就必须借鉴西方强调理论的思维逻辑，明确其定义的范畴和边界。基于此，本章首先试图阐述"舍得"的背景和前提、定义和内涵，用以构建本土理论，解决营销实践问题。

（一）"舍得"的背景和前提

一直以来，"舍得"行为既广泛体现在各种宏观领域中，例如：政治、军事、经济、教育等；也可广泛应用于企业经营管理实践的微观情境中，例如：人事任免、利益分配、营销战略制定、客户关系管理等。而本章之所以选择品牌危机情境，有以下两方面的原因：第一，品牌危机情境带有时间的紧迫性和公开性，舍得行为带有极大的不确定性和风险，最能体现当事人决策时的勇气、智慧和境界。第二，经过前期多次讨论，我们发现：在不同的情境下，舍和得之间的过程、机制和边界条件存在较大差异。因此，本研究首先专注于品牌危机情境下的"舍得"研究，未来再试图拓展到其他类型的企业决策情境中。

品牌危机情境下，为什么有的决策者敢于大舍，而有的决策者只能小舍或不舍呢？这取决于他们对舍的理解、体验和感悟，其中有两个方面的前提：一个是"脑"，即相信因果不空的信念；另一个是"心"，即同理心的大小。

首先，决策者要相信因果不空，也就是种瓜得瓜，种豆得豆，而不是种瓜得豆、种豆得瓜或不得；相信现在播下的"因"能够收获未来对等甚至更大的"果"。这是由于品牌危机情境下的舍得行为并没有法律契约作为基础和保障；而且，舍和得之间带有较大的不确定性，尤其在时间间隔上，因果关系并没有一定的时间可以预期。另外，舍得这种因果思维相对抽象模糊，属于"象"思维，即根据一些线索，发现复杂事物之间的关联，找到客观规律存在的走向（梁冬，2016）。因此，做出"舍得"的决策需要决策者对因果有"信心"。决策者若能够找"道"，敢于做"到"，结果就会如庖丁解牛，"以无厚入有间"，最终将实现决策者内在的、主观的"心"与外在的、客观的"道"的契合与统一，体现为"大舍大得"的局面。

其次，决策者要有尽可能大范围的同理心，也就是一个人是否能够站在他人的立场设身处地思考问题（杰里米，2015），其中的"他人"既可以指同为人类的顾客、也可以指动植物，甚至是自然界、地球或宇宙。范围越大说明一个人的同理心越强，最终达到人们常说的"天人合一"；与此对应的是，西方学者把它叫做己化道德关怀圈（inclusion of other in the self）（Winterich，Mittal & Ross，2009），这取决于一个人的道德发展阶段和自我的延伸（马庆强，1997）。当一个人把他人、动植物、自然界、整个地球甚至宇宙纳为自己的一部分时，就是所谓的"天人合一"。另外，决策者应该敢于暴露品牌危机当中的问题，直面真实的自己，只有在公众面前袒露、反省自己，才能触及灵魂，内心才能真正做到"放下"，最终解放自己。如此才能体现真诚，如《中庸》中所说"唯天下至诚为能化"，即真心实意，坦诚相待，能从心底感动他人，获得他人的信任。这样的人可称为"真正的勇士"，他们的勇敢恰恰体现了心灵的柔软，深深反映了慈悲之心。相反，如果戴着面具借助危机公关策略削弱品牌危机带来的负面影响，其结果只能一时有效，并不能从根本上解决顾客和决策者的"心结"问题。所以，大道至简，"简"就是"真"。无论是"同理心"、"天人合一"，还是"己化道德关怀圈"，其实都指向同一个问题：小我和大我间的关系。当小就是大，大就是小的时候，就只剩下了一个"我"，此时也可以叫"我们"。

（二）"舍得"定义和内涵

在搜集整理有关舍得的句子（30个条目）和成语（35个条目）之后，形成初步的结论："舍"作为动词或者说一种行为，主要体现在放弃和给予两个方面；舍和得间的关系存在很大的不确定性，并不存在法律契约方面的基础和保障。接下来，我们又邀请专业的学术团队对

"舍得"进行了多次充分讨论。最终梳理出"舍得"的内涵及特征如下：其一，"舍得"的主体："舍"方可以是个体或集体，"舍"可以是个体或集体决策；而"得"与"舍"对应，"得"方或"得"的对象也可以是个体或群体。其二，"舍得"的内容：比较广泛，复杂多样，可以是钱、物、信息、人甚至是命等；"舍"和"得"的程度难以对等，且存在差异。"舍"的大多是"有（如钱、物、人等）"，"得"的不仅是"有（如经济绩效）"，更多是"无（如品牌声誉）"。其三，"舍得"的方向："舍"和"得"方向相反，"舍"向外，"得"向内；"舍"或"得"可以是单方面的意愿，也可以是双方互动。其四，"舍得"的对等关系（见图 6-1a）：大舍大得，小舍小得，不舍不得，这种对等关系在何种情况下才能成立？我们提出两个基本条件：一方面需要"舍"的方式正确，顾客能够认同"舍"的行为；另一方面需要"舍"的对象怀有感恩互惠之心。若不具备这两条，"舍"和"得"的关系在一定时间内恐难实现对等。

其五，"舍得"的时间关系（见图 6-1b）：在时间维度上，存在三种关系类型：第一种是舍未来得眼前；第二种是舍眼前得眼前，第三种是舍眼前得未来或既得眼前又得未来；其中的时间间隔可以较短，也可以较长，甚至长到无法做出有把握判断未来的结果。其六，舍得的过程：大舍和大得之间体现的更多是"以心换心"的交换而非"以物易物"的交易——以人为本，"换"来的往往能够打动、感动甚至是征服人心，产生较高的情感和信任反应，得到的是"心"份额，市场份额自然接踵而至；而小舍和小得之间更多体现的是交易，就事论事，"易"来的往往基于算计和得失之间的衡量，产生的情感和信任反应平平，得到的仅仅是"市场"份额而少有"心"份额。

需要说明的是：在上述对"舍得"内涵及特征梳理的基础上，结合本书研究内容，我们对品牌危机情境下"舍得"行为及应对方式进一步进行界定，无论是大舍还是小舍，其出发点和落脚点都是顾客感

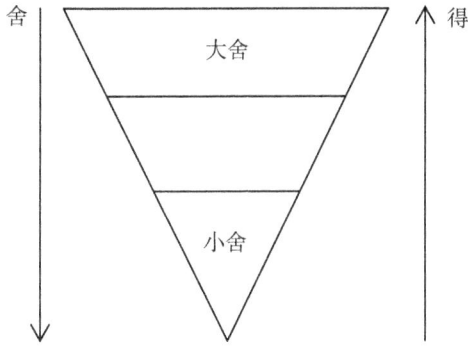

图 6-1a　舍得对等关系

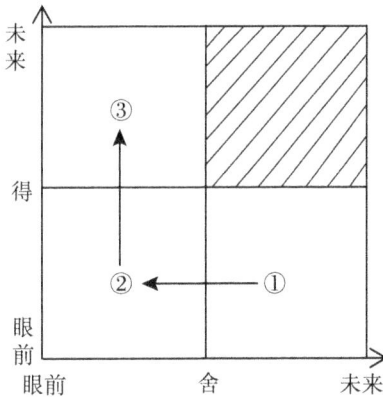

图 6-1b　舍得时间关系

知。所谓"大舍"主要指品牌发生产品质量危机后，在企业舍的内容的重要性或舍的程度方面，顾客所感知到的远远超出他们事前的期望。"小舍"主要指品牌发生产品质量危机后，在企业舍的内容的重要性或舍的程度方面，顾客所感知到的仅仅符合或略微超出他们事前的期望。对危机品牌而言，从结果来看，"大舍"之后相对应的"大得"主要指顾客眼前和未来的品牌购买意愿、行为，品牌评价以及口碑推荐等；而"小舍"之后相对应的"小得"主要指眼前的绩效。

# 第三节 研究模型和假设推演

## 一、研究模型

以文献评述和"舍得"理论模型为基础，构建品牌危机情境下的"舍得"行为研究模型。自变量为品牌危机应对方式（大舍和小舍），中介变量为"得心"（品牌信任和情感修复），因变量为"得利"（品牌评价和再购意愿），调节变量为危机归因（外因或内因）。大致思路如下（见图6-2）：面对品牌产品质量危机，企业通过"舍"的应对方式修复顾客对品牌的信任和情感（得心）。若是大舍，可化"危"为"机"；若是小舍，可息"事"宁"人"，最终影响顾客的品牌评价和再购意愿（得利）。而在这个过程中，如果品牌危机被顾客归因于外（天灾），模型中主线的逻辑将会被加强；归因于内（人为）时，模型中主线的逻辑将被减弱。

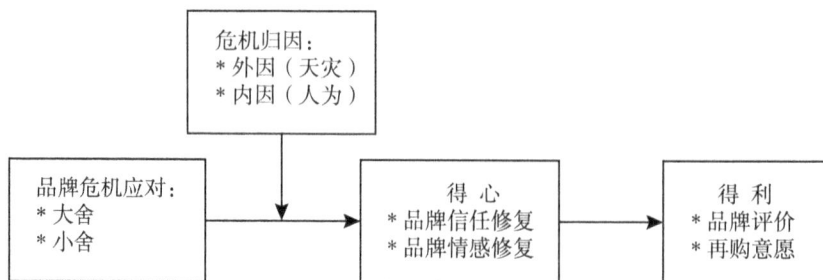

图6-2 本章研究模型

## 二、假设推演

（一）研究主线的推导

世间万象，瞬息变化。面对复杂多变的内外部环境，品牌危机时有发生。为此，管理者需要做出及时的应对，否则，无论大舍还是小舍，其效果都将大打折扣。究竟是大舍还是小舍，取决于管理者的决策水平。有的人心里想到的是顾客，全盘考虑社会和国家的利益，敢于担当，勇于负责，所以看到的是危机中的"机"，能够做出"大舍"的应对行为，真正化危为机。而有的人心里只想着自己，畏缩不前，缺少勇气和魄力，所以只看到危机中的"危"，常常做出"小舍"的应对行为，目的是就事论事和息事宁人。看到"机"，产生动力；看到"危"，产生压力；机和危，动力和压力，只是一念的区别，其产生的选择却截然不同："大舍"和"小舍"。

"大舍"主要指发生品牌危机时，舍的内容的重要性或舍的程度远远超出了顾客的期望。研究表明：当企业对顾客需求的满足给予一些意外刺激，或超出顾客期望时，会让顾客感觉到惊喜，进而提高顾客的满意和忠诚（Valenzuela et al.，2010）。因此，品牌危机情境下，企业的大舍行为不仅能够填补危机给顾客与品牌间所造成的鸿沟，修复品牌危机给顾客所带来的心理创伤，而且还能化危为机，在此基础上进一步打动、感动甚至是征服顾客的"心"，体现为品牌信任和品牌情感的提升（Elena & Jose，2001）。所以，在感性带动理性的情况下，后续过程中品牌所得到的"利"，即顾客对品牌的正面评价和再购意愿给企业带来的利益，将有可能是"无限"的、难以衡量的。

而"小舍"主要指企业舍的内容的重要性或舍的程度只是符合了顾客的期望而已。如此，所谓的"得心"最多也只是勉强填补了危机给顾客与品牌间所造成的鸿沟，大致修复了品牌危机给顾客所带来的心理创伤，在一定程度上恢复了品牌信任和品牌情感，但并不能让顾客产生比先前更加强烈的品牌信任和品牌情感（Chaudhuri & Hoibrook，2001）。所以，在理性缺乏感性带动的情况下，后续过程中品牌所得到的"利"，即顾客对品牌的正面评价和再购意愿也是非常"有限"且可以预见的。为此，我们提出如下假设：

H1：品牌危机情境下，决策者越是大"舍"，越能得到顾客的"心"（越能够修复并提升顾客对品牌的信任和情感），进而企业就越能得到更多的"利"（顾客对品牌评价和再购意愿的提升）。

（二）调节变量的作用

品牌危机发生后，顾客会自发进行责任归因，无外乎两个方面：内因（人为）和外因（天灾）。内外的边界在于企业以及事件的发生源是否可控。内因主要指危机事件发生源在企业内部可控，视为"人为"；而外因主要指危机事件发生源在企业外部不可控，视为"天灾"（Laufer，Silvera & Meyer，2005）。近些年，人们追求经济利益的欲望不断膨胀，使得自然环境的状况日益恶化，加之网络媒体的放大效应，无论是"人为"还是"天灾"给品牌带来的危机都越来越多。

面对内因带来的品牌危机，不少企业采取沉默、辩解和否认等各种沟通策略，并且也有理论研究表明上述策略具有一定的效果。然而，危机事件的发生源毕竟是在企业内部可控，并非不可控的天灾，因此，顾客会认为品牌危机产生的原因可能是内部管理不善，未能正"心"诚"意"。既然犯了错，就应该为自己的行为负责，承担相应的责任。因此，与外因相比，当品牌危机的责任归因于内时，顾客会认为企业更应该承担责任；在这种状况下，企业"舍"的程度对"得心"的影响将相对较小。

而面对外因带来的品牌危机，不少企业采取推卸责任的做法，且理论研究也表明：与内因相比，当危机事件源于外因时，顾客更容易原谅涉事品牌（Klein & Dawar，2004）。结果是涉事品牌不再对顾客做出补偿（"不舍"），或者是仅仅给出差强人意的弥补（"小舍"）。殊不知，如果企业做出大舍的行为，将更能体现敢于担当、勇于负责的态度。因为"冤有头债有主"，面对外因所带来的品牌危机事件，顾客会认为企业不应该承担责任，对企业补偿预期较低。若在此时，企业能够一反常情，做出"大舍"，将会给顾客带来意外的惊喜和感动。为此，我们提出如下假设：

H2：当危机归因于外（内）时，品牌"舍"的行为对得"心（修复并提升顾客对品牌的信任和情感）"的正向影响将被加强（减弱），进而对企业得"利（顾客对品牌评价和再购意愿的提升）"的正向影响也被提高（降低）。

# 第四节　研究一：深度访谈

## 一、访谈基本设计

访谈目的和过程：验证前文对大舍和小舍的界定，测量被试是如何理解大舍和小舍的；搜集被试在商家做出大舍或小舍行为之后的反应，针对产品和品牌从情感和信任两个方面进行询问；请被试对商家的大舍或小舍行为作出评价；最后询问被试购买该品牌产品的意愿。简言之，研究一试图初步测试大舍和小舍的分类界定是否准确，以及本章研究模型的主线是否成立。

为了能够充分搜集信息，在访谈中我们设置了大舍、小舍和不舍三类品牌危机应对行为。访谈由 5 名市场营销专业硕士研究生完成，每位被试访谈时间平均 30 分钟，共计访谈了 14 名消费者。其中，提到大舍的有 6 人、小舍的有 4 人、不舍的有 4 人。地域分布主要在湖北省、北京市、河南省、甘肃省、深圳市。

## 二、访谈步骤

首先，我们询问被试如下问题：当品牌危机发生后，在商家应对处理的过程中，请描述一个您认为商家大舍、小舍或不舍（任选其一）的事件，并讲清楚事件发生的时间、地点、人物以及来龙去脉。其次，您为什么会认为该事件中商家的行为属于大舍、小舍或不舍？您对此心理是如何反应的？然后，在商家做出大舍、小舍或不舍的行为之后，您还信任该品牌的产品质量吗？您还认为该品牌是个诚实的品牌吗？您还喜欢这个品牌吗？当使用这个品牌时，您的感觉是否依然很好？最后，您对该商家大舍、小舍或不舍的行为作何评价？您对该商家或者说该品牌又作何评价？在经历此次事件之后，您是否还会购买该品牌的产品？访谈资料统计具体见表 6-1。

表 6-1                      访谈资料统计

| 性别 | 年龄 | 职业 | 事件描述 | 舍的类型及原因 | 情感 | 信任 | 购买意愿 |
|---|---|---|---|---|---|---|---|
| 男 | 24 | 学生 | 1986 年海尔砸 76 台冰箱事件 | 大舍 可以不砸 | 有责任 有担当 | 更加信任 | 会 |
| 女 | 30 | 教师 | 2009 年 8 月丰田在华企业因零部件缺陷召回 688314 辆 | 大舍 天文数字 | 勇于自改 敢于负责 | 非常信任 | 会 |
| 女 | 27 | 人力资源 | 2012 年 10 月丰田汽车因电动车窗的开关存在缺陷，全球召回 743 万辆 | 大舍 竟然愿意召回 成本非常大 | 喜欢 非常负责 | 有能力信任 | 会 |
| 男 | 46 | 公务员 | 2010 年 9 月上海大众因控制器编码不匹配，召回 24136 辆 | 大舍 涉事车辆很多 经济成本很大 | 负责任 有良心 | 信任 | 会 |
| 女 | 34 | 公司行政 | 2010 年 8 月松下电器（中国）因冰箱存在安全隐患，召回大约 36 万台 | 大舍 敢于公开 经济成本很大 | 符合道义 勇于承担 责任 | 谅解 收获 信任 | 会 |
| 男 | 26 | 实习医生 | 2017 年 6 月，波科国际医疗贸易（上海）有限公司因产品无菌包装破损，全球召回 12549 个产品 | 大舍 包装破损 影响很小 | 原谅 负责任 诚意 | 认可 放心 | 会 |
| 男 | 22 | 学生 | 2016 年三星手机 Note7 爆炸召回事件 | 小舍 未果断召回 区别对待 | 可以接受 可以理解 | 不够诚实 | 可能会 |

续表

| 性别 | 年龄 | 职业 | 事件描述 | 舍的类型及原因 | 情感 | 信任 | 购买意愿 |
|---|---|---|---|---|---|---|---|
| 女 | 42 | 保险 | 2016 年三星手机 Note7 爆炸召回事件 | 小舍<br>未果断召回<br>缺少魄力 | 气愤不公<br>不再喜欢 | 诚信出了问题 | 不会 |
| 女 | 31 | 国企财务 | 2016 年三星手机 Note7 爆炸召回事件 | 小舍<br>部分国家召回 | 不舍中国<br>受到歧视 | 不诚实<br>不信任 | 可能会 |
| 男 | 32 | 研发 | 2012 年冬天北京某苹果手机专卖店，iPhone 5 买了一个月左右，摄像头有紫色小点，导致每个照片都有。去修理，服务人员表示直接更换一台新的 | 小舍<br>应该这么做 | 依然喜欢<br>但感觉没<br>有以前好 | 依然信任<br>依然诚实 | 会 |
| 女 | 25 | 文员 | 2017 年 6 月在蜜芽某商家处购买了一瓶某明星同款的防晒喷雾，因为和以前购买的味道不同，怀疑是假货，商家给不出证明，要求 10 倍赔偿，商家不给，只是退货，后向工商举报，获 5 倍赔偿 | 不舍<br>不愿意<br>给予补偿 | 虽然获得<br>赔偿<br>心里<br>很不痛快 | 不诚实<br>不信任 | 再也<br>不会 |

续表

| 性别 | 年龄 | 职业 | 事件描述 | 舍的类型及原因 | 情感 | 信任 | 购买意愿 |
|------|------|------|----------|----------------|------|------|----------|
| 男 | 27 | 汽车销售 | 2004 年高田公司第一起安全气囊事故发生后并未对此给予重视，直至 2007 年发生三起安全气囊爆炸事件才开始召回问题车辆 | 不舍 不愿召回 不愿负责 | 目光短浅 不会喜欢 | 一定不会信任 | 一定不会 |
| 女 | 28 | 会计 | 2017 年 7 月，在广州某麦当劳用餐，点了两杯红茶，发现极浓的消毒水味道，现场负责人解释是昨天店员对餐具消毒，清洗不干净导致，不愿做出赔偿 | 不舍 不愿赔偿 | 不明智 因小失大 自杀式的处理方式 | 不会信任 | 不会 |
| 男 | 33 | 个体户 | 2016 年购买某品牌热水器，出现质量问题后，联系厂家，一再推脱，不愿意给出有诚意的解决方案 | 不舍 各种借口 不愿正视 不愿赔偿 | 感觉不好 不再喜欢 | 彻底不再信任 短视 | 再也不会 |

## 三、访谈总结

从表 6-1 的访谈资料统计可以看出：第一，"舍"的划分类型。被试对大舍的陈述主要集中于"企业原本可以不这么做、成本高、意外"等方面；对小舍的陈述主要集中于"缺少魄力、应该这么做、部分召回"等方面；"不舍"更多表述为"不愿赔偿、不敢正视、不愿负责"等方面。这与前文对"大舍"和"小舍"界定的核心内容是一致的。第二，消费者对不同类型"舍"的情感和信任反应。"大舍"之后，消费者认为品牌"有责任、有担当、符合道义、更加信任"；"小舍"之后，消费者认为品牌"可以理解、接受、不再喜欢、诚信出了问题"；不舍之后，消费者认为品牌"不明智、因小失大、自杀式的处理方式、不会喜欢、一定不会信任"。第三，关于再购意愿的反应。"大舍"之后，消费者对品牌依然会购买；"小舍"之后，消费者对品牌可能会或不会购买；"不舍"之后，消费者对品牌再也或一定不会购买。由此可见，访谈资料的内容分析基本符合模型主线的逻辑。除此之外，我们还发现品牌危机应对的及时性和公开性、品牌的身份（本土 & 外资）、品牌强势程度、事件的卷入度、品牌危机的严重程度、被试以往的品牌危机经历等因素，可能会影响模型中主线的逻辑。因此，我们将在下面的研究设计中对这些变量予以控制。

## 第五节 研究二：被试作为旁观者

研究目的：在品牌危机情境下，检验不同程度"舍"的行为对消费者再购意愿的影响，其中，被试为品牌危机事件的旁观者，卷入度较低。研究设计：采用 2（品牌危机应对：大舍 vs 小舍）×2（危机归因：外因 vs 内因）的组间设计。来自武汉、北京、深圳、九江等地的 146 名普通消费者自愿接受了此次调查，采用发放红包的方式激励被试填写问卷。其中，男性 79 人（占 54.1%），平均年龄 32.5 岁。

### 一、操作过程

首先，根据访谈资料，以某虚拟品牌汽车在某省市场上发现 7531 辆存在发动机质量缺陷为情境，进行品牌危机的设计。在这个步骤中，控制了危机事件发生的时间、信息源的权威性、解释了发动机质量缺陷等。接着，测量了被试对危机品牌的情感（测项：好、愉悦和幸福，Cronbach's $\alpha = 0.862$）和信任（测项：信任、安全、可靠和依赖，Cronbach's $\alpha = 0.874$）反应（Chaudhuri & Hoibrook，2001），以及消费者对危机品牌的评价（测项：支持和肯定，Cronbach's $\alpha = 0.946$）和购买意愿。

然后，以营销实践为参照，对"小舍"的操控设计是：危机品牌仅召回某省市场上所有问题车辆。对"大舍"的操控设计，在"小舍"的基础上增加：对估值1.62亿元的受损发动机号码予以公布；此外还召回全国市场上该批车辆共计17万辆。对品牌危机归因的操控设计，外因的描述：因为一场突如其来的暴雨夹杂着冰雹，袭击了新车存放停车场，这些车辆的发动机因雨水浸泡存在质量缺陷。内因的描述：在生产过程中，工作人员的质量意识不够和操作行为不当导致发动机存在质量缺陷。

接着，对"大舍"和"小舍"以及危机归因（外因 & 内因）进行了操作检验；再次测量了被试对危机品牌的情感和信任反应，以及对危机品牌的评价和购买意愿。并且，在整个问卷的设计中，还测量了品牌危机的严重程度、信息认可度、事件的卷入度、被试以往购买经历等可能干扰的因素。所有的问项均采用9级李克特量表（1代表非常不同意，9代表非常同意）。最后，被试填写了他们的背景资料。

## 二、数据分析

（一）操作检验

首先是大舍和小舍的操作检验。使用的问项包括消费者感知到"舍"的程度和是否超出期望，取两问项的均值作为"舍"的程度的操作检验。结果显示：$M_{大舍} = 7.38$，$M_{小舍} = 4.346$，$t(144) = 17.288$，$p < 0.01$。其次是对危机归因的操作检验。使用的问项包括可控与否和发生源在企业内外，取两问项的均值作为"归因于外"的程度的操作检验。结果显示：$M_{外因} = 7.789$，$M_{内因} = 2.3$，$t(144) = 42.072$，$p < 0.01$。上

述结果表明对大舍和小舍，以及危机归因于内外的情境操控都是成功的。

（二）假设检验

首先，检验品牌危机应对大舍和小舍两种行为（转化为虚拟变量）对"得心"（品牌情感修复和品牌信任修复的加权平均）的线性回归，结果显示：$F = 245.379$，$\beta = 0.794$，$t = 15.665$，$p < 0.01$；说明品牌危机应对"舍"的程度越大，越能得到消费者的心，即修复品牌情感和品牌信任。其中品牌情感和品牌信任的修复等于品牌舍后的测量减去舍前的测量。

之后，检验"得心"对"得利"（品牌评价和再购意愿的加权平均）的回归，结果显示：$F = 724.55$，$\beta = 0.913$，$t = 26.917$，$p < 0.01$；说明越能得到消费的心，即品牌情感和品牌信任修复越好，就越能得到更多的利，即品牌评价和再购意愿。其中品牌评价和再购意愿的测量等于品牌舍后值减去舍前值。另外，关于"得心"的中介作用，参照 Bootstrap 中介检验程序（陈瑞，郑毓煌和刘文静，2013），样本量选择5000，在95%的置信区间下，中介检验的结果没有包含 0（LICI = 1.986，ULCI = 2.739），且中介效应（$a \cdot b$）大小为 0.724，这说明"得心"的中介效应是显著的。因此，假设 1 得到检验。

为了检验假设 2，对不同情境下得心和得利的均值进行了比较。对得心来说（见图 6-3a），品牌危机应对（$F (1, 142) = 368.117$，$p < 0.01$）和危机归因（$F (1, 142) = 51.933$，$p < 0.01$）主效应均显著，且其交互效应（$F (1, 142) = 10.437$，$p < 0.01$）也存在显著影响。具体来看，归因于外的情境下，品牌"舍"的行为对"得心"的正向影响相对更强（$M_{大舍-得心} = 5.504$，$M_{小舍-得心} = 2.72$，$t (74) = 12.724$，$p < 0.01$）；归因于内的情境下，品牌"舍"的行为对"得心"的正向影响相对更弱（$M_{大舍-得心} = 4.8$，$M_{小舍-得心} = 0.956$，$t (68) = 14.209$，$p < 0.01$）。

对得利而言（见图 6-3b），品牌危机应对（$F (1, 142) = 437.602$，$p < 0.01$）和危机归因（$F (1, 142) = 76.703$，$p < 0.01$）主

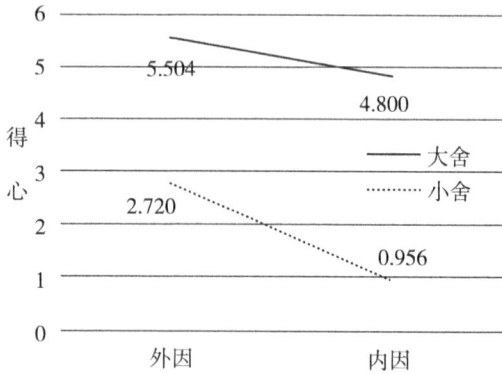

图 6-3a　得心的均值比较（旁观者）

效应均显著，且其交互效应（$F$（1，142）= 4. 254，$p<0.05$）也存在显著影响。具体来看，归因于外的情境下，品牌"舍"的行为对"得利"的正向影响相对更强（$M_{大舍-得利}$ = 5. 4，$M_{小舍-得利}$ = 2. 622，$t$（74）= 12. 992，$p<0.01$）；归因于内的情境下，品牌"舍"的行为对"得利"的正向影响相对更弱（$M_{大舍-得利}$ = 4. 432，$M_{小舍-得利}$ = 0. 904，$t$（68）= 16. 884，$p<0.01$）。因此，假设 2 得到检验。

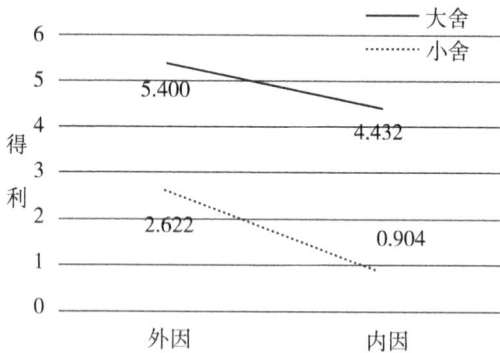

图 6-3b　得利的均值比较（旁观者）

## 三、讨论

根据研究二的设计和数据分析，可以看出在"大舍-外因"的情境下，最能修复消费者的品牌情感和信任，即得到消费者的"心"，进而再次实现消费者较高的品牌评价和再购意愿，即得"利"。而在"小舍-内因"的情境下，消费者的品牌情感和信任修复最差，不仅无法修复消费者的"心"，还会更大程度伤害消费者的"心"，进而将品牌评价和再购意愿降至最低，即失"利"。在另外两个情境下，即"大舍-内因"和"小舍-外因"，消费者的"得心"和"得利"程度都居中。

# 第六节 研究三：被试作为受害者

研究二以耐用品汽车发生质量缺陷的群体性事件为情境，其中，被试仅作为旁观者，卷入度较低。为了增强研究结论的可推广性，研究三采用了新的实验情境，以饭店就餐这类日常消费为例，检验当危机为个体性事件，且被试作为受害者、卷入度较高的情况。来自武汉、深圳、郑州、长沙等地的146名普通消费者自愿接受了此次调查，同样采用发放红包的方式激励被试填写问卷。其中，男性75人（占51.4%），平均年龄30.6岁。

## 一、实验过程

首先，模拟现实生活中的营销情境，以某虚拟品牌知名饭店发生菜品安全事故为例，设计品牌危机情境：被试去该饭店就餐，回家之后开始拉肚子，到医院检查，查明病情是由于该饭店某道菜的原材料变质而引起。接着，与研究二类似，测量了被试对危机品牌的情感（Cronbach's $\alpha = 0.887$）和信任（Cronbach's $\alpha = 0.897$）反应，以及消费者对危机品牌的评价（Cronbach's $\alpha = 0.935$）和购买意愿。

实验中，对"小舍"的操控设计是：该饭店愿意带被试去医院看病，并负担所有医疗费用，并承诺以后不再出现类似问题。对"大舍"

的操控设计，在"小舍"基础上增加如下陈述：赔偿被试 10000 元人民币，并向被试说明门店是如何从制度着手进行服务整改，拿出整改后的制度文件给被试看。对品牌危机归因的操控设计，外因的描述如下：由于连续半个多月的阴雨天气，该道菜的原材料出现变质。内因的描述如下：工作人员的质量意识不够和操作行为不当导致该道菜的原材料储存发生问题。

接着，对模型中的操控变量以及有可能起到干扰的变量（如品牌危机的严重程度、信息认可度、事件卷入度、被试以往消费经历等）进行了测量，这部分与研究二相似。同样，所有的问项均采用 9 级李克特量表（1 代表非常不同意，9 代表非常同意）。最后，被试填写了他们的背景资料。

## 二、数据分析

### （一）操作检验

"大舍"和"小舍"的操作检验与研究 2 类似，结果显示：$M_{大舍}$ = 7.397，$M_{小舍}$ = 4.369，$t$（144）= 17.325，$p<0.01$。对危机归因的操作检验也同研究 2，结果显示：$M_{外因}$ = 7.778，$M_{内因}$ = 2.297，$t$（144）= 41.9，$p<0.01$。这说明对"大舍"和"小舍"，以及危机归因于内外的情境操控都是成功的。

### （二）假设检验

首先，检验了品牌危机应对对"得心"的回归，结果显示：$F$ = 152.218，$\beta$ = 0.717，$t$ = 12.338，$p<0.01$；说明品牌危机应对中"舍"的程度越高，越能得到消费者的心。之后，检验"得心"对"得利"的回归，结果显示：$F$ = 375.455，$\beta$ = 0.85，$t$ = 19.376，$p<0.01$；说明消费者对品牌情感和品牌信任修复越好，品牌就越能得到更多的利。关于"得心"的中介作用，同样采用 Bootstrap 中介检验，在样本量选择5000，95% 的置信区间下，中介检验的结果没有包含 0（LICI = 1.447，ULCI = 2.342），且中介效应（a·b）大小为 0.609，再次说明得心的中介效应是显著的。因此，假设 1 再次得到检验。

之后，对不同情境下"得心"和"得利"的均值进行了比较。对"得心"来说（见图 6-4a），品牌危机应对（$F(1, 142) = 476.699$, $p<0.01$）和危机归因（$F(1, 142) = 261.217$, $p<0.01$）主效应均显著，且其交互效应（$F(1, 142) = 36.503$, $p<0.01$）也存在显著影响。具体来看，归因于外的情境下，品牌"舍"的行为对"得心"的正向影响相对更强（$M_{大舍-得心} = 6.019$, $M_{小舍-得心} = 3.937$, $t(70) = 11.239$, $p<0.01$）。而归因于内的情境下，品牌"舍"的行为对"得心"的正向影响相对更弱（$M_{大舍-得心} = 4.711$, $M_{小舍-得心} = 1.222$, $t(72) = 19.6$, $p<0.01$）。

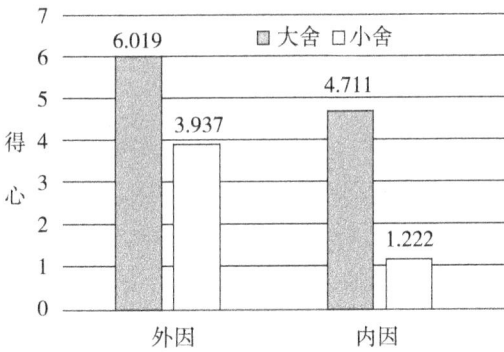

图 6-4a 得心的均值比较（受害者）

对"得利"而言（见图 6-4b），品牌危机应对（$F(1, 142) = 440.423$, $p<0.01$）和危机归因（$F(1, 142) = 143.019$, $p<0.01$）主效应均显著，且其交互效应（$F(1, 142) = 3.978$, $p<0.05$）也存在显著影响。具体来看，归因于外的情境下，品牌"舍"的行为对"得利"的正向影响相对更强（$M_{大舍-得利} = 6.086$, $M_{小舍-得利} = 2.939$, $t(70) = 13.97$ $p<0.01$）。而归因于内的情境下，品牌"舍"的行为对"得利"的正向影响相对更弱（$M_{大舍-得利} = 4.480$, $M_{小舍-得利} = 0.951$, $t(72) = 15.701$, $p<0.01$）。因此，假设 2 再次得到检验。

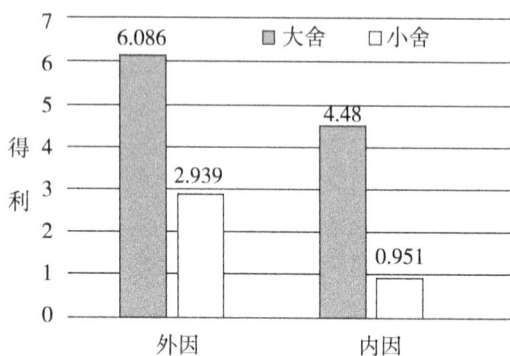

图 6-4b　得利的均值比较（受害者）

## 三、讨论

研究 2 和研究 3 的结果：在整体方向和趋势上比较相似，这表明无论被试作为旁观者还是受害者，都支撑了研究假设的检验。这说明危机应对中"舍"的行为可以涵盖营销实践的复杂性和多样性，即"大舍"和"小舍"在与危机归因所组合的不同情境中，对品牌情感、品牌信任、品牌评价及再购意愿的影响结果基本相似。这恰恰诠释了前文中所提到的以往研究的局限之一：以往对危机应对策略的研究过于具体，没有抽象到一定的程度，难以涵盖营销实践当中的多种情境。而使用"舍得"的本土化构念，则能在一定的抽象程度上涵盖和解释不同危机情境下的应对策略及产生的结果。

## 第七节　研究结论及管理启示

根据前面的理论基础、模型构建、假设推演、研究设计以及数据分析结果，本书得出如下几点研究结论和管理启示。

## 一、研究结论

第一，界定了"舍"的定义和内涵。在通过"舍得"相关文本条目的搜集整理和专业学术团队的多次充分讨论之后，本章从舍得主体、舍得内容、舍得方向、舍得对等关系、舍得时间关系、舍得过程六个方面，对"舍得"做了清晰的界定。接着，进一步通过定性和定量的方法对舍得行为的过程、机制和边界条件进行了深入研究。与以往学者关于品牌危机具体应对策略的研究相比，本章舍得行为的探讨显得更具战略抽象性，更富有本土文化意涵，而且能够涵盖营销实践当中品牌危机应对策略的多样性和复杂性。

第二，分析了"舍—得心—得利"之间的过程。品牌危机情境下，决策者越是"大舍"，越容易得到顾客的"心（顾客越容易修复并提升品牌信任和品牌情感）"，进而企业就越能够得到更多的"利（顾客对品牌评价和再购意愿的提升）"。这一点在以往学者的研究中，大多从顾客对信息的认知和情感两条线进行分析，或者从外在的面子等印象管理视角展开论述，而本章更加突出"得心"的重要性，"得心"等于解开了品牌危机中当事人与顾客的"心结"。

第三，探讨了归因内外（人为 vs 天灾）的边界条件。品牌危机情境下，与危机归因于内（人为）相比，当危机归因于外（天灾）时，不论是大舍还是小舍，品牌"舍"的行为对得"心"（品牌信任修复和品牌情感修复）的正向影响将被加强，进而顾客对企业得"利"（品牌评价和再购意愿）的影响也被正向提高。

## 二、管理启示

第一，品牌危机情境下：大舍大得，小舍小得，不舍有失。危机情境下，"舍"的行为最能体现决策者的勇气和魄力。因为舍与得之间没有法律契约为基础，导致两者间关系和时间间隔都是不确定的。所以，"舍"的程度完全取决于决策者对因果的认识和对同理心的理解，"大舍"之后，市场上将留下品牌危机情境下决策者应对处理的"故事"，在互联网技术的推动下，这种"壮士断腕"的故事易于广泛传播且被放大，最终将提升品牌的声誉和形象，并转化为销售绩效。一句话，"故事创造效益"。而"小舍"很难在市场上留下"印记"，并发出响亮的"声音"，易于被纷繁复杂的市场信息所淹没，难以形成良好的声誉和形象。一个企业就是一个人的精气神，有什么样的将军，就有什么样的兵。因此，品牌危机情境下的应对管理，看似为具体职能部门的决策，实则反映了领导人的意识、精神和价值观导向。

第二，得人心者得天下。"大舍"的应对管理，往往能够意外地超出顾客的期望，进而征服顾客的心，得到的是"心份额"；而"小舍"的应对管理，却只能符合顾客的正常期望，得到的是"市场份额"。与符合相比，意外的超出更能够征服顾客的心，显然其忠诚度会更高。"天下"的范围要比目标市场更大，一旦有了"大舍"的故事，目标市场和非目标市场的顾客，以及现实的或潜在的目标顾客听闻之后，势必会提高他们对品牌声誉和形象的评价，从而企业得到的是"缘份额"。最终形成"合内外之心，成巩固之业"的局面。并且，经过这样的处理，品牌危机的心结不仅在品牌成长历程中解开了，而且在顾客心中也解开了。反之，如果是小舍，只是符合顾客的期望，而不能打动或感动顾客的心，其结果除了不能解开心结之外，也难以广为流传，从而提高品牌声誉和形象。因此，得道者多助，失道者寡助；大舍得道，小舍失道。

第三，情系顾客，敢于负责，勇于担当。营销实践中，品牌的成长和经营面临着复杂多变的内外部环境，难免会出现由"人为"或"天灾"引起的危机事件，重要的是当危机出现时如何恰当处理，化"危"为"机"才是上策。从顾客来看，当他们遇到品牌危机事件时，就会根据所接触到的信息，自然自发地进行责任归因。且研究表明：与"人为"相比，如果是"天灾"导致的危机事件，顾客会更容易原谅肇事品牌。而本章的研究结果更进一步显示，与"人为"相比，如果是"天灾"导致的危机事件，当品牌应对行为"舍"的程度越大越强的时候，越能体现情系顾客，敢于负责，用于担当的精神，企业所获得的

"心份额"和市场份额就越高。如此能够突出"人和"的重要性,才能顺利地化"危"为"机"。

## 三、研究局限及未来方向

不同于当前学术界大量采用西方理论研究中国营销实践问题的研究,本章试图运用本土文化构念,构建本土营销理论,来诠释营销实践当中的现实问题。但由于这条路还处于探索阶段,本研究难免存在一些局限和有待未来研究的方向。

首先,本章研究设计中的情境操控无法涵盖营销实践中所有品牌危机的类型。本章设置了两种品牌危机情境:一种是汽车召回,另一种是食品安全。虽然这两种事件具有较高的代表性,但不能涵盖以往学者对品牌危机的所有类型,例如可辩解和不可辩解品牌危机。另外,本章侧重产品质量方面的危机,那么对于企业道德诚信方面的危机是否也这样呢?本章所探讨的都属于单次品牌危机,如果是多次品牌危机之后,"大舍"是否还有"大得"?这些都是非常值得研究的有趣的方向。

其次,研究二中对"大舍"或"小舍"的感知,在操作设计上采取的是总体特征激发。也就是说,虽然从总体上来看,汽车召回的损失对肇事品牌来说是个天文数字,需要承担巨大的成本但对受害的单个消费者来说,总的成本分摊到每个受害者身上,可能就是个很小的数字,也许就变成了对"小舍"的感知。这一点在本书的研究设计中未能体现。

最后,"大舍"之后带来的连锁反应无法测量。由于"大舍"之后,危机品牌开始有了故事,而故事所创造的效益是无法预测和估算的。再加上我们在前文也提到舍得与时间维度存在不同情况的组合,舍与得之间的时间间隔可能相对较短,也可能很长。因此,无论是"小舍"还是"大舍",鉴于本章研究方法的局限,都无法准确测量出危机品牌未来的"得"。今后,可借助大数据的跟踪和挖掘,以验证"大舍"与"大得"之间的因果关系。

# 参 考 文 献

[1] Aaker D. A. et al. Managing Brand Equity [M]. New York: The Free Press, 1991.

[2] Aaker D. A. Justifying Brand Building [J]. Advertising Age, 1991.

[3] Aaker, D. A. Managing Brand Equity [M]. New York: Simon and Schuster, 2009.

[4] Aaker, J. L., Benet, M. V., and Garolera, J. Consumption Symbols as Carriers of Culture: A Study of Japanese and Spanish Brand Personality Constructs. Journal of Personality and Social Psychology, 2001, 81 (3): 492-508.

[5] Adams J. Stancy, Inequity in Social Exchange [M] //Lenard Berkowitz. Advances in Experimental Social Psychology. New York: Academic Press, 1965, 267-289.

[6] Aggarwal, P., & Law, S. Role of Relationship Norms in Processing Brand Information [J]. Journal of Consumer Research, 2005, 32 (12): 453-464.

[7] Ahluwalia R., Burnkrant R. E, Unnava H. R. Consumer Response to Negative Publicity: The Moderating Role of Commitment [J]. Journal of Marketing Research, 2013, 23 (4): 132-146.

[8] Ahluwalia, Rohini, H. Rao Unnava, and Robert E. Burnkrant. The Moderating Role of Commitment on the Spillover Effect of Marketing Communications [J]. Journal of Marketing Research, 2001, 37 (2):

203-214.

[9] Allan S. , Gilbert P. A Social Comparison Scale: Psychometric Properties and Relationship to Psychopathology [J]. Personality & Individual Differences, 1995.

[10] Allred A. , Chakraborty G. , Miller S. J. Measuring Images of Developing Countries: A Scale Development Study [J]. Journal of Europe Marketing, 1999, 8 (3): 29-49.

[11] Angela Xia Liu, Yong Liu and Ting Luo. What Drives a Firm's Choice of Product Recall Remedy? The Impact of Remedy Cost, Product Hazard, and the CEO [J]. Journal of Marketing, 2016, 80 (5): 79-95.

[12] Arora A. S. , Arora A. Seeing is Believing: Consumer Responses to Levels of Design Newness, Product Innovativeness, and the Role of Country-of-Origin [J]. Journal of International Consumer Marketing, 2017, 29 (3): 135-161.

[13] Ashmore, R. , Kay, D. , and Tracy, M. V. , An Organizing Framework for Collective Identity: Articulation and Significance of Multidimensionality [J]. Psychological Bulletin, 2004, 130 (5): 80-114.

[14] Askegaard S. , Ger G. Product-Country Images: Towards a Contextualized Approach [J]. European Advances in Consumer Research, 1998, 12 (6): 50-58.

[15] Baka, Vasiliki, Formative Reputation: From being an Organizational Asset to Becoming a Process in the Making [J]. Corporate Reputation Review, 2016, 19 (2): 152-165.

[16] Balabanis G. , Diamantopoulos A. Gains and Losses from the Misperception of Brand Origin: The Role of Brand Strength and Country of Origin Image [J]. Journal of International Marketing, 2011, 19 (2): 95-116.

[17] Balachander, S. and S. Ghose. Reciprocal Spillover Effects: A Strategic Benefit of Brand Extensions [J]. Journal of Marketing, 2003, 67 (1): 4-13.

[18] Bannister J. P., Saunders J. A. Consumers' Attitudes toward Imports: the Measurement of National Stereotype Image [J]. Journal of Europe Marketing, 1978, 12 (8): 562-570.

[19] Baron R. M., Kenny D. A. The Moderator-Mediator Variable Distinction in Social Psychological Research: Conceptual, Strategic, and Statistical Considerations [J]. Journal of Personality & Social Psychology, 1986, 51: 1173- 1182.

[20] Batra R., Ramaswamy V., Alden D. L., et al. Effects of Brand Local and Nonlocal Origin on Consumer Attitudes in Developing Countries [J]. Journal of Consumer Psychology, 2000, 9 (2): 83-95.

[21] Benoit, W. L., Image Repair Discourse and Crisis Communication [J]. Public Relations Review, 1997, 23 (2): 177-186.

[22] Berger, Jonah, and Chip Heath. Where Consumers Diverge from Others: Identity Signaling and Product Domains [J]. Journal of Consumer Research, 2007, 34 (2): 121-134.

[23] Bettencourt B. A., Dill K. E., Greathouse S. A., et al. Evaluations of Ingroup and Outgroup Members: The Role of Category-Based Expectancy Violation [J]. Journal of Experimental Social Psychology, 1997.

[24] Betty Kaman Lee. Corporate Image Examined in a Chinese-Based Context: A Study of a Young Educated Public in Hong Kong [J]. Journal of Public Relations Research, 2004.

[25] Bilkey W. J., Nes E. Country-of-origin Effects on Product Evaluations [J]. Journal of International Business Study, 1982, 8 (1): 89-91.

[26] Blackston. A Brand With an Attitude: A Suitable Case for Treatment

[J]. Journal of the Market Research Society, 1992.

[27] Boulding K. National Images and International Systems [J]. Journal of Conflict Resolution, 1959, 3: 120-131.

[28] Brown T. J., Dacin P. A. The Company and the Product: Corporate Associations and Consumer Product Responses [J]. Journal of Marketing, 1997.

[29] Buunk B. P., Mussweiler T. New Directions in Social Comparison Research [J]. European Journal of Social Psychology, 2001.

[30] Chaiken S., Trope Y. Dual-Process Theories in Social Psychology [M]. New York: Guilford, 1999.

[31] Chandrasen A., Paliwoda S. J. Country of Assembly (Coa) Effect on Perceived Automobile Quality: A Thai Consumers' Perspective [J]. Journal of Marketing Management, 2009, 25 (5-6): 483-499.

[32] Chaudhuri, Arjun and Morris B. Hoibrook. The Chain of Effects from Brand Trust and Brand Affect to Brand Performance: The Role of Brand Loyalty [J]. Journat of Marketing, 2001, 65 (4): 81-93.

[33] Childers, T. L., and Rao, A. R. The Influence of Familial and Peer-Based Reference Groups on Consumer Decisions [J]. Journal of Consumer Research, 1992, 19 (1): 198-211.

[34] Choudhury, S. and R. P. Kakati. An Analytical Study of Spillover Effect of Different Branding Elements on Customer-Based Brand Equity [J]. Journal of Brand Management, 2014, 11 (1): 30-46.

[35] Cleeren, K., H. J. van Heerde, et al. Rising from the Ashes: How Brands and Categories Can Overcome Product-Harm Crises [J]. Journal of Marketing, 2013, 77 (2): 58-77.

[36] Clemmer E. C. The Role of Fairness in Customer Satisfaction with Services [M]. Maryland: University Of Marylan, 1988.

[37] Collie, T., Bradley, G., & Sparks, B. A. Fair Process Revisited: Differential Effects of Interactional and Procedural Justice in the

Presence of Social Comparison Information [J]. Journal of Experimental Social Psychology, 2002, 38: 545-555.

[38] Collins, Allan M. and Loftus, Elizabeth F. A Spreading-Activation Theory of Semantic Processing [J]. Psychological Review, 1975, 11 (6): 407-428.

[39] Colquitt, J. A., Conlon, D. E., Wesson, M. J., Porter, C. O. L. H., & Ng, K. Y. Justice At the Millennium: A Meta-Analytic Review of 25 Years of Organizational Justice Research [J]. Journal of Applied Psychology, 2001, 86: 425-445.

[40] Coombs T. W. Protecting Organization Reputations During a Crisis: The Development and Application of Situational Crisis Communication Theory [J]. Corporate Reputation Review, 2007, 10 (3): 163-176.

[41] Coombs, W. T. An Analytic Framework for Crisis Situations: Better Response from a Better Understanding of the Situation [J]. Journal of Public Relations Research, 1998, (3): 177-191.

[42] Coombs, W. T. and S. J. Holladay. Communication and Attributions in a Crisis: An Experimental Study in Crisis Communication [J]. Journal of Public Relations Research, 1996, 8 (4) : 279-295.

[43] Coombs, W. Timothy. The Protective Powers of Crisis Response Strategies: Managing Reputational Assets During a Crisis [J]. Journal of Promotion Management, 2006, 12 (3/4): 241-260.

[44] Corneille, O., Klein, O., Lambert, S., and Judd, C. M. On the Role of Familiarity with Units of Measurement in Categorical Accentuation [J]. Psychological Science, 2002, 13: 380-383.

[45] Cunha Jr, M. and J. D. Shulman. Assimilation and Contrast in Price Evaluations [J]. Journal of Consumer Research, 2011, 37 (5): 822-835.

[46] Dahlen, Micael and Fredrik, Lange. A Disaster is Contagious : How a Brand in Crisis Affects Other Brand [J]. Journal of Advertising

Research, 2006, 46 (12) : 388-396.

[47] Dan J. K. , Ferrin D. L. , Rao H. R. Trust and Satisfaction, Two Stepping Stones for Successful E-Commerce Relationships: A Longitudinal Exploration [J]. Information Systems Research, 2009.

[48] Dawar N. , Lei J. Brand Crises: The Roles of Brand Familiarity and Crisis Relevance in Determining the Impact on Brand Evaluations [J]. Journal of Business Research, 2009, 62 (4): 509-516.

[49] Dawar, N. and M. M. Pillutla. Impact of Product-harm Crises on Brand Equity: The Moderating Role of Consumer Expectations [J]. Journal of Marketing Research, 2000, 37 (5): 215-226.

[50] DeGraba, P. and M. W. Sullivan Spillover Effects, Cost Savings, R&D and the Use of Brand Extensions [J]. International Journal of Industrial Organization, 1995, 13 (2): 229-248.

[51] Desborde R. D. Development and Testing of a Psychometric Scale to Measure Country-of-origin Image. Ann Arbor, Michigan: Florida State University, University Microfilms International, 1990.

[52] Deutsch, Morton. Distribute Justice: A Social-psychological Perspective [M]. New Haven, CT: Yale University Press, 1985.

[53] DiMaggio P. J. , Powel W. W. The Iron Cage Revisited: Institutional Isomorphism and Collective Rationality in Organizational Fields [J]. American Sociological Review, 1983, 48 (2): 147-160.

[54] Dinka Corkalo and Zeljka Kamenov. National Identity and Social Distance: Does In-group Loyalty Lead to Out-group Hostility [J]. Review of Psychology, 2003, 10 (2): 85-94.

[55] Elena, Delgado-Ballester and José Luis Munuera-Alemán. Brand Trust in the Context of Consumer Loyalty [J]. European Journal of Marketing, 2001, 35 (12): 1238-1258.

[56] Elsbach K. D, Elofson G. How the Packaging of Decision Explanations Affects Perceptions of Trustworthiness [J]. Academy Management

Journal. 2000, 26 (6): 80-89.

[57] Festinger L. A Theory of Social Comparison Processes [J]. Human Relations, 1954, 7 (2).

[58] Fischer P. M., Zeugner-Roth K. P. Disentangling Country-of-Origin Effects: The Interplay of Product Ethnicity, National Identity, and Consumer Ethnocentrism [J]. Marketing Letters, 2017, 28 (2): 189-204.

[59] Folkes V. S. Consumer Reactions to Product Failure: An Attributional Approach [J]. Journal of Consumer Research, 1984, 10 (4).

[60] Folkes, V., and Kotsos, B. Buyers' and Sellers' Explanations for Product Failure: Who Done it [J]. Journal of Marketing, 1986, 50 (2): 74-80.

[61] Fournier S., Breazeale M., Fetscherin M., et al. Consumer-Brand Relationships: Theory and Practice [M] // Consumer-Brand Relationships : Theory and Practice. London and New York: Routledge, 2012.

[62] Fox, S., & Dayan, K. Framing and Risky Choice as Influenced by Comparison of One's Achievements with Others: The Case of Investment in the Stock Exchange [J]. Journal of Business and Psychology, 2004, 18, 301-321.

[63] Galaskiewicz, J. Inter Organizational Relations [J]. Annual Review of Sociology, 1985, 11 (1): 281-304.

[64] Ghoshal S., Westney D. E. Organizing Competitor Analysis Systems [J]. Strategic Management Journal, 1991, 12: 17-31.

[65] Gibbons, F. Comparison-Level Preferences after Performance: Is Downward Comparison Theory Still Useful [J]. Journal of Personality and Social Psychology, 2002, 83 (4): 865-880.

[66] Goffman E. On Face-Work: An Analysis of Ritual Elements in Social Interaction [J]. Psychiatry-interpersonal Biological Processes, 1955,

18 (3): 213.

[67] Goldberg M. E. , Hartwick J. The Effects of Advertiser Reputation and Extremity of Advertising Claim on Advertising Effectiveness [J]. Journal of Consumer Research, 1990, 17: 172-179.

[68] Goodman, P. S. An Examination of Referents Used in the Evaluation of Pay [J]. Organizational Behavior and Performance, 1974, 12: 170-195.

[69] G. R. Goethals, J. M. Darley. Social Comparison Theory: An Attributional Approach [M] //J. M. Sales & R. L. Millers. Social Comparison Processes: Theoretical and empirical perspectives. washington, DC: Hemisphere Publishing, 1977.

[70] Griffin, M. , B. J. Babin, et al. An Empirical Investigation of the Impact of Negative Public Publicity on Consumer Attitudes and Intentions [J]. Advances in Consumer Research, 2010, 18 (1): 334-341.

[71] Han C. M. Country Image: Halo or Summary Construct [J]. Journal of Marketing Research, 1989, 26 (2): 222-229.

[72] Hegner, Sabrina M. , Ardion D. Beldad, Anne-Lotte Kraesgenberg. The Impact of Crisis Response Strategy, Crisis Type, and Corporate Social Responsibility on Post-crisis Consumer Trust and Purchase Intentio [J]. Corporate Reputation Review, 2016, 19 (4): 357-370.

[73] Huppertz J. W. , Arenson. S. J, Evans R. H. An Application of Equity Theory to Buyer-Seller Exchange Situations [J]. Journal of Marketing Research, 1978, 15 (3): 250-260.

[74] Ittersum K. , Candel M. , Meulenberg M. The Influence of the Image of a Product's Region of Origin on Product Evaluation [J]. Journal of Business Research, 2003, 56 (3): 215-226.

[75] Jaffe, E. D. and Nebenzahl, I. D. National Image and Competitive

Advantage: the Theory and Practice of Country-of-Origin Effect [M].
Copenhagen: Copenhagen Business School Press, 2001.

[76] Jarrell, G., Peltzman, S. The Impact of Product Recalls on the Wealth of Sellers [J]. Journal of Political Economy, 1985, (3): 512-536.

[77] Jing, L., N. Dawar, et al. Negative Spillover in Brand Portfolios: Exploring the Antecedents of Asymmetric Effects [J]. Journal of Marketing, 2008, 72 (3): 111-123.

[78] Jing, L., N. Dawar, et al. The Impact of Information Characteristics on Negative Spillover Effects in Brand Portfolios [J]. Advances in Consumer Research, 2006, 33 (1): 324-325.

[79] John, Deborah Roedder, Barbara Loken, and Christopher Joiner. The Negative Impact of Extensions: Can Flagship Products Be Diluted [J]. Journal of Marketing, 1998, 62 (1): 19-32.

[80] Jonge et al. How Trust in Institutions and Organizations Builds General Consumer Confidence in the Safety of Food: A Decomposition of Effects [J]. Journal of Business Research, 2008, 12 (3): 311-317.

[81] Jorgensen B. K. Consumer Reaction to Company-Related Disasters: The Effect of Multiple Versus Single Explanations [J]. Advances in Consumer Research, 1994.

[82] Jorgensen, Brian. Components of Consumer Reaction to Company Related Mishaps: A Structural Equation Model Approach [J]. Advances in Consumer Research, 2006, 23: 346-351.

[83] Julie A. Ruth and Anne York. Framing Information to Enhance Corporate Reputation: The Impact of Message Source, Information Type, and Reference Point [J]. Journal of Business Research, 2004, 57: 14- 20.

[84] Kalaignanarn K., Kushwaha T. and Eilert M. The Impact of Product Recall on Future Product Reliability and Future Accidents: Evidence

from Automobile Industry [J]. Journal of Marketing, 2013, 77: 41-57.

[85] Kates S. M. The Dynamics of Brand Legitimacy: An Interpretive Study in the Gay Men's Community [J]. Journal of Consumer Research, 2004, 31 (2): 455-465.

[86] Katharina, Petra Zeugner-Roth, Vesna Žabkar, and Adamantios Diamantopoulos. Consumer Ethnocentrism, National Identity, and Consumer Cosmopolitanism as Drivers of Consumer Behavior: A Social Identity Theory Perspective [J]. Journal of International Marketing, 2015, 23 (2): 25-54.

[87] Kelley, S. W. and Davis, M. A. Antecedents to Customer Expectations for Service Recovery [J]. Journal of the Academy of Marketing Science, 1994, 22 (1): 52- 61.

[88] Kevin Lane Keller. Conceptualizing, Measuring, and Managing Customer-Based Brand Equity [J]. Journal of Marketing, 1993.

[89] Kinra N. The Effect of Country-of-Origin on Foreign Brand Names in the Indian Market [J]. Marketing Intelligence & Planning, 2006, 24 (1): 15-30.

[90] Klein, J. , N. Dawar. Corporate Social Responsibility and Consumers' Attributions and Brand Evaluations in a Product-harm Crisis [J]. International Journal Research Marketing, 2004, 21 (3): 203-217.

[91] Knapp, A. K. , T. Hennig-Thurau, et al. The Importance of Reciprocal Spillover Effects for the Valuation of Bestseller Brands: Introducing and Testing a Contingency Model [J]. Journal of the Academy of Marketing Science, 2014, 42 (2): 205-221.

[92] Kotler P, Haider D. H, Rein I. Marketing Places: Attracting Investment, Industry, and Tourism to Cities, States, and Nations [M]. New York: Free Press, 1993.

[93] Kulik, C. T. , & Ambrose, M. L. Personal and Situational

Determinants of Referent Choice ［J］. Academy of Management Review, 1992, 17, 212-237.

［94］ Lafferty B. A. , Goldsmith R. E. , Flynn L. R. Are Innovators Influenced by Endorser Expertise in an Advertisement When Evaluating a High Technology Product ［J］. Journal of Marketing Theory & Practice, 2005, 13 (3): 32-48.

［95］ Laroche M. , Papadopoulos N. , Heslop L. A, Mourali M. The Influence of Country Image Structure on Consumer Evaluations of Foreign Products ［J］. International Marketing Review, 2005, 22 (1): 96-115.

［96］ Laufer D, Gillespie K. Differences in Consumer Attributions of Blame Between Men and Women: The Role of Perceived Vulnerability And Empathetic Concern ［J］. Psychology & Marketing, 2004.

［97］ Laufer D. Are Antecedents of Consumer Dissatisfaction and Consumer Attributions for Product Failures Universal? ［C］ // Association for Consumer Research. 2002.

［98］ Laufer, D. , Coombs, W. T. How Should a Company Respond to a Product Harm Crisis? The Role of Corporate Reputation and Consumer-Based Cues ［J］. Business Horizons, 2006, (5): 379-85.

［99］ Laufer, Danie, David H. Silvera, and Tracy Meyer, Exploring Difference between Older and Younger Consumers in Attributions of Blame for Product Harm Crisis ［J］. Academy of Marketing Science Review, 2005, 10 (7): 230-241.

［100］ Leclerc F. , Schmitt, B. H. , Dubé L. Foreign Branding and Its Effects on Product Perceptions and Attitudes ［J］. Journal of Marketing Research, 1994, 31 (2): 263-270.

［101］ Lee D. , Ganesh G. , Effects of Partitioned Country Image in the Context of Brand Image and Familiarity ［J］. International Marketing Review, 1999, 16 (1): 18-39.

[102] Lei, J., N. Dawar, and Zeynep Gurhan-Canli. Base-Rate Information in Consumer Attributions of Product-Harm Crises [J]. Journal of Marketing Research, 2012, 49 (3): 336-348.

[103] Lei, Jing, Niraj Dawar, and Jos Lemmink. The Impact of Information Characteristics on Negative Spillover Effects in Brand Portfolios [J], Advances in Consumer Research, 2008, 33: 3240- 3251.

[104] Levine, J. M., & Moreland, R. L. Social Comparison and Outcome Evaluation in Group Context. [M] //J. C. Masters, & W. P. Smith. Social Comparison, Justice, and Relative Deprivation: Theoretical, Empirical, and Policy Perspectives. Hillsdale, NJ: Erlbaum, 1987: 105-127.

[105] Li W. K., Wyer R. S. The Role of Country of Origin in Product Evaluations: Informational and Standard-of-Comparison Effects [J]. Journal of Consumer Psychology, 1994, 3 (2): 187-212.

[106] Li Z. G., Fu S., Murray W. L. Country and Product Images: the Perceptions of Consumers in the People's Republic of China [J]. Journal of International Consumer Marketing, 1997, 10 (2): 115-138.

[107] Li, Z. G., Murray, L. W. Should You Use Foreign Branding in China? An Exploratory Study [J]. American Marketing Association, 1998, 9 (1): 233-246.

[108] Lin, Z., H. Yang, et al. Alliance Partners and Firm Performance: Resource Complementation and Status Association [J]. Strategic Management Journal, 2009, 30 (9): 921-940.

[109] Liu, Yan, Shankar, Venkatesh, Yun, Wonjoo, Crisis Management Strategies and the Long-Term Effects of Product Recalls on Firm Value [J]. Journal of Marketing. 2017, 81 (5): 30-48.

[110] Magnusson, P., V. Krishnan, et al. The Spillover Effects of Prototype Brand Transgressions on Country Image and Related Brands

[J]. Journal of International Marketing, 2014, 22 (1): 21-38.

[111] Major, B., & Testa, M. Social Comparison Processes and Judgments of Entitlement and Satisfaction [J]. Journal of Experimental Social Psychology, 1989, 25: 101-120.

[112] Martin IM, Eroglu S. Measuring a Multi-dimensional Construct: Country Image [J]. Journal of Business Research, 1993, 28 (3): 191-210.

[113] Martin, A. U. S. -made Toys Benefit from China's Troubles [N]. The New York Times, 2007-08-15.

[114] Mattila A. S., Cranage D., The Impact of Choice on Fairness in the Contest of Service Recovery [J]. Journal of Marketing, 2005, 19 (5): 271-279.

[115] Maxham Ⅲ J. G., Netemeyer R. G. Firms Reap What They Sow: The Efects of Employe Shared Values and Perceived Organizational Justice on Customer Evaluations of Complaint Handling [J]. Journal of Marketing, 2003, 67: 46-62.

[116] Melnyk V., Klein K., Völckner F. The Double-Edged Sword of Foreign Brand Names for Companies from Emerging Countries [J]. Journal of Marketing, 2012, 76 (6): 21-37.

[117] Menon, G., R. D. Jewell, et al. When a Company Does Not Respond to Negative Publicity: Cognitive Elaboration vs. Negative Affect Perspective [J]. Advances in Consumer Research, 2009, 26 (1): 325-329.

[118] Moon B. J., Moon B. J., Oh H. M., et al. Country of Origin Effects in International Marketing Channels: How Overseas Distributors Account for the Origins of Products and Brands [J]. International Marketing Review, 2017, 34 (2): 224-238.

[119] Mowen, J. Further Information on Consumer Perceptions of Product Recalls [J]. Advances in Consumer Research, 1980, (7): 519-523.

[120] Muthukrishnan A. V. , Chattopadhyay A. Just Give Me Another Chance: The Strategies for Brand Recovery from a Bad First Impression [J]. Journal of Marketing Research, 2007.

[121] Nagashima A. A Comparison of Japanese and U. S. Attitudes toward Foreign Products [J]. Journal of Marketing Research, 1970, 34 (1): 68-74.

[122] Nebenzahl I. D. , Jaffe E. D. , Usunier J. C. Personifying Country of Origin Research [J]. Management International Review, 2003, 43 (4): 383-406.

[123] Nicole L. Votolato and H. Rao Unnava. Spillover of Negative Information on Brand Alliances [J]. Journal of Consumer Psychology, 2006, 16 (2): 196-202.

[124] Nisbett, Richard E. , Kaiping Peng, Incheol Choi, Ara Norenzayan. Culture and Systems of Thought: Holistic Versus Analytic Cognition [J]. Psychological Review, 2001, 108 (2): 291-310.

[125] Oldman, G. R. , Kulik, C. T. , Stepina, L. P. & Amborse, M. L. Relations between Situational Factors and Comparative Referents Used by Employees [J]. Academy of Management Journal, 1986, 29: 599-608.

[126] O'Neill, B. S. , & Mone, M. A. Psychological Influences on Referent Choice [J]. Journal of Managerial Issues, 2005, 17: 273-282.

[127] Pandit N. R. The Creation of Theory: A Recent Application of the Grounded Theory Method [J]. The Qualitative Report, 1996, 2 (4): 1-15.

[128] Papadopoulos N. , Heslop L. A Country Equity and Product-country Images: State-of-the-art in Research and Implications [M] // Handbook of Research in International Marketing. Chameleon, Northampton: Edward Elgar, 2003: 402-433.

[129] Papadopoulous. What Product and Country Images Are and Are Not, Product-country Images: Impact and Role in International Marketing [M]. New York: International Business Press, 1993.

[130] Pappu R, Quester P. G, Cooksey R. W. Country Image and Consumer-based Brand Equity: Relationship and Implications for International Marketing [J]. Journal of International Business Study, 2007, 38 (5): 726-745.

[131] Paswan A. Brand Babble: Sense and Nonsense about Branding [J]. Journal of Product & Brand Management, 2005.

[132] Pearce J. A, Robinson R. B. Strategic Management: Formulation, Implementation, And Control [M]. Burr Ridge (IL): Irwin, 1994.

[133] Pereira A. , Hsu C. C. , Kundu S. K. Country-of-origin Image: Measurement and Cross-national Testing [J]. Journal of Business Research, 2005, 58 (1): 103-106.

[134] Peterson, Mark and Ahmet Ekici. Consumer Attitude toward Marketing and Subjective Quality of Life in the Context of a Developing Country [J]. Journal of Macromarketing, 2007, 27 (4): 350-359.

[135] Petroshius, Susan M. , Monroe, Kent B. Effect of Product-Line Pricing Characteristics on Product Evaluations [J]. Journal of Consumer Research, 1987, 13 (4): 511-519.

[136] Petty R. E, Cacioppo J. T. Communication and Persuasion: Central and Peripheral Routes to Attitude Change [M]. New York: Springer-Verlag, 1986.

[137] Pfeffer J. , Salancik G. R. The External Control of Organizations: A Resource Dependence Perspective [M]. Harper & Row, 2003.

[138] Pickett, C. L. , and Brewer, M. B. Assimilation and Differentiation Needs as Motivational Determinants of Perceived In-group and Out-group Homogeneity [J]. Journal of Experimental Social Psychology,

2001, 37: 341-348.

[139] Pina, J. M., F. Dall'Olmo Riley, et al. Generalizing Spillover Effects of Goods and Service Brand Extensions: A Meta-analysis Approach [J]. Journal of Business Research, 2013, 66 (9): 1411-1419.

[140] Preacher K. J., Hayes A. F. Spss and Sas Procedure for Estimating Indirect Effects in Simple Mediation Models, Behavior Research [J]. Methods, Instruments, and Computers, 2004, 36: 717-731.

[141] Pullig C., Netemeyer R. G., Biswas A. Attitude Basis, Certainty, and Challenge Alignment: A Case of Negative Brand Publicity [J]. Journal of the Academy of Marketing Science, 2006.

[142] Queller, Sarah, Terry Schell and Winter Mason. A Novel View of Between-Categories Contrast and Within-Category Assimilation [J]. Journal of Personality and Social Psychology, 2006, 91 (3): 406-422.

[143] Rashid M. S. Weakening the Effect of Unfavorable Country of Origin: A Process-and Parameter-Associated Theoretical Framework [J]. Journal of Global Marketing, 2017, 30 (2): 87-93.

[144] Roehm, M. L. and A. M. Tybout. When Will a Brand Scandal Spill Over, and How Should Competitors Respond [J]. Journal of Marketing Research, 2006, 43 (3): 366-373.

[145] Rohini Ahluwalia. Examination of Psychological Processes Underlying Resistance to Persuasion [J]. Journal of Consumer Research, 2000.

[146] Roth MS, Romeo. Matching Product Category and Country Image Perceptions: A Framework for Managing Country-of-origin Effects [J]. Journal of International Business Study, 1992, 23 (3): 477-497.

[147] Rupp, N. G., Taylor, C. R. Who Initiates Recalls and Who Cares? Evidence from the Automobile Industry [J]. Journal of Industrial

Economics, 2002, (2): 123-149.

[148] Rutte, C. G., & Messick, D. M. An Integrated Model of Perceived Unfairness in Organizations [J]. Social Justice Research, 1995, 8: 239-261.

[149] Rydell, Robert J., and Allen R. McConnell, 2005, Perceptions of Entitativity and Attitude Change [J]. Personality and Social Psychology Bulletin, 31 (1): 99-110.

[150] Sarah Queller, Terry Schell and Winter Mason. A Novel View of Between-Categories Contrast and Within-Category Assimilation [J]. Journal of Personality and Social Psychology, 2006, 9 (3): 406-422.

[151] Scott W. R. Instituitions and Organizations [M]. Thousande Oakes: Sage, 2001.

[152] Siegrist, M., and Cvetkovich, G. Better negative than positive? Evidence of a Bias for Negative Information about Possible Health Dangers [J]. Risk Analysis, 2001, 21: 199-206.

[153] Simonin and Ruth. Is a Company Known by the Company It Keeps Assessing the Spillover Effects of Brand Alliances on Consumer Brand Attitudes [J]. Journal of Marketing Research, 1998, 2 (1): 30-42.

[154] Siomkos, G..J. On Achieving Exoneration after a Product Safety Industrial Crisis [J]. Journal of Business and Industrial Marketing, 1999, (14): 17-29.

[155] Siomkos, George J. and Gary Kurzbard. The Hidden Crisis in Product-Harm Crisis Management [J]. European Journal of Marketing, 1994, 28 (2): 30-41.

[156] Smith E., Bronner F., Tolboom M. Brand Relationship Quality and Its Value for Personal Contact [J]. Journal of Business Research, 2007.

[157] Smith A. K., Bolton R. N., Wagner J. A Model of Customer Satisfaction with Service Encounters Involving Failure and Recovery [J]. Journal of Marketing Research, 1999, 26: 356-372.

[158] Smith, R. H. Assimilative and Contrastive Emotional Reactions to Upward and Downward Social Comparisons. [M] //J. Suls, & L. Wheeler. Handbook of Social Comparison: Theory And Research. New York: Kluwer Academic Publishers, 2000: 173-200.

[159] Souiden, N., Pons, F. Product Recall Crisis Management: The Impact on Manufacturer's Image, Consumer Loyalty And Purchase Intention [J]. Journal of product and Brand Management, 2009, (2): 106-114.

[160] Spark B. A., McColl-Kennedy J. R. The Application of Procedural Justice Principles to Service Recovery Attempts: Outcomes for Customer Satisfaction [J]. Advances in Consumer Research, 1998, 25: 156-161.

[161] Sparks B A, Callan. Service Breakdowns and Service Evaluations: The Role of Customer Attributions [J]. Journal of Hospitality Leisure Research, 1996, 4: 3-24.

[162] Sparks B. A., McColl-Kennedy J. R. Justice Strategy Options for Increased Customer Satisfaction in a Services Setting [J]. Journal of Business Research, 1999, 26: 356-372.

[163] Stapel D, Suls J. Method Matters: Effects of Explicit Versus Implicit Social Comparisons on Activation, Behavior, and Self-Views [J]. Journal of Personality & Social Psychology, 2004.

[164] Strutton D, True S. L, Rody R. C. Russian Consumer Perceptions of Foreign and Domestic Consumer Goods [J]. Journal of Marketing Theory Practice, 1995, 3 (3): 76-87.

[165] Suchman M. C. Managing Legitimacy: Strategic and Institutional Approaches [J]. Academy of Management Review, 1995, 20 (3):

571-610.

[166] Suls, J. Comparison Processes in Relative Deprivation: A Life-Span Analysis [M] //J. M. Olson, C. P. Herman, & M. P. Zanna. Relative Deprivation And Social Comparison: The Ontario Symposium. Hillsdale, NJ: Erlbaum, 1986: 96-116.

[167] Sztompka, Piotr. Trust: A Sociological Theory [M]. Cambridge, UK: Cambridge University Press, 1999.

[168] Tax S. S., Brown S. W., Chandrashekaran M. Customer Evaluations of Service Complaint Experiences: Implications for Relationship Marketing [J]. Journal of Marketing, 1998, 62 (2): 60-76.

[169] Taylor, S. E. Asymmetrical Effects of Positive and Negative Events: The Mobilization-Minimization Hypothesis [J]. Psychological Bulletin, 1991, 110: 67-85.

[170] Triandis H. C. The Self and Social Behavior in Differing Cultural Contexts [J]. Psychological Review, 1989, 96 (3): 506-520.

[171] Tsai C. C., Yang, Y. K. & Cheng, C. H. The Effect of Social Comparison with Peers on Self-Evaluation [J]. Psychological Reports, 2014, 115 (2): 526-536.

[172] Tybout, A. M., B. J. Calder, et al. Using Information Processing Theory to Design Marketing Strategies [J]. Journal of Marketing Research, 2011, 18 (1): 73-79.

[173] Tyler T. R. Psychological Models of the Justice Motive: Antecedents of Distributive and Procedure Justice [J]. Journal of Personality and Social Psychology, 1994, 67 (5): 850-863.

[174] Valenzuela, A. N. A., B. Mellers, et al. Pleasurable Surprises: A Cross-Cultural Study of Consumer Responses to Unexpected Incentives [J]. Journal of Consumer Research, 2010, 36 (5): 792-805.

[175] Vassilikopoulou A., Lepetsos A., Siomkos G., et al. The

Importance of Factors Influencing Product-Harm Crisis Management Across Different Crisis Extent Levels: A Conjoint Analysis [J]. Journal of Targeting, Measurement and Analysis for Marketing, 2009.

[176] Verlegh P. W. J. Country-of-origin Effects on Consumer Product Evaluations [D]. Wageningen: Wageningen University, 2001.

[177] Verlegh P. W. J. Home Country Bias in Product Evaluation: the Complementary Roles of Economic and Socio-psychological Motives [J]. Journal of International Business Study, 2007, 38: 361-373.

[178] Viswanathan M., Childers T. L. Processing of Numerical and Verbal Product Information [J]. Journal of Consumer Psychology, 1996, 5 (4): 359-385.

[179] Voss and Gammoh. Building Brands through Brand Alliances: Does a Second Ally Help [J]. Marketing Letters, 2004, 15 (7): 147-159.

[180] Votolato, Nicole L. and H. Rao Unnava, Spillover of Negative Information on Brand Alliances [J]. Journal of Consumer Psychology, 2006, 16 (2): 196-202.

[181] Wang C. K., Lamb C. The Impact of Selected Environmental Forces upon Consumers' Willingness to Buy Foreign Products [J]. Journal of Academic Marketing Science, 1983, 11 (1): 71-83.

[182] Weinberger, M. G., C. T. Allen, et al.. Negative Information: Perspectives and Research Directions [J]. Advances in Consumer Research, 2012, 8 (1): 398-404.

[183] Weiss, L., and Johar, G. V. Egocentric Categorization and Product Judgment: Seeing Your Traits in What You Own [J]. Journal of Consumer Research, 2013, 40 (1): 185-201.

[184] Wheler, K. G. Cultural Values in Relation to Equity Sensitivity within and across Cultures [J]. Journal of Managerial Psychology,

2002, 17 (7): 612-627.

[185] White, Katherine and Darren W. Dahl. Are All Out-Groups Created Equal? Consumer Identity and Dissociative Influence [J]. Journal of Consumer Research, 2007, 34 (4): 525-536.

[186] William L. Benoit, Image Repair Discourse and Crisis Communication [J]. Public Relations Review, 1997, 23 (2): 177-186.

[187] Wills T A. Downward Comparison Principles in Social Psychology [J]. Psychological Bulletin, 1981.

[188] Winterich, K. P., V. Mittal, et al. Donation Behavior toward In-Groups and Out-Groups: The Role of Gender and Moral Identity [J]. Journal of Consumer Research, 2009, 36 (2): 199-214.

[189] Xie, Yi, Peng, S. The Effects of Two Kinds of Corporate Publicity on Customer-brand Relationship [J]. Frontier Business Research China, 2010, 4 (1): 73-100.

[190] Yin, Cheng-Yue, Yu, Hong-Yan, Poon, Patrick. Consumers' Attributions and Brand Evaluations in Product-harm Crises: The Role of Implicit Theories of Personality [J]. Journal of Consumer Behaviour. 2016, 15 (1): 87-95.

[191] Yip, J. J., & Kely, A. E. Upward and Downward Social Comparisons Can Decrease Pro-social Behavior [J]. Journal of Applied Social Psychology, 2013, 43 (3): 591 - 602.

[192] Yubo Chen, Shankar Ganesan. Does a Firm's Product-Recall Strategy Affect Its Financial Value? An Examination of Strategic Alternatives During Product-Harm Crises [J]. Journal of Marketing, 2011, 73 (11): 214-226.

[193] Yun, L., N. Youn, et al. The Content of a Brand Scandal Moderating the Effect of Thinking Style on the Scandal's Spillover [J]. Advances in Consumer Research, 2011, 39: 523-524.

［194］ Zeithaml V. A. Consumer Perceptions of Price Quality, and Value: A Means-End Model and Synthesis of Evidence ［J］. Journal of Marketing, 1988, 52 (3): 2-22.

［195］ Zeugner-Roth K. P., Diamantopoulos A. Advancing the Country Image Construct: Reply to Samiee's Commentary ［J］. Journal of Business Research, 2010, 63 (4): 446-449.

［196］ Zhao X., Lynch J. G., Chen Q. Reconsidering Baron and Kenny: Myths and Truths about Mediation Analysis ［J］. Journal of Consumer Research, 2013, 37: 197-206.

［197］ (东汉) 许慎, 吴苏仪. 说文解字 ［M］. 西安: 陕西师范大学出版社, 2011.

［198］ (汉) 董仲舒, 周桂钿. 春秋繁露 ［M］. 北京: 中华书局, 2011.

［199］ (晋) 陈寿, 陈君慧. 三国志 ［M］. 北京: 线装书局, 2008.

［200］ 白群英. 差序格局理论与当代中国社会关系——读《中国式关系批判》［J］. 河北学刊, 2014 (6).

［201］ 曹雪芹. 红楼梦 ［M］. 北京: 人民文学出版社, 2008.

［202］ 陈姣娥, 王国华. 网民政策态度形成机制研究——从"网议宁波"说起 ［J］. 中国软科学, 2010 (5): 57-64.

［203］ 陈瑞, 郑毓煌, 刘文静. 中介效应分析: 原理、程序、Bootstrap 方法及其应用 ［J］. 营销科学学报, 2013, 9 (4): 120-135.

［204］ 杜建刚, 范秀成. 服务补救中情绪对补救后顾客满意和行为的影响——基于面子视角的研究 ［J］. 管理世界, 2007 (8).

［205］ 段瑞春, 只有自主创新才能形成品牌, http://finance.ifeng.com/video/special/2010315CH/ msht/20100312/1920912. shtml.

［206］ 方正. 可辩解型产品伤害危机对顾客购买意愿的影响研究 ［D］. 成都: 四川大学, 2007.

［207］ 方正, 江明华, 杨洋, 等. 可辩解型产品伤害危机应对策略对

品牌资产的影响研究：调节变量和中介变量的作用［J］. 南开管理评论，2011，（40）：69-79.

［208］方正，杨洋，李蔚，蔡静. 产品伤害危机溢出效应的发生条件和应对策略研究——预判和应对其他品牌引发的产品伤害危机［J］. 南开管理评论，2013（6）.

［209］方正. 产品伤害危机应对方式对顾客感知危险的影响——基于中国消费者的实证研究［J］. 经济体制改革，2007（3）.

［210］费显政，李陈微，周舒华. 一损俱损还是因祸得福？企业社会责任声誉溢出效应研究［J］. 管理世界，2010（4）：74-98.

［211］费孝通. 试谈扩展社会学的传统界限［J］. 群言，2004（6）.

［212］冯友兰. 中国哲学史［M］. 上海：华东师范大学出版社，2011.

［213］福山. 信任：社会道德与繁荣的创造［M］. 呼和浩特：远方出版社，1998.

［214］高春花. 论孔子耻感的道德品性［J］. 道德与文明，2008（1）.

［215］高辉，郝佳，周懿瑾，等. "洋名"好，还是"土名"好？——中国仿洋和仿古品牌命名研究［J］. 商业经济与管理，2010（10）：61-68.

［216］高永平. 对中国人"脸面"观念的新解读［J］. 首都师范大学学报（社会科学版），2006（1）.

［217］郭彧，译注. 周易［M］. 北京：中华书局，2006.

［218］海因茨·韦里克，哈罗德·孔茨. 管理学：全球化视角［M］. 11版. 北京：经济科学出版社，2004.

［219］何佳讯，卢泰宏. 中国文化背景中的消费者——品牌关系：理论建构与实证研究［J］. 商业经济与管理，2007（11）.

［220］何佳讯. 品牌关系本土化模型的建立与验证［J］. 上海师范大学学报（哲学教育社会科学），2006（3）.

［221］何佳讯. 中国文化背景下品牌情感的结构及对中文品牌资产的影响效用［J］. 管理世界，2008（6）.

［222］黄静，王新刚，童泽林. 空间和社交距离对犯错品牌评价的影

响 ［J］. 中国软科学, 2011 (7).

［223］黄静, 王新刚, 张司飞, 周南. 企业家违情与违法行为对品牌形象的影响 ［J］. 管理世界, 2010 (5).

［224］黄静, 张晓娟, 童泽林, 等. 消费者视角下企业家前台化行为动机的扎根研究 ［J］. 中国软科学, 2013 (4): 99-107.

［225］霍存福. 中国传统法文化的文化性状与文化追寻 ［J］. 法制与社会发展, 2001 (3).

［226］江红艳, 王海忠, 钟科. 品牌丑闻对国家形象的溢出效应: 原产国刻板印象内容的调节作用 ［J］. 商业经济与管理, 2014 (6).

［227］江红艳, 王海忠, 钟科. 品牌丑闻对国家形象的溢出效应: 原产国刻板印象内容的调节作用, 商业经济与管理, 2014 (6): 55-64。

［228］杰里米·里夫金. 同理心文明——在危机四伏的世界中建立全球意识 ［M］. 北京: 中信出版社, 2015.

［229］凯西·卡麦兹. 建构扎根理论: 质性研究实践指南 ［M］. 边国英, 译. 重庆: 重庆大学出版社, 2009.

［230］李耳. 道德经 (老子) ［M］. 北京: 金盾出版社, 2009.

［231］李光斗. 消费者崇洋尚外. http://finance.ifeng.com/video/special/2010315CH/msht/20100312/1920809.shtml.

［232］李海. 论耻感与自律 ［J］. 道德与文明, 2008 (1).

［233］梁冬. 处处见生机 ［M］. 北京: 中国友谊出版社, 2016.

［234］梁漱溟. 中国文化要义 ［M］. 上海: 上海人民出版社, 2011.

［235］廖申白. 我们的"做人"观念——含义、性质与问题 ［J］. 北京师范大学学报社会科学版, 2004 (2).

［236］林航. "做人"与"做事"［J］. 道德与文明, 2007 (4).

［237］卢纹岱, 朱红兵. SPSS 统计分析 ［M］. 5 版. 北京: 电子工业出版社, 2015.

［238］马庆强. 中国之感性与认知方面的道德发展: 一个七阶段发展

理论 [J]. 本土心理学研究，1997 (7).

[239] 彭泗清. 中国人"做人"的概念分析 [J]. 本土心理学研究，1993 (2)：227-313.

[240] 斯蒂芬·P. 罗宾斯. 组织行为学 [M]. 北京：中国人民大学出版社，1997.

[241] 孙莹，杜建刚，李文忠，苏萱. 产品召回中的负面情绪和感知风险对消费者购买意愿的影响——基于汽车产品召回的实证研究 [J]. 管理评论，2014，26 (2)：104-110.

[242] 陶厚永，李燕萍，骆振心. 山寨模式的形成机理及其对组织创新的启示 [J]. 中国软科学，2010 (11)：123-135.

[243] 田敏，李纯青，萧庆龙. 企业社会责任行为对消费者品牌评价对影响 [J]. 南开管理评论，2014，17 (6)，19-29.

[244] 田阳，黄韫慧，王海忠，何浏. 品牌丑闻负面溢出效应的跨文化差异研究——基于自我建构视角，营销科学学报，2013，9 (2)：90-98.

[245] 汪涛，张琴，张辉，等. 如何削弱产品来源国效应——产品信息呈现方式的影响研究 [J]. 心理学报，2012 (6)：841-852.

[246] 汪涛，张琴. 为什么消费者会感觉到有面子？——消费者面子及其感知机制研究 [J]. 经济管理，2011 (7).

[247] 汪涛，周玲，周南，等. 来源国形象是如何形成的？——基于美、印消费者评价和合理性理论视角的扎根研究 [J]. 管理世界，2012 (3)：113-126.

[248] 王海忠，赵平. 品牌原产地效应及其市场策略建议——基于欧、美、日、中四地品牌形象调查分析 [J]. 中国工业经济，2004 (1)：78-86.

[249] 王晓玉，晁钢令. 企业营销负面曝光事件研究述评 [J]. 外国经济与管理，2009，31 (2)：33-39.

[250] 王晓玉，晁钢令，吴纪元. 产品伤害危机响应方式与消费者考虑集变动——跨产品类别的比较 [J]. 管理世界，2008 (7).

[251] 王新刚,周玲,周南.品牌丑闻跨国非对称溢出效应研究——国家形象构成要素视角 [J].经济管理,2017 (4).

[252] 王轶楠,杨中芳.中西方面子研究综述 [J].心理科学,2005 (2).

[253] 魏江,邬爱其,彭雪蓉.中国战略管理研究:情境问题与理论前沿 [J].管理世界,2014 (12):167-171.

[254] 吴小节,彭韵妍,汪秀琼.中国管理本土研究的现状评估与发展建议——以基于制度理论的学术论文为例 [J].管理学报,2016 (10):1435-1445.

[255] 谢晓非,胡天翊,林靖,路西.期望差异:危机中的风险沟通障碍 [J].心理科学进展,2013,21 (5):761-774.

[256] 邢淑芬,俞国良.社会比较研究的现状与发展趋势 [J].心理科学进展,2005 (1).

[257] 姚琦,黄静.说服策略对消费者再续品牌关系意愿的影响 [J].经济管理,2011 (1).

[258] 于光君.费孝通的"差序格局"理论及其发展 [J].社会科学论坛:学术研究卷,2006 (24).

[259] 余秋雨.文化苦旅 [M].武汉:长江文艺出版社,2014.

[260] 翟学伟.中国人的关系原理——时空秩序、生活欲念及其流变 [M].北京:北京大学出版社,2011.

[261] 翟学伟.中国社会心理学评论 [M].2 辑.北京:社会科学文献出版社,2006.

[262] 张闯,庄贵军,周南.如何从中国情境中创新营销理论?——本土营销理论的建构路径、方法及其挑战 [J].管理世界,2013 (12).

[263] 张峰,吴晓云.跨国营销模式选择的权变影响:基于顾客视角的研究 [J].南开管理评论,2012 (6):95-108.

[264] 张玲.社会比较研究综述 [J].研究生法学,2010 (3).

[265] 张圣亮,刘刚.补救公平性对消费者情绪和行为意向的影响

　　　　［J］. 北京航空航天大学学报，2013，26（2）：69-76.

［266］张璇，张红霞. 毁灭还是重生——多品牌危机中的替罪羊效应
　　　　［J］. 营销科学学报，2014（4）.

［267］赵志裕. 中庸思维的测量［J］. 香港社会科学学报，2000（18）.

［268］郑秋莹，范秀成. 网上零售业服务补救策略研究——基于公平
　　　　理论和期望理论的探讨［J］. 管理评论，2007，19（10）：17-
　　　　23.

［269］中央政法工作会议召开习近平告诫执法者：知法、懂法、守法、
　　　　护法. 人民日报（海外版），2014-01-09（1）.

［270］周宾卿. 违法成本过低 第三方监管缺失. http：//www. iceo.
　　　　com. cn/shangye/114/2011/0921/ 230589. shtml.

［271］周浩，龙立荣. 公平感社会比较的参照对象选择研究述评［J］.
　　　　心理科学进展，2010，18（6）：948-954.

［272］周南，曾宪聚. "情理营销"与"法理营销"：中国营销理论发
　　　　展过程中若干问题思考［J］. 管理学报，2012（4）.

［273］周南. 要钱还是要命：《道德经》的启示［M］. 北京：北京大
　　　　学出版社，2012.

［274］周志民，卢泰宏. 广义品牌关系结构研究［J］. 中国工业经济，
　　　　2004（11）.

［275］庄爱玲，余伟萍. 道德关联品牌负面曝光事件溢出效应实证研
　　　　究——事件类型与认知需求的交互作用［J］. 商业经济与管理，
　　　　2011（10）.

# 附　录

# 附录一　第三章第一节研究一

尊敬的先生/女士：

您好！本次调查纯属学术行为，大概会占用您几分钟的时间。您的回答对本课题的研究非常重要。问卷实行匿名填写，我们将对您的个人信息严格保密，请您不必有任何顾虑。谢谢您的支持与合作！祝您学习顺利，生活愉快！

请根据您的经历和感觉，在您所选择的答案（数字）上打"√"。

1. 在手机行业中，您认为手机间歇性死机这种质量问题发生的可能性有多大？

| 非常小 | | | | 一般 | | | | 非常大 |
|---|---|---|---|---|---|---|---|---|
| 1 | 2 | 3 | 4 | 5 | 6 | 7 | 8 | 9 |

2. 在手机行业中，您认为手机间歇性死机是一种常见的、普遍的质量问题吗？

| 非常不同意 | | | | 一般 | | | | 非常同意 |
|---|---|---|---|---|---|---|---|---|
| 1 | 2 | 3 | 4 | 5 | 6 | 7 | 8 | 9 |

在手机行业中，有一品牌╳名列前茅。最近，专业质量检测部门证实并曝光：╳品牌的手机存在间歇性死机方面的质量问题。

3. 您认为╳品牌在手机行业中的代表性或典型性如何？

| 非常低 | | | | 一般 | | | | 非常高 |
|---|---|---|---|---|---|---|---|---|
| 1 | 2 | 3 | 4 | 5 | 6 | 7 | 8 | 9 |

4. 您认为手机间歇性死机这种质量问题是否很严重？

| 非常不严重 | | | | 一般 | | | | 非常严重 |
|---|---|---|---|---|---|---|---|---|
| 1 | 2 | 3 | 4 | 5 | 6 | 7 | 8 | 9 |

请阅读下列材料，并回答问题。

制度信任是指人们对某个国家的政府机构、系统和人员，是否能够以令人满意的方式，严格履行他们职责的信任程度。

**2013 年全球 148 个国家的制度信任排名**

| 国家 | 排名 | 国家 | 排名 | 国家 | 排名 |
|---|---|---|---|---|---|
| $A_1$ | 1 | $B_1$ | 70 | $C_1$ | 138 |
| $A_2$ | 2 | $B_2$ | 71 | $C_2$ | 139 |
| …… | …… | …… | …… | …… | …… |
| $A_9$ | 9 | $B_9$ | 78 | $C_9$ | 147 |
| $A_{10}$ | 10 | $B_{10}$ | 79 | $C_{10}$ | 148 |
| …… | …… | …… | …… | | |

其中，$A_1$、$A_2$……；$B_1$、$B_2$……；$C_1$、$C_2$……分别代表不同的国家。

5. 您对上述国家制度信任评价排名结果的认可度？

| 非常低 | | | | 一般 | | | | 非常高 |
|---|---|---|---|---|---|---|---|---|
| 1 | 2 | 3 | 4 | 5 | 6 | 7 | 8 | 9 |

6. 请问您对国家 $A_5$ 的产品质量监督系统的信任程度?

| 非常不相信 | | | | 一般 | | | | 非常相信 |
|---|---|---|---|---|---|---|---|---|
| 1 | 2 | 3 | 4 | 5 | 6 | 7 | 8 | 9 |

7. 请问您对国家 $A_5$ 的产品质量监管部门的信任程度?

| 非常不相信 | | | | 一般 | | | | 非常相信 |
|---|---|---|---|---|---|---|---|---|
| 1 | 2 | 3 | 4 | 5 | 6 | 7 | 8 | 9 |

8. 请问您对国家 $A_5$ 的产品质量监督人员的信任程度?

| 非常不相信 | | | | 一般 | | | | 非常相信 |
|---|---|---|---|---|---|---|---|---|
| 1 | 2 | 3 | 4 | 5 | 6 | 7 | 8 | 9 |

9. 假如×品牌来自于国家 $A_5$,那么,您认为来自国家 $A_5$ 的其他手机品牌发生间歇性死机这种质量问题的可能性有多大?

| 非常小 | | | | 一般 | | | | 非常大 |
|---|---|---|---|---|---|---|---|---|
| 1 | 2 | 3 | 4 | 5 | 6 | 7 | 8 | 9 |

个人基本信息：

1. 您的性别：□ 男　　　□ 女

2. 您的年龄：□ 25 岁以下　　□ 26~35 岁　　□ 36~45 岁
　　　　　　　□ 46~55 岁

3. 您的学历：□ 本科以下　　□ 本科　　□ 硕士　　□ 博士

4. 您的专业：＿＿＿＿＿＿＿＿＿＿＿＿＿＿

感谢您的合作！祝您学习顺利，生活愉快！

# 附录二　第三章第一节研究二

尊敬的先生/女士：

您好！本次调查纯属学术行为，大概会占用您几分钟的时间。您的回答对本课题的研究非常重要。问卷实行匿名填写，我们将对您的个人信息严格保密，请您不必有任何顾虑。谢谢您的支持与合作！祝您学习顺利，生活愉快！

请根据您的经历和感觉，在您所选择的答案（数字）上打"√"。

1. 在手机行业中，您认为手机间歇性死机这种质量问题发生的可能性有多大？

| 非常小 | | | | 一般 | | | | 非常大 |
|---|---|---|---|---|---|---|---|---|
| 1 | 2 | 3 | 4 | 5 | 6 | 7 | 8 | 9 |

2. 在手机行业中，您认为手机间歇性死机是一种常见的、普遍的质量问题吗？

| 非常不同意 | | | | 一般 | | | | 非常同意 |
|---|---|---|---|---|---|---|---|---|
| 1 | 2 | 3 | 4 | 5 | 6 | 7 | 8 | 9 |

在手机行业中，有一品牌×名列前茅。最近，专业质量检测部门证实并曝光：×品牌的手机存在间歇性死机方面的质量问题。

3. 您认为×品牌在手机行业中的代表性或典型性如何？

| 非常低 | | | | 一般 | | | | 非常高 |
|---|---|---|---|---|---|---|---|---|
| 1 | 2 | 3 | 4 | 5 | 6 | 7 | 8 | 9 |

4. 您认为手机间歇性死机这种质量问题是否很严重？

| 非常不严重 | | | | 一般 | | | | 非常严重 |
|---|---|---|---|---|---|---|---|---|
| 1 | 2 | 3 | 4 | 5 | 6 | 7 | 8 | 9 |

请阅读下列材料，并回答问题。

来源国形象在这里指消费者长期以来对来自某国产品质量所形成的整体态度、感知和购买意向。根据全球著名市场调研机构的调查，2013年度全球手机来源国形象评价排名如下：

**2013 年手机来源国形象评价排名**

| 国家 | 排名 | 国家 | 排名 | 国家 | 排名 |
|---|---|---|---|---|---|
| $A_1$ | 1 | $B_1$ | 6 | $C_1$ | 11 |
| $A_2$ | 2 | $B_2$ | 7 | $C_2$ | 12 |
| $A_3$ | 3 | $B_3$ | 8 | $C_3$ | 13 |
| $A_4$ | 4 | $B_4$ | 9 | $C_4$ | 14 |
| $A_5$ | 5 | $B_5$ | 10 | $C_5$ | 15 |

其中，$A_1$、$A_2$……；$B_1$、$B_2$……；$C_1$、$C_2$……分别代表不同的国家。

5. 您对上述手机来源国形象评价排名结果的认可度?

| 非常低 | | | | 一般 | | | | 非常高 |
| --- | --- | --- | --- | --- | --- | --- | --- | --- |
| 1 | 2 | 3 | 4 | 5 | 6 | 7 | 8 | 9 |

6. 我认为来自国家 $A_3$ 的手机整体质量_____?

| 非常低 | | | | 一般 | | | | 非常高 |
| --- | --- | --- | --- | --- | --- | --- | --- | --- |
| 1 | 2 | 3 | 4 | 5 | 6 | 7 | 8 | 9 |

7. 我认为来自国家 $A_3$ 的手机在技术方面_____?

| 非常落后 | | | | 一般 | | | | 非常先进 |
| --- | --- | --- | --- | --- | --- | --- | --- | --- |
| 1 | 2 | 3 | 4 | 5 | 6 | 7 | 8 | 9 |

8. 我认为来自国家 $A_3$ 的手机有_____的声誉?

| 非常差 | | | | 一般 | | | | 非常好 |
| --- | --- | --- | --- | --- | --- | --- | --- | --- |
| 1 | 2 | 3 | 4 | 5 | 6 | 7 | 8 | 9 |

9. 假如×品牌来自于国家 $A_3$,那么,您认为来自国家 $A_3$ 的其他手机品牌发生间歇性死机这种质量问题的可能性有多大?

| 非常低 | | | | 一般 | | | | 非常高 |
| --- | --- | --- | --- | --- | --- | --- | --- | --- |
| 1 | 2 | 3 | 4 | 5 | 6 | 7 | 8 | 9 |

个人基本信息：

1. 您的性别：□ 男　　　　□ 女

2. 您的年龄：□ 25 岁以下　　　□ 26~35 岁　　　□ 36~45 岁
　　　　　　　□ 46~55 岁

3. 您的学历：□ 本科以下　　□ 本科　　□ 硕士　　□ 博士

4. 您的专业：_____

感谢您的合作！祝您学习顺利，生活愉快！

# 附录三　第四章第四节实验一

第一部分：

情境1操控（道德犯错）：日前，有国外权威媒体报道称，×品牌（中国品牌）在国外销售的牙膏中使用了虚假宣传的广告：该品牌宣称使用×牙膏，"只需一天，牙齿真的白了"，实际上，广告中的美白效果是用 PS 软件修出来的。牙科专家认为，牙膏只有清洁牙齿的作用，不能够起到美白作用。

情境2操控（能力犯错）：日前，有国外权威媒体报道称，×品牌（中国品牌）在国外销售的牙膏中使用了具有健康隐患的成分：该中国品牌的牙膏可能会损害消费者的身体健康，长期使用对人体危害较为严重，并且会导致多种病变。之前已经有媒体报道过，有部分用户在使用过程中发生了类似问题。

请在您所选择的答案（数字）上打"√"。

1. 我认为这是个大问题。

| 非常不同意 | | | 一般 | | | 非常同意 |
|---|---|---|---|---|---|---|
| 1 | 2 | 3 | 4 | 5 | 6 | 7 |

2. 我认为这个事件很严重。

| 非常不同意 | | | 一般 | | | 非常同意 |
|---|---|---|---|---|---|---|
| 1 | 2 | 3 | 4 | 5 | 6 | 7 |

第二部分：

情境3操控（远关系）：想象一下，您对该品牌知之甚少，很少购买该品牌，不是该品牌的忠诚客户，也不会推荐身边的朋友购买此品牌。

情境4操控（近关系）：想象一下，您对该品牌非常了解，经常购买该品牌，是该品牌的忠诚客户，偶尔还会推荐身边的朋友购买此品牌。

3. 总体看，我对×品牌非常熟悉。

| 非常不同意 | | | 一般 | | | 非常同意 |
|---|---|---|---|---|---|---|
| 1 | 2 | 3 | 4 | 5 | 6 | 7 |

4. 我非常忠诚于×品牌。

| 非常不同意 | | | 一般 | | | 非常同意 |
|---|---|---|---|---|---|---|
| 1 | 2 | 3 | 4 | 5 | 6 | 7 |

5. 我愿意向身边的人推荐×品牌。

| 非常不同意 | | | 一般 | | | 非常同意 |
|---|---|---|---|---|---|---|
| 1 | 2 | 3 | 4 | 5 | 6 | 7 |

6. 买牙膏时，我会优先考虑×品牌。

| 非常不同意 | | | 一般 | | | 非常同意 |
|---|---|---|---|---|---|---|
| 1 | 2 | 3 | 4 | 5 | 6 | 7 |

第三部分：

情境5 操控 经国外权威媒体曝光：×品牌（中国品牌）在国外市场销售的牙膏中使用了具有健康隐患的成分。并且，之前已经有媒体报道过同样的问题。

情境6 操控 经国外权威媒体曝光：×品牌（中国品牌）在国外市场销售的牙膏中使用了虚假宣传的广告。

7. 该中国品牌在国外出了这个事件，会不会让你觉得中国人的形象受到了影响？

| 非常不同意 | | | 一般 | | | 非常同意 |
|---|---|---|---|---|---|---|
| 1 | 2 | 3 | 4 | 5 | 6 | 7 |

8. 该中国品牌在国外出了这个事件，会不会让你觉得很丢脸？

| 非常不同意 | | | 一般 | | | 非常同意 |
|---|---|---|---|---|---|---|
| 1 | 2 | 3 | 4 | 5 | 6 | 7 |

9. 该中国品牌在国外出了这个事件，会不会让你觉得中国人的威望受到了影响？

| 非常不同意 | | | 一般 | | | 非常同意 |
|---|---|---|---|---|---|---|
| 1 | 2 | 3 | 4 | 5 | 6 | 7 |

10. 该中国品牌在国外出了这个事件，会不会让你觉得很丢面子？

| 非常不同意 | | | 一般 | | | 非常同意 |
|---|---|---|---|---|---|---|
| 1 | 2 | 3 | 4 | 5 | 6 | 7 |

11. 该中国品牌在国外出了这个事件，我认为×品牌是一个好品牌。

| 非常不同意 | | | 一般 | | | 非常同意 |
|---|---|---|---|---|---|---|
| 1 | 2 | 3 | 4 | 5 | 6 | 7 |

12. 该中国品牌在国外出了这个事件，我信赖×品牌。

| 非常不同意 | | | 一般 | | | 非常同意 |
|---|---|---|---|---|---|---|
| 1 | 2 | 3 | 4 | 5 | 6 | 7 |

13. 该中国品牌在国外出了这个事件，我愿意使用×品牌。

| 非常不同意 | | | 一般 | | | 非常同意 |
|---|---|---|---|---|---|---|
| 1 | 2 | 3 | 4 | 5 | 6 | 7 |

第四部分：个人资料

1. 您的性别：□ 男　　　　□ 女

2. 您的年龄：□ 25 岁以下　　　□ 26~35 岁　　　□ 36~45 岁

　　　　　　　□ 46~55 岁

3. 您的学历：□ 本科以下　　　□ 本科　　　□ 硕士　　　□ 博士

4. 您的专业：_____

感谢您的合作！祝您学习顺利，生活愉快！

# 附录四　第四章第四节实验二

第一部分：

情境 1 操控（道德犯错）：日前，有国外权威媒体报道称，×品牌（中国品牌）在 M 市场（国外市场）销售手机时使用了虚假宣传的广告：该品牌宣称自己使用了一种很昂贵、很高端的钢材，因此手机价格逼近万元。实际上这种钢材非常普遍，日常使用的勺子、叉子、菜刀都是使用的这种材料。

情境 2 操控（能力犯错）：日前，有国外权威媒体报道称，×品牌（中国品牌）在 M 市场（国外市场）销售的手机中使用了具有安全隐患的手机电池：这些在国外市场销售的手机中安装的是存在质量问题的手机电池，这些电池在充电的过程中可能会引发相关的事故，危及消费者的生命和财产安全。有若干消费者的该品牌手机电池发生了此类事故。

请在您所选择的答案（数字）上打"√"。

1. 我认为这是个大问题。

| 非常不同意 | | | 一般 | | | 非常同意 |
|---|---|---|---|---|---|---|
| 1 | 2 | 3 | 4 | 5 | 6 | 7 |

2. 我认为这个事件很严重。

| 非常不同意 | | | 一般 | | | 非常同意 |
|---|---|---|---|---|---|---|
| 1 | 2 | 3 | 4 | 5 | 6 | 7 |

第二部分：

情境 3 操控（向上比较）：Interbrand 是全球最权威的专业品牌咨询公司，该公司每年都会制定并发布全球品牌排名。2016 年该公司发布的全球手机品牌排名如下：

**2016 年全球手机品牌排名**

| 排名 | 品牌名称 |
|---|---|
| … | … |
| 3 | M（发达国家同类品牌） |
| … | … |
| 20 | ×（中国品牌） |
| … | … |

情境 4 操控（向下比较）：Interbrand 是全球最权威的专业品牌咨询公司，该公司每年都会制定并发布全球品牌排名。2016 年该公司发布的全球手机品牌排名如下：

**2016 年全球手机品牌排名**

| 排名 | 品牌名称 |
|---|---|
| … | … |
| 3 | ×（中国品牌） |
| … | … |
| 20 | M（落后国家同类品牌） |
| … | … |

3. 你是否认可上述全球手机品牌排名？

| 非常不同意 | | | 一般 | | | 非常同意 |
|---|---|---|---|---|---|---|
| 1 | 2 | 3 | 4 | 5 | 6 | 7 |

4. 根据上述全球手机品牌排名，与 M 品牌相比，你认为×品牌如何？

| 非常不同意 | | | 一般 | | | 非常同意 |
|---|---|---|---|---|---|---|
| 1 | 2 | 3 | 4 | 5 | 6 | 7 |

第三部分：

情境 5 操控：经国外权威媒体曝光：×品牌（中国品牌）在 M 市场（国外市场）虚假宣传产品材质并抬高售价。而同在 M 市场销售的 M 品牌（外国品牌）并未发生类似的事件。

5. 该中国品牌在国外出了这个事件，会不会让你觉得中国人的形象受到了影响？

| 非常不同意 | | | 一般 | | | 非常同意 |
|---|---|---|---|---|---|---|
| 1 | 2 | 3 | 4 | 5 | 6 | 7 |

6. 该中国品牌在国外出了这个事件，会不会让你觉得很丢脸？

| 非常不同意 | | | 一般 | | | 非常同意 |
|---|---|---|---|---|---|---|
| 1 | 2 | 3 | 4 | 5 | 6 | 7 |

7. 该中国品牌在国外出了这个事件，会不会让你觉得中国人的威

望受到了影响？

| 非常不同意 | | | 一般 | | | 非常同意 |
|---|---|---|---|---|---|---|
| 1 | 2 | 3 | 4 | 5 | 6 | 7 |

8. 该中国品牌在国外出了这个事件，会不会让你觉得很丢面子？

| 非常不同意 | | | 一般 | | | 非常同意 |
|---|---|---|---|---|---|---|
| 1 | 2 | 3 | 4 | 5 | 6 | 7 |

9. 该中国品牌在国外出了这个事件，我认为×品牌是一个好品牌。

| 非常不同意 | | | 一般 | | | 非常同意 |
|---|---|---|---|---|---|---|
| 1 | 2 | 3 | 4 | 5 | 6 | 7 |

10. 该中国品牌在国外出了这个事件，我信赖×品牌。

| 非常不同意 | | | 一般 | | | 非常同意 |
|---|---|---|---|---|---|---|
| 1 | 2 | 3 | 4 | 5 | 6 | 7 |

11. 该中国品牌在国外出了这个事件，我愿意使用×品牌。

| 非常不同意 | | | 一般 | | | 非常同意 |
|---|---|---|---|---|---|---|
| 1 | 2 | 3 | 4 | 5 | 6 | 7 |

第四部分：个人资料

1. 您的性别：□ 男　　　□ 女

2. 您的年龄：□ 25 岁以下　　□ 26~35 岁　　□ 36~45 岁
　　　　　　　□ 46~55 岁

3. 您的学历：□ 本科以下　　□ 本科　　□ 硕士　　□ 博士

4. 您的专业：＿＿＿＿＿＿＿＿＿＿＿＿＿

感谢您的合作！祝您学习顺利，生活愉快！

# 附录五 第五章第四节实验一

尊敬的先生/女士:

您好! 本次调查纯属学术行为, 大概会占用您几分钟的时间。您的回答对本课题的研究非常重要。问卷实行匿名填写, 我们将对您的个人信息严格保密, 请您不必有任何顾虑。谢谢您的支持与合作! 祝您学习顺利, 生活愉快!

请阅读材料, 然后回答问题。

一、A公司(外国公司)生产一种果汁, 在全球范围内销售。近日有媒体报道, 一些消费者在饮用这种果汁后出现了不同程度的恶心、腹痛、呕吐等不适症状。质检部门介入调查后发现, A公司在果汁中加入了一种叫六偏磷酸钠的饮料添加剂, 这种添加剂有助于水合作用, 可以使果汁中沉淀物更好地分散在水中, 提高出汁率, 增加黏度, 抑制维生素C的分解, 但这种添加剂会在一定程度上引起部分消费者的不适反应。

下面是对您感知的一些描述, 请根据您的实际感知, 在合适的位置标记出您对这些描述的认同程度。从1到7, 认同程度逐渐递增。(1 = 非常不同意, 7 = 非常同意)

1. 我认为这件事情很严重。

| 非常不同意 | | | 一般 | | | 非常同意 |
|---|---|---|---|---|---|---|
| 1 | 2 | 3 | 4 | 5 | 6 | 7 |

2. 我认为这是个大问题。

| 非常不同意 | | | 一般 | | | 非常同意 |
|---|---|---|---|---|---|---|
| 1 | 2 | 3 | 4 | 5 | 6 | 7 |

二、请根据您对上述材料的实际感知在合适的位置标记出您对这些描述的认同程度。

情境 1 操控（区别对待）：现在 A 公司决定在<u>全球范围</u>内召回这款产品，但唯独<u>不包括中国市场</u>。

情境 2 操控（一视同仁）：现在 A 公司决定在全球范围内召回这款产品。

3. A 公司这样做，我依然认为 A 公司是一个好公司。

| 非常不同意 | | | 一般 | | | 非常同意 |
|---|---|---|---|---|---|---|
| 1 | 2 | 3 | 4 | 5 | 6 | 7 |

4. A 公司这样做，我依然信赖 A 公司。

| 非常不同意 | | | 一般 | | | 非常同意 |
|---|---|---|---|---|---|---|
| 1 | 2 | 3 | 4 | 5 | 6 | 7 |

5. A 公司这样做，我以后依然愿意购买 A 公司的产品。

| 非常不同意 | | | 一般 | | | 非常同意 |
|---|---|---|---|---|---|---|
| 1 | 2 | 3 | 4 | 5 | 6 | 7 |

6. 我认为虽然这件事给消费者带来了麻烦，但 A 公司努力给出了一个积极的结果。

| 非常不同意 | | | 一般 | | | 非常同意 |
|---|---|---|---|---|---|---|
| 1 | 2 | 3 | 4 | 5 | 6 | 7 |

7. A 公司决定对产品进行召回，其最终处理结果是公平的。

| 非常不同意 | | | 一般 | | | 非常同意 |
|---|---|---|---|---|---|---|
| 1 | 2 | 3 | 4 | 5 | 6 | 7 |

8. 虽然这件事给中国消费者造成了损失，但 A 公司最后给出的处理结果是公平的。

| 非常不同意 | | | 一般 | | | 非常同意 |
|---|---|---|---|---|---|---|
| 1 | 2 | 3 | 4 | 5 | 6 | 7 |

9. A 公司最后的处理结果对中国消费者是有利的。

| 非常不同意 | | | 一般 | | | 非常同意 |
|---|---|---|---|---|---|---|
| 1 | 2 | 3 | 4 | 5 | 6 | 7 |

10. 我认为 A 公司使用了公平的政策和措施来解决召回问题。

| 非常不同意 | | | 一般 | | | 非常同意 |
|---|---|---|---|---|---|---|
| 1 | 2 | 3 | 4 | 5 | 6 | 7 |

三、替代性解释的测量

A 公司在其他国家召回、在中国不召回的召回方式让你觉得：

1. A 公司的召回方式让我感到格外生气。

| 非常不同意 | | | 一般 | | | 非常同意 |
|---|---|---|---|---|---|---|
| 1 | 2 | 3 | 4 | 5 | 6 | 7 |

2. A 公司的召回方式让我感到格外愤怒。

| 非常不同意 | | | 一般 | | | 非常同意 |
|---|---|---|---|---|---|---|
| 1 | 2 | 3 | 4 | 5 | 6 | 7 |

3. A 公司的召回方式让我感到格外恼火。

| 非常不同意 | | | 一般 | | | 非常同意 |
|---|---|---|---|---|---|---|
| 1 | 2 | 3 | 4 | 5 | 6 | 7 |

4. A 公司的做法让我感到自己作为中国人低人一等。

| 非常不同意 | | | 一般 | | | 非常同意 |
|---|---|---|---|---|---|---|
| 1 | 2 | 3 | 4 | 5 | 6 | 7 |

5. A 公司区别对待的召回方式让我感觉受到了歧视。

| 非常不同意 | | | 一般 | | | 非常同意 |
|---|---|---|---|---|---|---|
| 1 | 2 | 3 | 4 | 5 | 6 | 7 |

个人资料

1. 您的性别：□ 男　　　　□ 女
2. 您的年龄：□ 25 岁以下　　□ 26~35 岁　　□ 36~45 岁
　　　　　　　□ 46~55 岁
3. 您的学历：□ 本科以下　　□ 本科　　□ 硕士　　□ 博士
4. 您的专业：_____

问卷到此结束，再次感谢您的配合！

# 附录六　第五章第四节实验二

尊敬的先生/女士：

您好！本次调查纯属学术行为，大概会占用您几分钟的时间。您的回答对本课题的研究非常重要。问卷实行匿名填写，我们将对您的个人信息严格保密，请您不必有任何顾虑。谢谢您的支持与合作！祝您学习顺利，生活愉快！

请阅读材料一，然后回答问题。请根据您的实际感知，在合适的位置标记出您对这些描述的认同程度。从 1 到 7，认同程度逐渐递增。（1＝非常不同意，7＝非常同意）

情境 1 操控（优于）：优于，指与中国相比，经济发展水平较高、技术较为先进、生活水平较高的国家，具有较高的人均国民生产总值（人均 GDP）。

情境 2 操控（次于）：次于，指与中国相比，经济、技术、人民生活水平程度较低的国家，人均国民生产总值相对比较低。

1. 我认为美国是一个优于国家。

| 非常不同意 | | | 一般 | | | 非常同意 |
|---|---|---|---|---|---|---|
| 1 | 2 | 3 | 4 | 5 | 6 | 7 |

2. 我认为中国是一个次于国家。

| 非常不同意 | | | 一般 | | | 非常同意 |
|---|---|---|---|---|---|---|
| 1 | 2 | 3 | 4 | 5 | 6 | 7 |

3. 我认为越南是一个次于国家。

| 非常不同意 | | | 一般 | | | 非常同意 |
|---|---|---|---|---|---|---|
| 1 | 2 | 3 | 4 | 5 | 6 | 7 |

请阅读材料二，然后回答问题。

一、柯易公司（外国公司）是一家科技公司，其研发的一款 Zoo 手机在美国和中国销售。日前，有权威媒体报道称，这款手机在充电、接打电话时发热现象严重，甚至有网友戏称"简直烫手"，使用三个月后，电池续航能力明显下降。

下面是对您感知的一些描述，请根据您的实际感知，在合适的位置标记出您对这些描述的认同程度。从 1 到 7，认同程度逐渐递增。（1＝非常不同意，7＝非常同意）

1. 我认为这件事情很严重。

| 非常不同意 | | | 一般 | | | 非常同意 |
|---|---|---|---|---|---|---|
| 1 | 2 | 3 | 4 | 5 | 6 | 7 |

2. 我认为这是个大问题。

| 非常不同意 | | | 一般 | | | 非常同意 |
|---|---|---|---|---|---|---|
| 1 | 2 | 3 | 4 | 5 | 6 | 7 |

二、请根据您对下面材料的实际感知在合适的位置标记出您对这些描述的认同程度。

情境 3 操控（区别对待）：现在柯易公司决定对销往<u>美国（越南）</u>的 Zoo 手机进行召回，但<u>不包括中国</u>。

情境 4 操控（一视同仁）：现在柯易公司决定对销往<u>美国（越南）和中国</u>的 Zoo 手机同时进行召回。

3. 柯易公司这样做，我依然认为柯易公司是一个好公司。

| 非常不同意 | | | 一般 | | | 非常同意 |
|---|---|---|---|---|---|---|
| 1 | 2 | 3 | 4 | 5 | 6 | 7 |

4. 柯易公司这样做，我依然信赖柯易公司。

| 非常不同意 | | | 一般 | | | 非常同意 |
|---|---|---|---|---|---|---|
| 1 | 2 | 3 | 4 | 5 | 6 | 7 |

5. 柯易公司这样做，我以后依然愿意购买柯易公司的产品。

| 非常不同意 | | | 一般 | | | 非常同意 |
|---|---|---|---|---|---|---|
| 1 | 2 | 3 | 4 | 5 | 6 | 7 |

6. 虽然这件事给消费者带来了麻烦，但柯易公司努力给出一个积极的结果。

| 非常不同意 | | | 一般 | | | 非常同意 |
|---|---|---|---|---|---|---|
| 1 | 2 | 3 | 4 | 5 | 6 | 7 |

7. 柯易公司决定对产品进行召回，其最终处理结果是公平的。

| 非常不同意 | | | 一般 | | | 非常同意 |
|---|---|---|---|---|---|---|
| 1 | 2 | 3 | 4 | 5 | 6 | 7 |

8. 虽然这件事给中国消费者造成了损失，但柯易公司最后给出的处理结果是公平的。

| 非常不同意 | | | 一般 | | | 非常同意 |
|---|---|---|---|---|---|---|
| 1 | 2 | 3 | 4 | 5 | 6 | 7 |

9. 柯易公司最后的处理结果对中国消费者是有利的。

| 非常不同意 | | | 一般 | | | 非常同意 |
|---|---|---|---|---|---|---|
| 1 | 2 | 3 | 4 | 5 | 6 | 7 |

10. 我认为柯易公司使用了公平的政策和措施来解决召回问题。

| 非常不同意 | | | 一般 | | | 非常同意 |
|---|---|---|---|---|---|---|
| 1 | 2 | 3 | 4 | 5 | 6 | 7 |

个人资料

1. 您的性别：□ 男　　　□ 女
2. 您的年龄：□ 25 岁以下　　□ 26～35 岁　　□ 36～45 岁

　　　　□ 46~55 岁

3. 您的学历：□ 本科以下　　　□ 本科　　　□ 硕士　　　□ 博士

4. 您的专业：_____

问卷到此结束，再次感谢您的配合！

# 附录七　第五章第四节实验三

尊敬的先生/女士：

您好！本次调查纯属学术行为，大概会占用您几分钟的时间。您的回答对本课题的研究非常重要。问卷实行匿名填写，我们将对您的个人信息严格保密，请您不必有任何顾虑。谢谢您的支持与合作！祝您学习顺利，生活愉快！

请阅读材料，然后回答问题。

一、美嘉集团（外国公司）是一家生产日用消费品的公司，旗下生产的一款牙膏在全球市场销售。日前，有权威媒体报道称，在这款牙膏中发现了极少量具有健康隐患的成分二甘醇，长期使用可能会损害消费者的身体健康，甚至会导致多种病变。

下面是对您感知的一些描述，请根据您的实际感知，在合适的位置标记出您对这些描述的认同程度。从 1 到 7，认同程度逐渐递增。（1＝非常不同意，7＝非常同意）

1. 我认为这件事情很严重。

| 非常不同意 | | | 一般 | | | 非常同意 |
|---|---|---|---|---|---|---|
| 1 | 2 | 3 | 4 | 5 | 6 | 7 |

2. 我认为这是个大问题。

| 非常不同意 | | | 一般 | | | 非常同意 |
|---|---|---|---|---|---|---|
| 1 | 2 | 3 | 4 | 5 | 6 | 7 |

二、情境 1（区别对待）：美嘉集团经讨论，决定对这款产品进行全球召回，但是召回国家中<u>不包括中国</u>。

情境 2（一视同仁）：美嘉集团经讨论，决定对这款产品进行全球召回。

情境 3（解释）：美嘉集团召开发布会，发布召回公告，并<u>解释说明召回标准和召回国家</u>。这款牙膏所含的二甘醇成分<u>符合中国的安全质量标准</u>，因此召回国家中<u>不包括中国</u>。

情境 4（沉默）：美嘉集团对于召回标准和召回国家<u>保持了沉默，没有进行进一步的解释说明</u>。

3. 美嘉集团这样做，我依然认为美嘉集团是一个好公司。

| 非常不同意 | | | 一般 | | | 非常同意 |
|---|---|---|---|---|---|---|
| 1 | 2 | 3 | 4 | 5 | 6 | 7 |

4. 美嘉集团这样做，我依然信赖美嘉集团。

| 非常不同意 | | | 一般 | | | 非常同意 |
|---|---|---|---|---|---|---|
| 1 | 2 | 3 | 4 | 5 | 6 | 7 |

5. 美嘉集团这样做，我以后依然愿意购买美嘉集团的产品。

| 非常不同意 | | | 一般 | | | 非常同意 |
|---|---|---|---|---|---|---|
| 1 | 2 | 3 | 4 | 5 | 6 | 7 |

6. 虽然这件事给消费者带来了麻烦，但美嘉集团努力给出一个积极的结果。

| 非常不同意 | | | 一般 | | | 非常同意 |
|---|---|---|---|---|---|---|
| 1 | 2 | 3 | 4 | 5 | 6 | 7 |

7. 美嘉集团决定对产品进行召回，其最终处理结果是公平的。

| 非常不同意 | | | 一般 | | | 非常同意 |
|---|---|---|---|---|---|---|
| 1 | 2 | 3 | 4 | 5 | 6 | 7 |

8. 虽然这件事给中国消费者造成了损失，但美嘉集团最后给出的处理结果是公平的。

| 非常不同意 | | | 一般 | | | 非常同意 |
|---|---|---|---|---|---|---|
| 1 | 2 | 3 | 4 | 5 | 6 | 7 |

9. 美嘉集团最后的处理结果对中国消费者是有利的。

| 非常不同意 | | | 一般 | | | 非常同意 |
|---|---|---|---|---|---|---|
| 1 | 2 | 3 | 4 | 5 | 6 | 7 |

10. 我认为美嘉集团使用了公平的政策和措施来解决召回问题。

| 非常不同意 | | | 一般 | | | 非常同意 |
|---|---|---|---|---|---|---|
| 1 | 2 | 3 | 4 | 5 | 6 | 7 |

11. 我认为美嘉集团对召回标准进行了解释。

| 非常不同意 | | | 一般 | | | 非常同意 |
|---|---|---|---|---|---|---|
| 1 | 2 | 3 | 4 | 5 | 6 | 7 |

个人资料

1. 您的性别：□ 男　　　　□ 女
2. 您的年龄：□ 25 岁以下　　□ 26～35 岁　　□ 36～45 岁
　　　　　　　□ 46～55 岁
3. 您的学历：□ 本科以下　　□ 本科　　□ 硕士　　□ 博士
4. 您的专业：＿＿＿＿＿＿＿＿＿＿＿

问卷到此结束，再次感谢您的配合！

# 后　记

　　长期以来，品牌犯错都是理论和实践关注的热点话题，而品牌跨国犯错则是一个新的研究方向，逐渐受到学者、企业和消费者的广泛关注。然而，品牌跨国犯错的理论探索还在起步阶段，目前我们依然无法对品牌跨国犯错的复杂性和多样性做具体清晰的描述，因此，要想建立完整的品牌跨国犯错应对治理体系还有很长的路要走。

　　本书分为六个章节，其内容主要由项目成员共同完成：前两个章节主要从群体层面讲述了品牌跨国犯错的溢出效应，以本人 2015 年国家自然科学基金项目申报书为基础修改而成；第三个章节主要从国家形象构成要素的角度研究了品牌跨国犯错的溢出效应以及通过扎根理论的方法分析了假洋品牌的存在；前者是与湖南大学周玲和香港城市大学周南教授合作的论文；后者是与本人硕士研究生龚宇和聂燕合作的论文。第四个章节主要研究本土品牌跨国犯错后，本土消费者对其评价过程。以硕士研究生胡瑞芳的毕业论文为基础进行修改而成。第五个章节主要研究产品召回的双重标准对品牌评价的影响。以硕士研究生黄雪薇的毕业论文为基础进行修改而成。第六个章节主要针对品牌犯错后的舍得行为展开研究，是以与湖南大学彭璐珞和香港城市大学周南教授合作的论文为基础修改而成的。

　　在《品牌跨国犯错的影响及其治理研究》书稿的写作过程中，总感觉心有余而力不足。由于理论知识和实践经验方面积累得不够，研究和写作充满波折。有幸的是，在项目的申报和书稿的写作过程中，从论文选题到模型框架的构建，从撰写修改到最终成稿，都得到身边老师、亲人、同事及朋友的激励和帮助。每当我在写作过程中因没有方向而产生困惑和焦虑时，总会有人在关键的节点上指点迷津，让书稿最终得以完成。

我要感谢教研室同事张新国、宁昌会、费显政、刘晓峰、杜鹏、樊帅、冉雅旋等老师，正是同事们的帮助才让我有足够的时间思考和完成本书稿的写作。他们不仅为书稿研究框架的完善及写作过程中所存在的问题，提出了宝贵的意见；有时还帮忙代课、处理教学和行政方面的事物。他们的帮助让我专心研究，同时也鞭策和鼓励我完成本书稿。

同时，我要感谢香港城市大学周南和苏晨汀教授，是他们无私的奉献，是他们频繁地讲解营销研究，才使得我不断地学习和进步。尤其是周南老师，在我遇到困难的时候鼓励我，在我遭受怀疑的时候支持我，在我犹豫不决的时候指点我，使得我不断加强自己在学术研究这条道路上的信心，才会在专业上逐渐有了小小的进步。

我还要感谢项目组成员，他们是胡瑞芳、毛雨歆、黄雪薇、黎雄、龚宇和聂燕。正是项目组每周坚持一次讨论碰撞，才使得各项研究不断推进和完善。最后，我要特别感谢我的妻子李祖兰。生活上她用执着和真诚给了我一个家，用辛勤和体贴创造我们的未来。学术上她经常提出很多建设性的意见，没有祖兰的支持和帮助，此书稿难以完成。谨以此书献给我的女儿王奕杰和王奕晓，因为有你们，我的人生才完整！

王新刚

2018 年 3 月于晓南湖